바보 농부
바보 노무현
– 봉하 10년의 기록

초판 1쇄 발행 2017년 5월 8일
초판 5쇄 발행 2019년 4월 8일

지은이 김정호
사진 노무현재단, 김영호(문고리)
캘리그라피 신동욱

펴낸이 이상순
주간 서인찬
편집장 박윤주
제작이사 이상광
기획편집 김현정, 박월, 이주미, 이세원
디자인 유영준, 이민정
마케팅홍보 이병구, 신희용, 김경민
경영지원 고은정

펴낸곳 (주)도서출판 아름다운사람들
주소 (10881) 경기도 파주시 회동길 103
대표전화 (031) 8074-0082 **팩스** (031) 955-1083
이메일 books777@naver.com
홈페이지 www.books114.net

생각의길은 (주)도서출판 아름다운사람들의 교양 브랜드입니다.

바보 노무현

봉하 10년의 기록

김정호 지음

역사는 기록하는 자의 헌신으로 후대에 전해진다

— 문재인 (더불어민주당 前 대표)

역사는 기록하는 자의 헌신으로 후대에 전해집니다. 누구도 쉽게 감당할 수 없는 '역사의 기록자'라는 자리를 당당히 지켜내고, 그 결실을 우리에게 전해준 김정호 농업회사법인 (주)봉하마을 대표에게 고마운 마음을 전합니다.

참여정부 임기를 마친 노무현 대통령은 봉하로 낙향했습니다. 2008년 봉하마을, 환영인파 앞에 선 자연인 노무현은 마치 세상을 처음 본 어린아이처럼 소리쳐 외쳤습니다. "야, 기분 좋다!" 이처럼 노무현은 순박하고 권위의식 없는 지도자였습니다.

김정호 대표는 정치인 노무현과 자연인 노무현을 가장 가까이에서 끝까지 함께했던 사람 중 한 명입니다. 저자는 나를 두고 "대통령과 가족의 진정한 수호천사였다"라고 말하지만 정작 그 역할을 가장 충실히 수행한 사람은 저자 본인입니다.

퇴임일 두 달 여를 남긴 대통령의 마음은 바빴습니다. 당신의 퇴임 준비 때문이 아니라 역사와 국민을 위한 기록을 매듭짓기 위해서였습니다. 노무현 대통령은 제2기 민주정부, 불꽃 같았던 참여정부 5년의 역사를 모두 후세에 남기려 했습니다. 성공과 좌절, 도전과 실패의 기록 모두가 역사로 남아, 다음 국정운영의 참고자료가 되길 진심으로 바랐습니다. 실패한 정책마저 하나도 남김없이 담아낸 기록물은 825만 건에 달했습니다. 건국 이래 모든 대통령의 기록물을 합친 33만여 건보다 무려 25배나 더 많았습니다.

힘든 작업이었습니다. 대통령의 깊은 뜻은 이해하지만 그 양이 너무 방대하여 실무진들이 몇 주일씩 밤을 새야만 했습니다. 참여정부 마지막 대통령기록물관리비서관에 임명된 김정호는 특유의 성실함으로 그 고된 일을 든든하게 뒷받침하고 마무리까지 해주었습니다.

노무현 대통령이 퇴임 후 고향 봉하마을로 가겠다고 결심한 건 꽤 오래전이었습니다. 대통령은 처음부터 지역균형발전 차원에서 퇴임 후에도 당신이 할 일을 찾고 있었습니다. "청와대 나오면 지방으로 가겠다"는 결심은 미처 이루지 못한 지역발전에 작은 희망의 씨앗을 심고 싶었기 때문입니다.

노무현 대통령은 고향에서부터 생태와 농업, 자연과 사람을 되살리고자 했습니다. 이명박 정권이 국토의 대동맥을 파헤치고 틀어막는 4대강 사업을 강행하고 있을 때, 노무현 대통령은 묵묵히 고향의 강, 화포천을 살리고 있었습니다.

다시 살아난 젖줄을 입에 문 봉하마을은 조화로운 생태마을로 다시 태어났습니다. 대통령과 봉하 사람들이 15개월 만에 이루어낸 결실이었습니다. 그 땀방울 속에는 제주 추자도 섬소년 김정호 대표가 함께하고 있었습니다. 김정호 대표가 노무현 대통령을 따라와 봉하의 농사꾼이 된 것입니다. 이제 대통령은 가시고 없지만 노무현이 못다 이룬 꿈을 김정호 대표가 대신하고 있습니다.

대통령 서거 이후 김정호 대표에게 노무현 대통령의 유업을 지키는 일은 삶의 방향과 목표가 되었습니다. 지난 10년간 생태농업, 친환경 농사의 기본과 원칙을 충실하게 지키고 완성해온 김정호 대표는 스스로를 "선산을 지키는 굽은 소나무"라 말합니다. 하지만 그는 굽은 소나무가 아니라 노무현을 사랑한 사람들이 언제나 쉴 수 있고 기댈 수 있는 싱싱한 푸름으로 가득한 상록수입니다.

많은 국민이 『바보 농부 바보 노무현』을 통해 노무현과 만나고, 김정호와 대화하길 기대합니다. 이 책은 노무현 대통령을 그리워하고 사람 사는 세상을 염원하는 이들에게 함께 가자며, 외롭지 않다며, 다독이고 등 두드려주는 작은 위로가 될 것입니다.

2017년 4월 25일 문 재 인

차례

1부

고향 故鄉

− 실사구시 여민동락 實事求是 與民同樂

1

"해방이다!"

2008년 2월 25일, 오전 10시가 채 안된 시간. 내 발걸음은 북악산 기슭에 자리한 대통령 관저로 향했다. 참여정부 청와대 기록관리비서관으로서 16대 대한민국 대통령의 마지막 결재를 받기 위해서였다. 이날 아침, 본관 세종실에서 참여정부 마지막 국무회의가 열렸다. 특별한 안건은 없었다. 퇴임하는 대통령과 국무위원들이 서로 고별인사를 나누는 자리였다.

국무회의 회의록은 대통령 지정기록물이다. 기록물로 완성되려면 반드시 대통령의 결재가 필요하다. 마지막 결재판을 받아든 대통령의 표정은 무심해 보일 정도로 담담했다. '노무현' 이름 세 글자가 회의록 표지에 새겨졌다. 이것이 대통령으로서 마지막 권한행사였다. 이제 새 대통령 취임식에 참석한 후 고향으로 내려갈 일만 남았다. 대통령을 태운 차량이 관저 인수문에서 서서히 미끄러지듯 여의도를 향해 출발했다. 떠나는 대통령을 환송하려고 비서실과 경호실 직원들이 이미 관저 입구에서 본관 정문까지 길게 줄을 서 기다리고 있었다. 존경과 애틋함이 북받쳐 눈시울을 적시는 여직원도 있었다. 대통령도 차창을 내리고 손을 흔들어주었다. 나는 대통령의 차가 보이지 않을 때까지 눈빛으로 배웅을 했다.

나도 곧 청와대를 떠날 것이다. 대통령 퇴임과 함께 짧지만 묵직했던 대통령기록관리비서관 소임도 해제되었다. 오늘에서야 825만 건의 대통령기록물 터널에서 빠져나오게 되었다. 여민관 지하 기록관리비서실의 화강암 계단을 천천히 걸어 올라왔다. 한 계단 한 계단, 고개를 들어 점점 넓어지는 하늘을 올려다보았다. 유난히 푸르고 높은 하늘. 나는 숨을 크게 들이마시고 다시 길게 내쉬었다. 눈에 익은 청와대 주변을 천천히 둘러보았다. 대통령 선거가 끝날 때마다 떠나야 하는 별정직 직원들. 멀찍이서 붙박이 기능직 직원들이 지켜보고 있었다. 나는 그들 한 사람 한 사람과 작별의 악수를 나누었다. 정든 탁구동호회 회원들과는 뜨겁게 포옹도 했다. 비서동 면회소 출입문을 홀가분하게 나섰다. 마치 이제 막 형기를 마치고 교도소를 나서는 수인처럼 크게 기지개를 켜고, 마음속으로 고함도 질러보았다. '해방이다!'

봉하로 가는 대통령 전용 KTX 열차를 놓치지 않으려고 부리나케 서울역으로 향했다. 나는 집이 부산이라 대통령과 같은 열차에 올랐다. 실은 퇴임하는 대통령의 주변이 쓸쓸하지 않을까 노파심에 봉하행 열

차에 동승한 것이다. 환송인파를 뒤로 하고 대통령 전용 열차가 플랫
폼을 서서히 밀어냈다. 왠지 모를 아쉬움에 자꾸만 뒤를 돌아보았다.
열차가 출발하자 5년 동안 쌓인 타향살이의 피로감이 몰려왔다. 최근
3개월간 퇴임 전에 대통령기록물 이관을 모두 마치려고 전쟁 아닌 전
쟁을 치른 탓인지 이내 얕은 잠에 빠져 들었다.

지난 5년간 청와대 생활이 주마등처럼 눈앞을 스치고 지나갔다. 역대
최장수 구매국장 3년 6개월, 6개월간의 브라질 외유, 1년간의 인사국
장, 그리고 마지막 기록관리 비서관. 감회가 남달랐다. 늘 비주류였던
대통령은 당선 자체가 가장 큰 개혁이라고, 기적 같은 일이라고 했다.
대통령은 당선 후 진짜 개혁을 해보자며 애써 정치권과 거리를 두고
뒤에서 돕기만 했던 문재인 변호사와 이호철 선배를 불러올렸다. 덕
분에 나도 이들과 함께 서울로 갔다. 저마다 자리와 역할은 달랐지만
나름의 결심을 하고 대통령의 정신과 가치를 지키는 파수꾼이 되고자
했다. 대통령과 함께 온갖 비난을 감수하면서 지켜냈던 원칙과 소신
이 자랑스러웠다.

그는 국민에게 한없이 겸손한 대통령이었다. 권력기관을 국민의 편에
내려놓았다. 고삐가 풀린 주류 수구세력들은 서민 대통령의 '진짜 개
혁'이 두려워 임기 내내 끊임없이 그를 흔들어댔다. 합법을 가장한 의
회 쿠데타까지 자행했다. 다행히 국민들이 대통령을 위해 들불처럼
일어섰다. 수백만의 촛불이 대통령을 탄핵의 구렁텅이에서 구해내지
않았다면 오늘의 무사 귀향도 없었을 것이다. 탄핵역풍으로 열린우리

2008년 2월 25일. 노무현 대통령 퇴임 그리고 봉하마을 귀향.

당은 다수당이 되었다. 불행히도 이 값진 승리는 대통령의 개혁을 뒷받침하지 못하고 또다시 분열과 반목으로 쪼개졌다. 대통령은 지역주의에 기생하는 낡은 정치구조를 허물고자 선거방식 개편을 조건으로 연립정부 구성을 제안했다. 하지만 그 진의는 묵살되었고, 안팎으로 정치적 공격의 빌미만 제공하고 말았다.

2007년 10월. 대통령은 남북의 담장을 허무는 상징적 선언으로 보란듯이 걸어서 군사분계선을 넘었다. 김대중 '국민의정부'의 햇볕정책에서 한 걸음 더 내디뎠다. '10·4 남북정상선언'으로 한반도는 평화와 교류의 새로운 협력관계를 맺게 되었다. 그러나 그마저도 2007년 대선 패배로 물거품이 될 수밖에 없었다. 대한민국 미래에 암울한 먹구름이 몰려오고 있었다. 파란만장했던 대통령의 귀향열차는 한편으로 자기 땅에 스스로 유배 가는 귀양행렬 같다는 생각이 들었다. 대통령은 다시 서울에 올 수 있을까? 봉하마을에 찾아오는 이가 없으면 어떻게 하지… 잠도 아니고 꿈도 아니었다. 상념이 꼬리를 물었다.

주변이 소란스러워 어설픈 꿈을 깼다. 벌써 KTX 종착지인 밀양역이었다. 뜻밖에도 역 광장에는 환영 인파가 많이 나와 있었다. 금의환향은 아니었지만 걱정했던 쓸쓸한 귀향도 아니었다. 안도의 한숨이 절로 나왔다. 다섯 대의 버스에 나누어 탄 대통령 일행은 밀양역에서 낙동강 수산대교를 건너 진영 봉하마을에 도착했다. 나는 다시 한 번 놀랐다. 봉하마을 주차장이 사람들로 꽉 차고 넘쳤다. 반가웠고 고마웠다. 대통령 부부가 손을 잡고 단상에 올랐다. 대통령은 고향 주민들의 열렬한 환영에 감격했고, 진심으로 고마워했다. 얼마나 기분이 좋았는지 어린애처럼 웃으며 환영인파를 향해 큰소리로 외쳤다.

"야, 기분 좋다!"

대통령 귀향 후 봉하마을에서 당장은 내 역할이 없었다. 그냥 부산 집으로 가도 그만이었다. 딱히 붙잡는 사람도 없었다. 그러나 나는 봉하에 남기로 했다. 며칠간 허드렛일이라도 거들며 대통령 곁에서 힘이 되고 싶었다. 그렇게 내 인생 3막 1장의 봉하 생활이 시작되었다.

2

"대통령님, 나와주세요!"

이게 웬일인가! 이튿날 아침부터 어찌나 많은 사람들이 찾아오던지, 어젯밤 고요했던 풍경은 간 데 없고 방문객들로 봉하가 들썩였다. '아침에 눈을 떠보니 세상이 달라져 있더라'는 말이 그렇게 실감이 날 수가 없었다. 방문인파는 날이 갈수록 더 많아졌다. 한 무리 인파가 밀려가면 어느새 다른 인파가 좁은 골목길에 가득 들어찼다. 대부분 대통령이 외로울까 봐 힘내시라고 응원하러 온 것 같았다. 그저 대통령 얼굴이라도 한번 보고 싶어서, 손이라도 한번 잡아보겠다고 수십 수백 킬로미터를 달려온 사람들. 당시 홍준표 한나라당 원내대표와 보수언론이 떠들어댄 덕분인지, '아방궁과 노무현 타운이 도대체 어떻게 생겼을까' 하는 호기심으로 오는 이들도 있었다. 너무 많은 분들이 물밀듯이 찾아오니 대통령이 산책이라도 하려면 방문객들을 피해서 동선을 잡아야 했다. 먼발치에서 대통령의 모습이 보이기라도 하면 방문객들이 몰려오는 바람에 다른 길로 도망쳐야 할 지경이었다. 그러나 아뿔싸! 그마저도 다른 쪽에서 몰려든 인파에 막혀 오도 가도 못하는 일이 다반사였다. 대통령의 입에선 즐거운 비명이 절로 터져 나왔다.

"2월 25일 다녀가신 분들 빼고, 26일 화요일부터 오늘까지 이곳을 다녀가신 분들이 2만 명을 넘었습니다. 하루 종일 저희 집 대문 앞에서 저를 나오라고 소리를 치십니다. 한번씩 현관에 나가서 손을 흔들어봅니다만, 그분들도 저도 감질나고 아쉽기만 합니다. 토요일에는 나가서 악수도 하고 사진도 찍어보려고 시도해보았습니다. 그런데 그만 뒤엉켜서 엉망이 되어버렸습니다. 그래서 꾀를 내 둑길을 따라 화포천까지 걸었습니다. 둑길을 걸으면서 사람들을 분산시켜 도중에 손도 잡고 사진도 찍어보자는 계산이었습니다. 몇번 시도해보았지만 엉키는 것을 막을 수 없었습니다. 결국 화포천까지 가서야 끝까지 함께 오신 몇 분과 사진을 찍을 수 있었습니다. 돌아오는 들판 길에서 다시 새로 오신 분들과 만남을 시도해보았으나 역시 사람이 넘쳐서 인사를 포기하고 그만 도망치고 말았습니다."

– 2008년 3월 3일 '사람사는세상' 홈페이지에 올라온 대통령의 글 중에서

아주 특별한 방문객도 있었다. 어릴 때부터 골육암과 백혈병으로 투병중인 18살 여고생 성민영 학생이다. 대통령을 꼭 봐야 투병생활에 힘이 날 것 같다며 휠체어를 타고 봉하에 왔다. 희망의 끈을 놓지 않은 소녀의 슬픈 사연이었다.

'경남꿈사랑사이버' 학교는 병마와 싸우며 학교에 가지 못하는 아이들을 대상으로 화상강의를 통해 수업하고 있었다. 민영 학생도 이 학교에 다녔다. 민영이는 초등학교 5학년 때부터 골육종을 앓기 시작해서 최근 급성 백혈병으로 전이되어 항암치료마저 불가능한 상태였다. 5월, 이 학교의 한 교사가 '사람사는세상' 홈페이지에 민영이의 사연을 올린 게 만남의 계기가 되었다.

"민영이에게 바깥바람 쐬게 해주고 싶어서 어디 여행이라도 가자고 했더니 민영이가 봉하마을에 한번 가고 싶다고 했습니다. 아픈 몸을 이끌고 봉하마을에 가서 노무현 전 대통령님을 한 번이라도 뵈었으면 하는데 뵐 수 있는지요? 민영이가 낫길 바라지만 앞일을 알 수가 없기에 급한 마음에 이렇게 몇 글자 남깁니다. 안 되면 민영이에게 힘내라고 한 번만이라도 연락해주실 수 있으실까요?"

절절했던 교사의 글을 접한 비서진들은 대통령께 바로 보고를 했다. 대통령은 민영이와 부모님, 동생, 교사들을 초대했다. 오랜 투병생활에 민영이는 핏기 없는 창백한 얼굴이었다. 대통령은 휠체어를 탄 민영이와 눈높이를 맞추기 위해 쪼그리고 앉았다. 병마와 싸우고 있는 어린 소녀에게 간절한 마음으로 한 획 한 획 글을 썼다. 진심 어린 선물이었다.

"의지의 승리를 기원하며. 노무현 2008.6.26"

2008년 6월 26일. 노무현 대통령과 민영 학생의 만남.

사진도 여러 장 찍었다. 대통령은 헤어질 때까지 민영이의 손을 꼭 쥐
어주었다. 민영이는 생가 방명록에다 다음과 같은 글을 남겼다. 그리
고 3개월 뒤 세상을 떠났다. 슬픈 만남이었다.

"빨리 나을게요. ^-^ 감사합니다. >-<"

나는 지금도 참여사진관에서 그때 봉하를 찾아오셨던 방문객 사진을
들여다보곤 한다. 사저 진입로 공사가 덜 끝나서 어수선한 흙길 천지
에 공사판 같은 공터에서의 만남이었지만 뭐가 그리 좋은지 저마다
행복하게 웃는 표정이다. 우리가 꿈꾸는 '사람사는세상'의 얼굴이 바

로 이런 모습 아닐까?

밀려드는 인파에 누구보다 놀란 것은 대통령이었다. "손님들이 찾아오셨는데 그냥 모른 척을 하느냐"며 버선발로 맞이하듯 방문객들에게 인사를 하러 나섰다. 어느 때인가부터 사저 밖에는 시도 때도 없이 함성이 울려 퍼지기 시작했다.

"하나, 둘, 셋!"
"대통령님, 나와주세요!"

함성은 마치 마법의 주문처럼 대통령을 방문객들 앞으로 불러 세웠다. 많을 때는 하루에 무려 열한 번이나 불려나갔다. 그러나 대통령은 한 번도 마다하지 않았다. 먼 곳까지 찾아주신 게 고맙다며 진심을 다해 손님들을 맞았다. 편한 자리에 모시지 못하는 걸 오히려 미안해했다.

방문객들은 대통령 얼굴을 보는 것만으로는 만족하지 못했다. 악수라도 한번 하자고 해서 대통령이 손을 내밀면 그 손을 잡고 놓지를 않았고, 옆에 있던 사람들도 덩달아 손을 내밀면서 순식간에 엉켜버렸다. 악수로 끝나지 않았다. 멀리서 온 어르신이나 아이들은 함께 사진을 찍을 수 있게 해달라고 애원했다. 한 사람이 사진을 찍기 시작하면 너도나도 몰려들어 길게 줄까지 세워야 했다. 당시에는 스마트폰이 없어서 자원봉사자가 사진을 대신 찍어주고 '사람사는세상' 홈페이지에 올려 직접 다운로드 받게끔 했다. 이호철 수석과 김경수 비서관이 홈페이지 주소가 적힌 명함을 나누어주고 설명을 해주었다.

방문객들에게 좋은 사진을 선물하려고 늘 해를 마주보고 사진을 찍어주다 보니 얼마가지 않아 대통령의 얼굴이 새카맣게 탔다. 선크림을 두껍게 바르고 나가도 소용없었다. 방문객들에게 불려나가는 횟수가 늘어나자 대통령의 친구들과 여사님은 밖에 나가지 말고 그냥 집에서 손만 흔들어주는 게 어떠냐고 권유하기 시작했다. 어느 날 원창희, 강금원 회장 등 대통령의 친구들이 찾아왔다. 친구들마저 그만 나가시라고 강하게 권하자, 대통령은 난감해하면서 비서들을 불러 의견을 물었다. 이호철 선배가 먼저 말문을 열었다.

"우리는 어릴 때부터 장관은 고사하고 정부의 차관도 얼굴 한 번 본 적이 없습니다. 대다수 국민들이 그럴 것입니다. 하물며 대통령이 시골로 내려왔으니 얼마나 보고 싶겠습니까? 먼 곳에서 아이들을 데리고 온 가족과 노인들입니다. 어찌 그냥 돌려보내시렵니까?"

가만히 듣고 있던 대통령이 고개를 끄덕이며 결론을 내렸다. 지금까지 하던 대로 방문객 인사를 하되 횟수를 하루에 두세 번으로 줄이고 시간을 정해서 방문객을 만나기로 했다. 대통령의 친구들은 좀 더 권위적이고 폼 나는 대통령을 바랐지만 대통령은 친구 같은 대통령, 더불어 어울리는 시민을 택했다.

방문객을 만나는 장소는 어디나 신명 나는 대화 마당이었다. 대통령은 익살스럽게 너스레도 떨고, 카메라를 향해 열심히 포즈를 취해주기도 했다. 방문객들과 눈을 맞추며 할 수 있는 것은 뭐든 최선을 다했다.

"대통령 때는 뭘 해보려고 하면 짜다라 못하게 하더니, 이제는 퇴임하고 노니까, 더 좋대요. (중략) 제가 대통령 당선 됐을 때는 우리헌법에 '마치고 난 뒤에 애프터서비스까지 하라' 이런 법이 없었어요. 없었는데, 그만두고 나니까 이런 게 생겨가지고… 죽을 지경입

대통령과 방문객들의 대화. 만남이 많을 때는 하루에 열한 번까지 있었다.

새로 구입한 핀 마이크를 달고 나갔던 날은 방문객 요청에 흔쾌히 즉석 노래 가락을 뽑기도 했다. 그날 불렀던 곡은 백년설의 '번지 없는 주막'이었다. '상록수', '사랑으로'에 익숙했던 방문객들은 뜻밖의 노래에 더 큰 환호를 보냈다. 만남의 광장은 방문객들의 박수와 유쾌한 웃음으로 생기가 넘쳤다. 밀짚모자 쓴 대통령, '시민 노무현'의 귀향 생활이 모두를 행복하게 바꿔놓고 있었다.

"제가 여기(생가)서 나서 초등학교 2학년 때까지 살았어요. 논밭이 천 평인데 팔고 집을 줄여서 이사를 갔다가, 그다음에 중학교 2학년 때 더 줄여서 두 칸 집에 이사를 갔지요. 그러다 형님이 취직을 해서 조금 더 큰 집으로 옮길 수 있었습니다. 거기서 제가 고시공부에 합격해서 도시로 나가고, 어머니와 형님은 마을에서 이사를 한 번 더 하고 사셨습니다. 그래 우리가 여기 살던 집이 모두 합치면 다섯 개예요. 그중에 이제는 없어진 것도 있고, 아직도 누가 사는 집도 있어요.

저 산 이름을 봉화산이라고 그러죠. 옛날부터 중요하게 대접을 받던 산이고요. 봉화산 아래 있다 해서 우리가 '봉하'입니다. 봉우리 아래에 있는 동네. 옛날에 봉홧불을 올렸던 곳이에요. 봉홧불이 통신수단이기도요. 가락도 앞에 왜구가 나타나면 녹산과 김해 그리고 여기 봉화산을 거쳐서 밀양으로 전달되었죠. 진짜 이름은 자암산입니다. 산 중턱에 돌부처가 하나 있는데, 요샌 누워 계십니다. 옛날에 새길 땐 앉아 있었는데, 그 뒤에 풍파가 있었는지, 어느 때 누웠는지는 아무도 몰라요. 하여튼 지금 가면 누워 계세요. 학자들이 보기에는 꽤 잘생긴 부처라고 그래요.”

– 2008년 8월 노무현 대통령 봉하 방문객 인사 중에서

안팎으로 손님 치른다고 대통령이 이리도 바쁘니 주변의 비서는 물론이고 잠시 도와주려고 머물던 나 역시 매일매일이 ‘꼼짝 마!’였다. 청와대 있을 때보다 더 바쁜 날들이었다. 하루가 다르게 늘어나는 방문객만큼이나 챙겨야 할 일도 늘어났다. 몇 명 안 되는 비서들만으로는 감당이 되지 않았다. 대통령 귀향 후 많은 시일이 지났지만 나는 부산 집에 옷짐을 갖다놓지도 못했다. 이때까지도 가족들 얼굴 볼 짬조차 낼 수 없었다. 실은 대통령 퇴임 후 나의 역할이 따로 있었다. 한동안 휴식을 취한 뒤 대통령 공익재단이 만들어지면 실무자로 일할 계획이었다. 이호철 선배도 같은 생각이었다. 봉하에서 대통령 모시고 아주 긴 호흡으로 살자고 했다. 순장조가 되기로 했었다. 그러나 공익재단 준비는 일단 뒷일이고 당장 발등에 떨어진 불부터 꺼야 했다.

봉하에 처음 내려왔을 때만 해도 마을에는 기본적인 문화·편의시설은커녕 잠시 쉴 수 있는 그늘이나 나무벤치 하나 없었다. 대통령을 만날 수 있다는 기대감 말고는 볼거리도 먹거리도 변변치 않아 방문객들이 실망하고 돌아가기 딱 좋았다. 봉화산에 올라 탁 트인 마을 풍경

을 보고 나면 짧막한 봉하 방문은 끝이었다. 여행이랄 것도 없었다.

"봉하마을을 찾는 분들에게 뭐 볼거리나 산책할 만한 곳이 있어야 되는데… 그래야 봉하에 머무는 시간이 늘어나고, 혼약수라도 하나 사먹고 가야 할 건데, 뭐 하나 갖춰진 게 없으니 어쩐다. 주민들 살림에도 보탬이 되는 좋은 방도가 없을까?"

결국 당장의 최선은 대통령 자신이었다. 방문객들과의 대화는 그렇게 시작되었다. 봉하마을 역사며 문화, 화포천, 봉화산 생태에 대한 '해설사 노무현'의 이야기는 때론 신명 나는 판소리 가락이었고, 때로는 애잔하고 정 깊은 육자배기였다. 방문객들은 대통령의 말 한마디에 웃고 울었다. 비록 볼거리는 없었지만 대통령을 만나는 것만으로 짧지만 여운이 깊은 봉하 여행을 이어갔다. 방문객들과의 대화는 그해 겨울, 대통령이 마지막 인사를 하기까지 계속되었다.

3

청소하는 대통령

대통령은 매일 봉화산을 오르거나 자전거를 타고 화포천과 봉하들판을 둘러보았다. 후미진 곳에 버려진 생활쓰레기며 농로주변에 농사용 쓰레기가 뒹구는 것을 보게 되면 반드시 자전거를 세웠다. 방문객들에게 지저분한 모습을 보이는 게 창피하다며 주변환경을 깨끗이 하는 방안에 골몰했다. 대통령에게는 소박하면서도 참 절실한 고민이었다.

'어떻게 하면 마을을 깨끗하고 아름답게 가꿀까?'
'봉화산 숲 가꾸기는 어떻게 하지?'
'화포천은 또 어떻게 되살릴까?'

대통령은 직접 장화를 신고 청소부로 나섰다. 나도 귀향초기 대부분의 시간은 청소하는 일로 보냈다. 방문객들이 늘어나자 마을에 있는

노 대통령은 마을과 봉화산 청소는 물론 화포천 정화 활동에도 누구보다 적극적이었다.

몇 안 되는 쓰레기통은 금방 차고 넘쳤다. 떨어진 담배꽁초는 왜 그리 많은지. 주영훈 본부장의 일과는 아침 일찍 주차장 주변의 청소부터 시작했다. 대통령이 자전거 산책하며 발견하는 쓰레기더미들은 영락없이 내 차지였다.

마을 주변에서 시작된 대통령의 동선은 날이 갈수록 봉화산, 화포천으로 점점 넓고 길어졌다. 쓰레기 규모가 달라졌고, 할 일도 나날이 늘어갔다. 대통령이 워낙 열심이다 보니 김해시장을 비롯해서 김해시 자원봉사자들도 화포천 대청소에 나서게 되었다. 공무원들 속은 어땠는지 모르지만, 나는 대통령과 함께하는 청소행진이 그렇게 신이 날 수가 없었다. 국민들은 소탈하게 시민과 함께하는 '청소하는 대통령', '장화 신은 대통령'에 환호했다.

> "화포천도 지금은 좀 많이 오염됐어요. 그래서 깨끗하게 청소도 하고, 근본적인 해결책을 찾으려고 오염원을 차단하는 운동도 하려고 합니다. 뭐 기왕에 들어선 공장을 들어낼 수야 있겠습니까? 구정물, 독성이 있는 물질, 폐기물들을 무단방류 하지 않도록 설득하고 동참하게 해야지요. 앞으로 아마 10년을 해도 다 감당하기 어려운 긴 과제라고 생각합니다만, 한번 그렇게 해서 이 화포천, 마을, 앞산을 복원시켜 나가는 작업을 해보려고 합니다."
>
> – 2008년 8월 대통령 봉하 방문객 인사 중에서

인력으로는 감당할 수 없을 만큼 쓰레기가 많아지자 대통령께 말씀드

려 1톤 트럭을 한 대 샀다. 쓰레기를 치우는 것은 물론이고 마땅한 교통수단 없이 먼 길을 걸어 다녀야 하는 자원봉사자들에게 요긴한 작업 차량이 되었다. 지금은 세월도 제법 흘렀고, 워낙 많은 작업을 감당해 온 탓에 많이 낡았지만, 아직도 영농법인의 귀한 일꾼으로 제 몫을 톡톡히 하고 있다. 나에게는 대통령과의 소중한 추억이 담긴 유품이다.

"아름다운 마을을 만들려면 우선 깨끗해야 한다."
"누구나 깨끗한 것을 좋아하지만 청소하는 것은 싫어한다."
"우리가 모범을 보여야 한다."
"농촌에서 마을 주민으로 살아가려면 우선 청소부터 해야 한다."

대통령은 평소에도 청소와 정리정돈에 대해서 각별히 신경을 썼다. 비서들에게도 매월 정기적으로 마을 청소를 지시했다. 마을 주민들도 예외는 아니었다. 쓴소리도 마다하지 않았다.

"버리는 사람 따로 있고 치우는 사람이 따로 있어야 되겠습니까."

대통령이 직접 마을 청소에 앞장을 서니 게으름이 통할 리 없었다. 봉하들판과 마을은 서서히 아름다운 농촌풍경을 되찾아갔다.

지금이야 몰라보게 좋아졌지만 당시에는 수질오염이 아주 심각했다. 비가 많이 오면 본산공단 쪽에서 봉하들판으로 빗물이 흘러들곤 하는데, 누군가 공장폐수를 몰래 버리는지 기름띠가 번지고 거품이 일었다. 날씨가 풀리고 기온이 올라가자 시궁창 냄새가 진동했다. 친환경 농사를 위해서는 하루빨리 이 문제를 개선해야 했다. 대통령의 요청으로 공단입주업체 대표들과 김해시 공무원, 주민들이 마을회관에 모여 공장 오·폐수 방지대책을 위한 간담회를 했다. 대통령은 나에게 그동안 증거로 찍어둔 공장폐수 무단방류 현장 사진들을 보여주라고 했다. 대통령은 공단폐수가 마을환경과 수질오염의 주범임을 강조하고 수질개선의 중요성을 모두에게 역설했다. 이날 김해시 환경보호과 과장은 수질오염의 주범이 '비점오염원'이라며 어쩔 수 없다고 두둔하다가 대통령의 돌직구에 혼이 났다.

"고의로 몰래 방류하는 공장폐수와 비가 왔을 때 공장바닥이나 도로에 떨어진 기름찌꺼기 등 비점오염원을 구분도 못할 줄 압니까? 환경보호에 앞장서야 할 공무원이 되레 공장폐수를 무단방류하는 악덕 기업을 감싸주어서야 되겠습니까?"

대통령은 다시는 이런 일이 없도록 입주업체 대표들에게 자율적인 협조를 부탁하고, 김해시 환경보호과에도 철저한 감시와 단속을 약속받았다. 대통령은 급한 대로 농어촌공사에 요청해 수로에 쌓인 썩은 슬러지를 퍼내도록 요청했다. 이때 퍼낸 슬러지가 15톤 트럭으로 무려 100대분이 넘었다. 최종 해결사는 피해 당사자인 지역주민이 직접 나설 수밖에 없었다. 대통령은 나에게 인근 지역의 청년들과 함께 '화포천환경지킴이'를 만들자고 했다.

대통령은 스스로 환경파수꾼이 되었다. 비가 오는 날이면 새벽 일찍 자전거를 타고 일부러 마을들판과 수로를 둘러보았다. 문제가 발견되면 경호실 수행과장을 통해 어김없이 나를 호출했다. 대개 새벽 6시 10분 전후였다. 나는 비상연락망을 가동해 감시단을 불러 모았다. 승구봉 감시단장, 진영지기, 반디 등은 약방의 감초였다. 이들과 함께 오염원을 끝까지 추적해서 폐수를 흘려보낸 업체를 찾아냈다. 처음에 겉으로 드러난 우수관만 보아서는 폐수가 어디서 흘러드는지 도무지 찾을 수가 없었다. 도로 아래 지하 3미터에 설치되어 있는 하수관로의 맨홀뚜껑을 쇠지렛대로 하나씩 열고 내려갔다. 가슴까지 올라오는 물신을 신고 어두컴컴한 하수관을 따라 거슬러 올라가면서 랜턴불빛으로 폐수를 방류하는 오염원을 추적했다. 마침내 지상의 우수관로를 따라 무단방류업체까지 도달했다. 그러나 더 큰 난관에 부딪혔다. 적발을 하더라도 우리에게는 아무런 단속권한이 없었다. 김해시 환경보호과에 신고를 하고 단속반이 올 때까지 기다리는데, 그동안 방류현장을 감추려는 공장 측과 실랑이를 벌이곤 했다. 비가 오는 날이면 이런 일이 되풀이되었다.

일시적인 감시활동은 한계가 뻔했다. 나는 김해시 하수과에 정식으로 공단 내 모든 빗물배수관로를 대상으로 한 전수조사를 요구했다. 사람이 들어갈 수 없는 좁은 지하 하수관에는 카메라를 부착한 로봇을 넣어 샅샅이 살폈다. 봉하마을 쪽으로 빗물이 흘러드는 130여 업체 중에서 무려 27개 업체가 적발되었다. 이들은 모두 시설개선 명령과 과태료 처분을 받았다. 이 일이 있고 난 뒤 공단입주업체들 사이에서 소문이 삽시간에 퍼졌다.

"노무현 대통령이 직접 화포천 쓰레기를 치우고, 불법어로와 밀렵을 감시하는 환경지킴이 활동을 한다더라."
"폐수 방류하다 봉하 사람들한테 걸리믄 뼈도 못 추린다 카더라."

그동안 무심코 버렸던 생활쓰레기며 농사용 쓰레기도 줄었다. 처리 비용을 조금 아끼려고 비가 오면 몰래 폐수를 방류하던 공장들도 거의 없어졌다. 물을 오염시키는 것은 순식간이지만, 더러워진 물을 다시 맑게 하는 데는 훨씬 많은 노력과 시간이 필요했다. 대통령의 청소는 사소한 실천이었지만 그 파급효과는 컸다. 그동안 내가 맡은 악역과 내게 쏟아진 비난은 감수해야 할 영광스러운 상처였다. 반면에 마을과 화포천이 몰라보게 깨끗해지고 주변도 아름다워졌다. 생명이 되살아나기 시작했다.

4

봉화산烽火山, 마을숲 가꾸기

대통령의 봉화산 오르기는 변함없이 계속되었다. 어릴 적 추억을 되짚으면서 봉화산의 변화를 확인하고, 봉화산 숲 가꾸기, 생태숲 복원을 위한 설계가 적절한지 직접 살펴보았다. 대통령은 봉화산에 오를 때마다 가보지 않은 길을 골랐다. 덕분에 경호원들이 고생을 많이 했다. 사전답사를 했다 해도 갑작스레 코스를 변경하는 경우가 잦아 경호원들은 바짝 긴장해야 했다. 대통령이 앞장서서 경호원들을 안내하는 일도 종종 있었다. 경호원들의 복장도 달라졌다. 정장과 구두, 선글라스 대신 등산복과 등산화, 배낭이 필수가 됐다. 배낭 속엔 경호장비 대신 낫과 톱, 전지가위가 들어 있었다.

대통령은 여러 코스로 봉화산을 구석구석 답사한 뒤에 숲과 나무, 야생화 전문가들을 차례로 초청해서 본격적으로 마을숲 가꾸기에 대한 의견과 조언을 들었다. 《나무와 숲》 저자인 남효창 홀로숲연구소 소장과 함께 봉화산을 산책하면서 생태 숲 가꾸기 콘셉트와 방향 등에 대한 자문을 구했다. 《한국의 야생화》로 잘 알려진 광릉수목원의 이유미 연구사는 봉화산의 토양환경과 기후에 맞는 한국 야생화를 추천해주었고, 《궁궐의 우리 나무》를 쓴 경북대 박상진 교수도 봉화산에 자생하는 나무에 대한 해설과 숲 가꾸기에 대한 조언을 아끼지 않았다. 숲·산·사 정규원 소장도 일부러 시간을 내어 숲 가꾸기 실태를 모니터링하고 자문을 해주었다.

조·중·동 보수언론은 봉화산 숲 가꾸기 사업에 대해 퇴임 대통령을 위한 특혜성 사업이라며 비난을 퍼부었다. 그러나 이는 사실이 아니었다. 대통령 재임시절 이미 산림청이 전국에 17개 지역에 산림경영 모델숲 조성사업을 했고, 2008년부터 4년간, 5개 지역을 선정해 웰빙숲 조성사업을 추진하고 있었다. 봉화산도 그중 하나였다. 봉화산 마을숲 가꾸기는 김해시농업기술센터 공원녹지과에서 주관하고, 산림조합중앙회가 설계와 감리를 맡았다. 김해시산림조합이 4년에 걸쳐 시공했다. 대통령은 마을숲 가꾸기야말로 우리나라의 100년 이후를 내다보는 큰 계획이라고 생각했다.

"손녀에게 물려줄 수 있는 선물이 무엇인지를 생각하게 됩니다. 개인적 차원에서 생각할 수도 있지만 우리 세대가 줄 수 있는 가장 좋은 선물은, 곰곰이 생각해보니 어릴 때 개구리 잡고 가재 잡던 마을을 복원시켜서 아이들한테 물려주는 것이 제일 좋겠다는 생각

은 하게 됐습니다. 지금도 그런 생각을 하고 있습니다. 대통령 임
기를 마치면 시작해보려고 합니다. 한 번도 하지 않은 일을 하겠
다고 하니까, 여러분들이 '그게 쉬운 일인 줄 아냐' 하신 것 같아서
부끄럽기도 합니다. 어려운 일이라도 꼭 하고 싶습니다. 많은 인구
와 노력을 통해 마을의 숲과 생태계를 복원시키는 일을 하고 싶습
니다. 함께 사는 촌락 공동체 같은 것을 새로운 형태로 복원시키
고, 자연 속에서 순박한 정서를 가지면서 성장할 수 있게 하는 것
이 우리가 할 일이 아닌가 생각합니다. 어떤 나라에 가도 부럽지
않고 자랑할 수 있는 촌락, 전체적으로 숲을 자랑할 수 있는 나라
가 되길 바랍니다."

— 2006년 1월 24일 임업인 초청 청와대 오찬 기념사

봉화산의 생태 숲 가꾸기의 첫 단추는 간벌(間伐)이었다. 간벌은 지나
치게 빽빽한 나무들을 알맞게 솎아내어 간격을 듬성듬성하게 해주는
기초 작업이다. 땅바닥까지 햇볕이 잘 들고 바람이 통해야 나무도 잘
자란다. 간벌은 큰 나무 아래에서 자라는 키 작은 나무와 다양한 풀들
까지 함께 공존할 수 있는 환경과 여건을 만들어주었다.

간벌 후에는 조림목적에 따라 나무들을 일부 바꾸었다. 마을과 숲의
경계지대에 있던 리기다소나무나 아카시아나무 등은 베어내고, 산불
에 강하고 늘 푸른 동백나무, 장군차나무 등을 심었다. 경관과 소득용
으로는 매화나무, 산수유나무를 골랐다. 바닥 층에는 약초나 산나물,
야생화를 심었다.

방문객들이 봉화산 숲길을 산책하고 주변 경치를 둘러볼 수 있도록 탐방로를 설치하고 사자바위와 호미든 관음상 쪽에는 전망대도 개설했다. 마을 주민들은 물론 방문객들이 마을숲을 거닐면서 삼림욕을 하고, 철 따라 나물을 캐고 야생화도 구경할 수 있도록 숲 전체를 리모델링한 것이었다.

대통령이 마을숲 가꾸기에 매달린 것은 버려진 봉화산과 마을뒷산을 아름다우면서도 경제성이 있고, 무엇보다 마을 주민들과 방문객이 가까이 하기 쉬운 마을숲으로 탈바꿈시키기 위해서였다. 봉화산이 성공 모델이 되어 전국에 버려져 있는 마을숲을 제대로 가꾸어나가는 본보기가 되길 바랐다. 마을숲 가꾸기는 나무와 숲을 손질해서 다양한 생물들이 함께 살아갈 수 있는 자연환경과 주변여건을 개선하는 동시에 마을에 살고 마을을 찾아오는 사람들의 삶의 질을 높이는 웰빙사업이었다.

"산림녹화에 성공했다는 산을 여럿 올라보았습니다. 그런데 그냥 빽빽하게 들어선 나무들, 그 아래를 꽉 채운 잡목들, 그리고 넝쿨들… 그러나 아무 쓸모도 없습니다. 햇빛이 차단된 숲은 죽어가는 가지들로 엉켜 있고, 개울물은 말라버리고, 온갖 소리를 내며 날아다니던 벌레들도 어디론가 가버리고 없습니다. 나무와 넝쿨이 너무 빽빽하니 사람이 접근할 수도 없습니다. 산에 올라도 사방이 보이지 않습니다. 옛날에 풀, 꽃, 벌레들과 다정하게 함께 뛰놀던 그 숲이 아닙니다. 어찌 우리 마을만의 이야기겠습니까? 마을 가까운

대통령이 마을숲 가꾸기에 매달린 것은 버려진 봉화산과 마을뒷산을 아름다우면서도 경제성이 있고, 무엇보다 마을 주민들과 방문객이 가까이 하기 쉬운 마을숲으로 탈바꿈시키기 위해서였다.

야산은 우리 아이들이 편하게 접근할 수 있고, 풀, 벌레, 새, 들짐승의 생태계가 풍성하여 자연을 느끼고 학습할 수 있어야 합니다. 누구라도 편안하게 신고 휴식을 즐길 수 있는 숲으로 만들어가야 합니다."

– 2008년 8월 3일 '사람사는세상' 홈페이지에 대통령이 올린 글

대통령의 눈에 비친 고향마을은 여느 농촌과 다를 바 없이 가난에 지치고 쇠약해져 있었다. 마흔 가구가 안 되는 작은 마을 안에 이미 무너져 내리고 있는 빈집이 다섯 채나 되었다. 마을 뒤편에는 수지가 맞지 않아 농사를 포기한 오래된 단감나무들이 흉물스럽게 마을을 둘러싸고 있었다. 봉화산 밑자락 단감과수원도 칡과 환삼덩굴로 뒤덮여 고사되어 가기는 마찬가지였다. 한때는 '대학나무'라고 불릴 정도로 집안 살림에 보탬이 되었던 소중한 단감나무였다. 산비탈을 개간해 과수원을 일구었던 억척스러움은 다 부질없는 일이 되고 말았다. 단감이 처음 재배된 곳으로서 진영단감의 유명세는 흘러간 옛 노래가 되었다. 단감나무 재배지역이 남부지방 전체로 확산되어 이제는 평지에서 값싸고 품질 좋은 단감들이 쏟아졌다. 더구나 수입과일들까지 넘쳐나니 생산성은 접어두고라도 가격 경쟁이 될 리가 없었다.

대통령도 처음에는 단감농사를 친환경으로 바꾸기 위해 여러 가지 모색을 했다. 진주 단성에 있는 무(無)농약 단감농장을 찾아 친환경 감농사법을 견학하기도 했다. 그러나 마을 주민들은 누구 하나 선뜻 나서질 않았다. 탄저병, 낙엽병, 꼭지벌레, 선녀벌레 등 오래된 감나무일수록 병충해 발생이 심했다. 화학농약을 수없이 뿌려대도 농사를 망치는 경우가 허다했다. 설령 친환경 단감농사를 어렵게 짓는다 해도 단감 시세가 점점 떨어지는 추세였다. 단감은 오래 보관하거나 가공이 잘 안 되는 과일이기 때문에 안정적인 판로를 확보하기 쉽지 않았다. 전후 사정을 뻔히 아는 마을 주민들이었다. 그동안 과수원을 가꾼다고 들인 노력이 아깝지만 인건비도 건지지 못하는 단감농사는 포기한

지 오래되었다. 하물며 농사자체가 어려운 친환경 단감농사는 엄두조차 내지 않았다.

대통령은 단감나무를 대신해서 장군차나무를 주목했다. 사철 푸른 차밭을 일구어 마을경관을 좋게 하고, 장차 수익사업으로서 장군차의 가능성도 내다보았다. 우선 봉하빌라와 마을 뒤편의 단감과수원을 폐원하고 사저 뒤편까지 장군차 재배단지를 조성하기로 했다. 이어서 봉화산 부엉이바위와 사자바위 아래 단감과수원까지 포함시켜 아예 마을과 숲의 경계지대에는 장군차 벨트를 만들 구상이었다. 이미 김해시에서 추진 중인 마을숲 가꾸기 사업에 동백나무 등의 내화림 조성계획이 있었다. 방화목으로 장군차나무를 추가해달라고 요청했다. 마침 김해시는 오래된 단감과수원을 경제성 있는 다른 작목으로 전환하는 사업을 촉진하기 위해 단감나무과수원을 폐원하면 보상해주는 제도를 운용 중이었다. 대통령은 이 제도를 활용하여 방치된 단감과수원을 폐원하고 그곳에 대체작목으로 장군차밭을 조성하자고 제안했다.

숲 가꾸기 사업을 위해서는 당연히 산 주인과 단감농사를 지어왔던 농민의 동의가 필수였다. 그런데 산 주인 중에는 더러 외지에 살거나 심지어 외국으로 이민을 간 경우마저 있어 동의서를 받기 어려웠다. 산주가 이미 고인이 됐거나 문중 땅일 경우는 더욱 낭패였다. 막상 지주들을 만나도 숲 가꾸기에 쉽게 동의를 해주지 않았다. 오히려 "직접 임야를 사서 숲 가꾸기 사업을 추진하라"면서 버티기 일쑤였다. 김해시가 나서서 설득을 해보았지만 산 주인들은 근린공원구역으로 묶이면 재산권 침해만 받는다고 숲 가꾸기 사업을 완강히 거부했다. 어쩔 수 없이 대통령이 직접 산주들을 만나서 마을숲 가꾸기의 필요성을 간곡히 설명하고 협조를 당부했다. 대통령까지 나서 가까스로 설득시키고서야 겨우 지상권을 갖고 있는 경작자까지 포함한 3자 합의를 이뤄낼 수 있었다. 지주는 간벌과 폐원 등 숲 가꾸기 사업에 동의하고, 기존 경작자에게는 장군차밭 지상권을 인정하되 폐원보상비는 장군차밭 조성비로 사용하기로 했다. 대통령이 아니었으면 불가능한 일이었다.

협의가 진행되는 동안, 마을 뒤편의 감나무를 뒤덮고 있는 말라빠진 칡과 환삼덩굴이 보기 싫어 당장 그것부터 걷어내기로 했다. 나와 자원봉사자들이 나섰다. 정작 지주나 농민들은 포기하고 있는데, 손님이 나서서 팔을 걷어붙인 격이었다. 칡덩굴부터 제거하기 시작했는데, 진입로가 작은 오솔길 밖에 없어서 트럭이 들어갈 수가 없었다. 대통령은 단감과수원 폐원 작업은 물론 장군차도 심어야 하니 이참에 사저에서 봉하빌라까지 작업로를 내자고 했다. 마을과 숲의 경계이기도 하고 장군차를 심으면 자연스레 띠를 이루면서 호젓한 장군차 산책로가 될 거라 꿈꾸었다. 봉하빌라 뒤편의 언덕부터 장군차 묘목을 심기로 했다. 김해시에서 매년 희망농가에게 무상 지원하는 장군차 묘목을 우리도 신청했다. 그런데 빌라 뒤편은 이미 김해시 보조 사업으로 감나무를 베어내고 측백나무와 소나무가 조림되어 있었다. 애써 심어 잘 자라고 있는 나무를 당장 뽑아낼 수도 없고, 어쩔 수 없이 조림된

나무들 사이사이에 장군차 묘목을 심기로 했다.

2008년 3월 말, 대통령은 벌써 여섯 번째 장군차 묘목을 직접 심었다. 사저 주변과 만남의 광장에도 장군차나무를 심어 예쁘게 단장했다. 대통령은 우선 마을 뒷산의 버려진 단감 과수원과 산비탈에 3만여 그루를 심을 작정이었다. 폐과수원을 김해지역 특산품인 장군차밭으로 탈바꿈시킬 요량으로 구슬땀을 흘렸다.

"처음엔 주변 경관과 취미 생활을 위해 차를 심을 생각이었죠. 그런데 장군차는 품종과 맛에 차별성이 있고, 약학적 효능도 연구돼 있고. 김해시에서 특산물로 지원 중이라 전망도 좋아서 차 생산을 위해 재배해도 좋겠다는 생각을 하게 됐습니다. 도시에서 방문하는 사람들과 결합해 처음에는 차나무를 같이 심고 가꾸고 나중에는 함께 따는, 일종의 주말농장 개념으로 접근할 수 있을 것 같고. 그래서 본격적으로 심어보려는 것이죠."

29일 오후, 하늘이 우중충하고 흐렸다. 대통령은 자원봉사자 90여 명과 장군차 2년생 묘목 2천여 그루를 심었다. 이날 심은 장군차 묘목은 씨를 뿌려 키운 실생 묘목이 아니라 가지를 잘라 새롭게 뿌리를 내리게 한 2년생 삽지 묘목이라서 3년이 되면 조금이라도 수확이 가능하다고 했다. 자원봉사자들은 산비탈을 오르내리며 2시간 30분 동안 정성껏 묘목을 심었다. 대부분 처음해보는 일이라 입과 코에선 단내가 진동했다. 밀짚모자를 쓴 대통령은 아이들에게도 장군차 묘목 심는

폐과수원에 장군차밭을 일궈 마을 경관을 개선하고 소득도 높이는 방안을 내놓았다. 장군차 묘목 심기는 아이들에게도 좋은 체험이 되었다.

방법을 가르쳐주었다.

"뿌리가 펴지게 심어야 잘 자란단다."

"공기가 들어가면 죽거든. 흙 알갱이가 잔뿌리 사이에 골고루 들어가도록 심어야 해."

"심고 나선 주변의 마른 풀로 잘 덮어줘서 습기가 유지되게 해야 하는데, 마른 풀이라도 뿌리가 없는 걸로 덮어야지 안 그러면 이놈들이 살아나 장군차와 경쟁한단다."

아이들은 귀를 쫑긋 세우고 대통령의 설명을 들었다. 아이가 구덩이에 장군차 묘목을 잡아주면, 대통령은 흙을 잘게 부수어 손바닥으로 꾹꾹 눌러가며 채웠다. 아이는 발로 흙을 다시 한 번 다져주고 그 위에 마른 풀을 덮어주었다. 열 명이 넘는 아이들이 장군차 묘목을 든 채 옆으로 길게 늘어섰다. 대통령 할아버지와 함께 장군차 묘목을 심기 위해 자기 차례를 기다렸다. 부모들은 잠시 일손을 멈추고 사진기를 들었다. 대통령과 함께 장군차를 심는 아이 사진을 찍는다고 떠들썩거렸다. 대통령은 자원봉사자들에게 감사한 마음을 전했다.

"내년에 찻잎 따러 내려오세요. 저는 그 전에 황차(黃茶) 제다 기술을 익혀놓겠습니다. 찻잎을 잘 덖어 제대로 된 장군차를 대접하겠습니다. 통에 담아 선물로도 드리겠습니다. 오늘 수고 많았습니다."

2008년 5월 중순, 김해시 생림면에 있는 박두희 씨 차밭을 방문했다. 대통령 내외가 차밭에서 직접 장군찻잎을 따고 제다실(製茶室)에서 차를 덖고 비벼서 녹차 만드는 과정과 방법을 체험하기 위해서였다. 비탈진 언덕에 계단식으로 차밭이 조성되어 있었다. 호기심 많은 학생처럼 박두희 씨의 찻잎 따기 요령을 듣던 대통령 내외가 옆구리에 대나무 바구니를 하나씩 챙겨들었다. 실습 포인트는 '1창 2기', 마치 '뾰족한 창에 두 개의 깃발'이 달린 듯한 모양의 여린 잎을 따는 것이었다. 설명 들은 대로 머릿속에 모양을 그려가며 한 잎 한 잎 정성으로 새순을 땄다. 제다실에서 정진오 박사가 차 덖는 시범을 보였다. 뜨겁게 달궈진 무쇠 솥 안에 막 따온 찻잎을 쏟아붓고 마치 무림고수 같은 손놀림으로 차를 덖는다. 대통령도 따라 해보았다. 덖은 찻잎을 멍석 위에서 강약을 조절하며 조심스레 비볐다가 다시 가마솥에 덖는다. 이런 과정을 여러 번 반복해 대통령이 직접 만든 첫 번째 장군차가 완성되었다.

장군차는 '가야 황차'로도 불린다. 가야국의 시조 김수로왕의 왕비인 허황옥이 서기 47년경 인도에서 시집올 때 가져와서 김해지역에 퍼졌다고 한다. 고려 충렬왕이 김해지역을 방문했을 때, 우람한 차나무를 발견하고 '장군수(將軍樹)'라는 이름을 내렸고, 장군차의 유래가 됐다. 대통령은 재임 시절 반발효차인 김해장군차를 맛본 뒤 그 매력에 푹 빠졌다. 대통령은 "장군차나무의 찻잎이 다른 차나무 잎보다 크고 두꺼운 데다 탄닌 성분이 많아서 발효가 잘 되고, 그 찻물은 고동색을 띠고 차향이 그윽하다"고 품평했다. 장번 선생은 장군차가 당뇨, 암, 치매 예방과 노화 방지에 탁월한 효능이 있고 항산화 효소 함유량이 많으며 다이옥신 저항 효과가 크다고 자랑을 했다.

장군차나무는 햇볕도 잘 들어야 하지만 그늘도 필요한 '반양지 반음지 식물'이었다. 장군차는 뿌리가 아래로 쭉 뻗어 자라는 직근성(直根性)이라서 옮겨 심으면 살리기가 어려웠다. 장군차는 심고 난 뒤 차밭이 어우러지기까지 시간이 많이 걸린다. 때문에 봉하마을 경관을 빛내줄 만큼 자라고 무성해질 때까지 다른 보완재가 필요했다. 대통령은 장군차밭 주변에 매화나무를 심자고 했다. 이른 봄, 새순이 돋기도 전에 예쁜 꽃을 피우는 매화나무, 제일 먼저 봄을 알린다고 '제일춘(第

一春)'으로도 불린다. 대통령이 비서들과 함께 전남 광양 다압마을에 있는 홍쌍리 매실농장을 견학했다. 홍쌍리 선생의 지도로 대통령 내외는 손수 매실을 따고 매실주, 매실장아찌, 매실 효소액 만드는 법을 배웠다.

"봉하마을에도 봄마다 예쁘고 향기로운 매화꽃을 볼 수 있으면 좋겠습니다. 마을경관도 좋게 하고요. 매실이 익으면 청매실로 팔기도 하고 매실장아찌를 담아서 주민소득도 높일 수 있도록 해보지요."

대통령은 늘 궁금한 것은 배워 익히고, 배운 것은 실행에 옮겼다. 타고난 품성이 부지런한 농부의 아들이었다. 대통령의 뜻에 따라 그 이후부터 누가 나무를 기증하겠다고 하면 나는 유실수(有實樹), 그중에서도 매화나무를 지정해주었다. 기증받은 매화나무가 속속 도착하면 자원봉사자들과 함께 장군차나무 이랑 사이의 빈자리마다 백매화, 청매화, 옥매화, 홍매화를 가리지 않고 심었다.

봉하마을 뒤편 언덕에는 봄마다 먼저 봄소식을 알리는 매화가 환하게 피어나고 있다. 매화가 지고 매실이 여물면 여사님은 식구들과 함께 매실을 직접 따서 매실발효액을 담그고 매실장아찌도 손수 담그셨다. 사저를 방문하는 손님들에게 내놓는 매실차와 매실장아찌가 그것이다. 대통령의 소박한 바람이었다.

5

생태연못, 소중한 인연

귀향 당시 대통령의 사저, '지붕 낮은 집' 근처 북제방도로 밑에 기다란 밭뙈기와 홍련을 키우는 삼각형 모양의 800평 연밭이 있었다. 그곳에서 봉하의 막내농부 승구봉 씨가 대통령이 귀향하기 1년 전부터 농업진흥청의 테마마을사업으로 연근을 시험재배하고 있었다. 막상 연근농사를 지어보니 모래토양에서 잘 자라는 연근 재배지로는 적합하지 않았다. 봉하의 논은 비옥한 뻘흙이라 연근의 수확량은 많았지만 모양과 품질이 수준미달이었다. 상품성이 떨어지니 판매를 포기하고 있었다.

승구봉 씨는 연근 재배를 계속 해야 할지, 논으로 원상복구 해야 할지 갈피를 잡지 못하고 있었다. 나는 식용 연근농사는 포기하되 경관용으로 홍련을 일부 살리면서 생태연못으로 바꿔보자고 제안했다. 여기에 다양한 수련과 수생식물을 가꾸면 방문객들에게도 좋은 볼거리와 휴식공간이 될 것 같았다. 대통령의 바람이었다.

마을 주민과 김해시를 어렵게 설득하여 생태연못 조성사업을 시작했다. 농사철이 되기 전에 연밭을 연못으로 바꾸는 공사를 서둘렀다. 공사라 해봐야 연근을 심어놓은 논바닥을 파서 연못을 만들고 파낸 흙으로 네 갈래 산책로를 만드는 것이었다. 연못 가운데는 둥그렇게 조금 더 깊게 파서 어류들의 월동지로 만들고 나머지 네 구역은 얕은 연못을 조성했다. 물고기들이 돌아다닐 수 있도록 네 연못과 중앙연못이 통하는 물길도 내주었다. 흙이 흘러내리는 경사진 쪽에는 자연석으로 쌓아 올렸다. 생태연못의 형태와 윤곽을 어느 정도 잡고 나니 세부 조경이 고민되었다.

나는 청와대 근무 시절 대통령의 지시로 경내의 초목들을 야생화나 토종수목으로 바꾸는 조경공사를 꼼꼼히 살펴본 적이 있었다. 문재인 비서실장은 행사가 없는 주말이면 산행과 야생화 탐방을 즐겼는데, 그럴 때면 나도 동행하곤 했다. 이런저런 기회에 야생화며 수목을 보고 들어서 조금 알기는 했지만 수생식물은 문외한이나 마찬가지였다. 직접 조경공사를 진행하는 것은 더더욱 무리였다. 돈도 없이 생태연못을 조성하려니 그저 막막하기만 했다.

"봉화산, 봉하들판, 화포천을 중심으로 마을을 잘 가꾸어 생태 숲, 생태 농장, 생태 습지가 조화로운 생태마을을 만드는 게 저의 소원입니다. 요새 마을 주민들하고 의논을 많이 하고 있습니다. 주로 우리 비서들이 수고를 많이 하지요. 주민들 설득하고 해서 청소도 하고 구정물도 많이 퍼내고, 또 이제는 쓰레기 갖다버리는 것도 다 해요. 이렇게 조금씩 조금씩 넓혀나가다 보면 나중에는 우리가 어릴 때 접했던 시골처럼 되지 않겠어요? 물고기와 풀벌레도 많고, 다양한 풀과 나무가 있어서 언제나 친근하고 그런 마을. 그래서 아이들이 오면 도시 생활과는 좀 다른 체험을 할 수 있는 그런 마을로 꾸며보려고 하고 있습니다."

– 2008년 8월 노무현 대통령 봉하 방문객 인사 중에서

궁하면 통한다고 했던가. 때마침 함평군 이석형 군수와 이순영 농업기술센터 소장이 귀향하신 대통령께 인사차 봉하마을을 방문했다. 두 사람은 함평나비축제와 국화축제를 기획하여 전국적으로 알리고 크게 성공시킨 주인공이다. 여러모로 봉하에 도움이 될 것 같았다. 이 군수를 대통령 사저로 안내하고 나는 재빨리 이 소장을 생태연못으로 모시고 갔다.

이순영 소장은 대통령 재임시절 함평 생태공원과 나비축제에 많은 지원을 받았다면서 그에 보답하기 위해 대통령의 생태마을 가꾸기를 적극 돕겠다고 했다. 연못에 필요한 수련과 수생식물들은 개인적으로라도 구해주겠다고 했다. 뿐만 아니라 생태연못을 어떻게 조성하고 무슨 수생식물을 어디에 심으면 좋은지 일러주었다. 그러다 영 답답했는지 나중에는 아예 직접 가지고 와서 심어주겠다고 했다. 일거에 걱

정이 해결되었다. 고마웠다.

청년시절 나는 부산에서 대통령과 함께 재야시민사회운동을 했다. 이 당시 학생운동을 하던 친구들은 대부분 노동운동을 한다고 공장으로 갔지만 혼자서 농민운동 한다고 고향으로 내려간 황수문 씨가 있었다. 그동안 김해 농민회 사무국장으로 활동하면서 야생화 재배로 성공을 거두었다는 소식을 들었다. 나는 야생화 자문을 위해 그를 봉하마을로 초대했다. 생태연못을 같이 둘러보면서 속을 감추고 슬며시 후배의 의중을 살폈다.

"대통령께서 귀향하신 뒤 방문객들이 많이 찾아오시는데, 봉하마을은 볼거리가 없고 황량하기 그지없잖아. 대통령께서 방문객들을 위해 어설프지만 이렇게 생태연못과 산책로를 조성하려고 하는데 우째 하믄 좋겠노? 뭘 심어야 할지, 예산은 적고 어떤 야생화를 어디서 구해야 할지 모르겠다. 좀 도와주라."

"그라믄 말이 자문이지 나에게 야생화를 좀 달라는 거잖수? 뭔 이바구가 긴교? 고마 달라카지!"

후배는 금방 눈치를 채고 내 손을 잡아주었다. 그는 고향에 돌아온 대통령을 돕게 되어 오히려 고맙다고 했다. 예산이 허락하는 범위에서 일부 야생화는 사고 대부분은 기증을 받았다. 신세를 졌다.

생태연못 산책로는 비가 올 때마다 진흙탕이 되어 걷기조차 힘들었다. 구들장 돌을 구해 디딤돌을 깔았으나 발을 디딜 때마다 불안스럽게 흔들렸고 잡초가 우거졌다. 어쩔 수 없이 산책로에 나무 데크를 깔기로 했다. 그러나 예산이 별로 없었다. 공사비를 아끼기 위해 자재는 우리가 구입하고 시공인건비만 지급했다. 부족한 일손은 우리가 직접 거들기도 했다. 시공업체 사장이 우리의 딱한 사정을 알고 오히려 대통령에게 귀향선물을 주었다. 봉하마을에 와서 보니 방문객들 쉬어 갈 쉼터가 없다며 생태연못에 원두막형 정자를 지어준 것이다. 뜻밖의 선물에 기뻤다.

이제 수목과 야생화를 심을 차례였다. '사람사는세상' 동호회 '사랑나누미'와 대통령의 모교인 부산상고 동문 '백봉회' 회원들이 나무를 기증했다. 야생화 모종을 구했지만 수량이 워낙 많다 보니 심는 것도 큰 일이었다. 주말이면 자원봉사자들에게 도와달라고 부탁을 했다. 원추리와 노랑꽃창포, 부처꽃은 산책로 주변에 심고 송엽국, 바위솔 등은 조경석 틈새에 심었다. 담쟁이, 인동초 등 덩굴류는 도로 측벽의 발파석 축대를 가리는 데 제격이었다.

이순영 소장은 약속한 대로 함평에서 수생식물과 야생화 농장을 하는 정천수 사장과 직원들, 그리고 이 소장의 팬클럽을 이끌고 트럭째 수련과 수생식물을 가득 싣고 와서 직접 심어주었다. 고마운 마음에 마을 주민들도 나와서 함께 거들었다.

2008년 6월 27일. 이순영 소장과 일행들이 생태연못을 가꾸고 있다. 대통령이 현장을 찾아 격려하고 막걸리와 담소를 나눴다.

대통령도 소식을 전해 듣고는 새참을 들고 격려차 연못으로 나왔다. 새참은 막걸리와 두부김치, 파전이었다. 뒤늦게 이순영 소장이 직접 연못에 들어가 수련을 심고 있다는 것을 알고 대통령은 깜짝 놀랐다. 함평군 기술센터소장이면 군의 농정국장이다. 그 위치쯤 되면 허드렛일은 아랫사람 시키고 뒷짐을 지고 지시나 하기 마련이다. 그런데 그가 수련과 야생화를 가지고 왔을 뿐 아니라 휴일에 멀리 봉하까지 와서 직접 자원봉사를 하고 있으니 대통령도 감동할 만했다. 이 소장의 잔에 막걸리가 연거푸 가득 채워졌다. 궂은일 마다하지 않고 저마다 제 일처럼 팔다리 걷어붙인 사람들, 땀이 흥건한 대동마당이었다. 동서화합이 절로 되었다.

대통령도 생태연못 가꾸기에 적극 나섰다. 들꽃과 된장으로 유명한 통도사 서운암 큰스님을 찾아뵈었다. 대통령은 재래된장 장독대며 도자기 체험장, 야생화 공원을 둘러보고, 멸종위기종인 순채와 남개연 등 귀한 수생식물을 직접 분양받아 왔다. 나는 나대로 자원봉사자들과 함께 함평의 화훼농장을 찾았다. 정천수 사장의 배려로 다양한 관상용 연들과 수련을 캐와서 생태연못에 심었다. 멸종위기종인 가시연꽃 전문가 최상철 사장은 싹이 튼 가시연꽃을 특별히 분양해주었다. 대통령의 생태연못을 가꾸기 위해 많은 분들이 꽃 같은 마음으로 함께해주었다.

생태연못과 산책로 주변은 어느새 여러 가지 수생식물들로 가득 찼다. 데크와 정자, 여기에 수목까지 들어서니 생태연못이 제법 모양새가 갖추어졌다. 수련은 심은 지 일주일이 지나면서부터 제일 먼저 화려한 꽃망울을 터트리기 시작했다. 산책로 주변의 부처꽃과 원추리꽃까지 피어나면서 하루가 다르게 예뻐졌다. 꽃이 피니 나비와 벌이 날아들었다. 봉하마을을 찾아온 사람들도 저절로 하나둘 생태연못을 거닐게 되었다. 소중한 인연이 맺어준 아름다운 결실이었다.

6

화포천花浦川, 습지생태계 되살리기

화포천은 김해시 진례면 신원리 대암산(해발 659미터)에서 시작해 진영읍 봉하들판을 끼고 한림면 금곡리 모정까지 21.2킬로미터에 이르는 낙동강의 지천이다. 화포천은 주변에 하천습지가 잘 발달되어 있는데 폭이 400~700미터, 길이가 8.4킬로미터, 면적이 90만 평에 이른다. 화포천은 2009년 국토해양부가 '한국의 아름다운 하천 100선'에 뽑을 만큼 자연경관이 뛰어나고 하천습지로서 생태적 가치도 높다. 용성천, 설창천 등 크고 작은 아홉 개 지천의 물이 모여 화포천을 이루며 낙동강으로 흘러든다. 낙동강의 배후습지로서 홍수조절, 수질정화, 농업용수를 공급해주고 다양한 생물들의 서식처가 되고 있다. 그러나 귀향당시 화포천 주변은 경전선 철길 복선·전철화 공사가 한창 진행 중이었다. 비포장 작업도로에는 공사자재들이 어지럽게 쌓여 있었고 오가는 공사차량들로 난장판이었다. 화포천의 생태계는 교란되었고 몸살을 앓고 있었다.

> "봉화산 건너 산이 뱀산이고요. 그 앞쪽이 화포천 습지입니다. 옛
> 날에는 습지라면 쓸모없는 땅으로 알았는데, 요즘은 조금 알아주
> 는 땅이죠. 낙동강 하구에 왔던 철새가 여기 와서 잠시 놀다가 주
> 남저수지와 창녕 우포늪으로 날아가요. 화포천은 새들의 통로이자
> 쉼터였지요. 저 어릴 때는 하늘이 새까맣게 철새들이 날아다녔습
> 니다. 쭉 서쪽으로만 날아갑니다. 지금 4시인데, 6시가 되면 하얀
> 백로가 저기 주남저수지 쪽으로 날아갑니다. 거꾸로는 안 날아가
> 요. 봉화산을 배경으로 새가 날아가는 모습이 아름답죠."
>
> — 2008년 8월 노무현 대통령 봉하 방문객 인사 중에서

4월 중순이었다. 자원봉사자들과 화포천변에서 억새풀을 태우고 쓰레
기를 치우던 대통령은 충격적인 장면을 보았다. 화포천 본류와 봉하
마을 본산배수장 물이 합류하는 지점에 불법으로 설치된 삼각 그물을
발견한 것이다. 그물 속에는 산란을 위해 하류에서 거슬러 올라온 팔
뚝만한 잉어 20여 마리가 퍼덕거리고 있었다. 이미 죽은 지 오래되어
썩은 물고기도 많았다. 대통령은 큰 잉어들이 산란하러 화포천까지
거슬러 오고 있다는 사실에 놀랐고 공공연한 불법어로가 소중한 생명
의 씨를 말리는 상황이라는 사실에 더 놀랐다. 승구봉 씨가 즉시 낫으
로 그물을 잘라 잉어를 풀어주었다. 이런 불법그물이 화포천 곳곳에
많이 깔려 있다고 했다. 대통령의 이마와 눈썹 사이에 주름살이 잡혔
다. 그물에 갇혀 생명의 마지막 밭은 숨을 쉬고 있을 물고기들 생각에

마음이 불편했던 모양이었다. 나도 마음이 다급해졌다.

그날 저녁부터 나는 승구봉 씨와 자원봉사자들과 함께 삼각 정치망 철거작업에 나섰다. 한 손에는 손전등, 한 손에는 낫과 갈고리를 들었다. 그날 밤에만 일곱 개의 삼각 정치망을 걷어냈다. 불법 정치망 제거작업은 그 뒤로도 한동안 계속되었다. 화포천 하류까지 고무보트를 타고 내려가면서 걷어낸 폐그물까지 대략 50여 개를 제거했다. 화포천 물길이 열리고 물고기들의 숨통이 트였다.

대통령은 이 일을 계기로 주변 지역 청년들과 자원봉사자로 '화포천 환경지킴이' 단체를 서둘러 만들었다. 환경지킴이는 공장폐수 무단방류 감시활동부터 화포천 정화활동과 불법어로행위, 불법사냥 감시 등으로 활동범위를 점차 넓혀나갔다. 조 편성을 해서 새벽부터 밤늦게까지 순찰을 돌고 긴급 상황이 발생하면 비상 대기조처럼 현장으로 뛰쳐나갔다.

마침 KBS 〈다큐멘터리 3일〉 제작팀이 '대통령의 귀향-봉하마을 3일 간의 기록'을 촬영하던 중이었다. 화포천환경감시단 야간 순찰에 촬영팀이 동행했는데, 그때 화포천 습지 중앙부인 버드나무 다리 부근에서 수달로 추정되는 동물을 촬영하는 데 성공했다. 뉴트리아가 아니냐는 추측도 있었지만 방송사 제작팀이 촬영 영상과 주변의 발자국, 분변 등을 전문가에게 확인한 결과, 수달로 결론이 났다. 낙동강 주변에 사는 수달의 개체수가 늘어나면서 화포천까지 서식처를 넓힌 것이었다. 화포천의 수질이 빠르게 좋아지고, 물길이 트이면서 먹이도 풍부해진 덕분이었다.

이른 봄부터 시작된 화포천 청소는 겨울까지 계속되었다. 화포천 물이 빠지자 그동안 접근하지 못했던 저류지 안쪽에서 생활쓰레기, 농사용 쓰레기들이 보이기 시작했다. 주로 물에 뜨는 스티로폼, 유리병, 플라스틱통, 비닐 등이 떠내려오다 나뭇가지에 걸려 있거나 물 흐름이 막힌 곳에 쌓여 있었다. 늘어난 화포천 청소는 봉하 자원봉사자들과 노사모, 시민광장 등에서 단체버스로 찾아와 도와주었다. 김해시에서 준 노란색 비닐봉투에 쓰레기를 꼭꼭 눌러 담아놓으면 청소과에서 수거해갔다. 이듬해인 2009년 봄부터는 걸어서 들어갈 수 없는 곳들은 고무보트를 타고 접근했다. 얼마나 오랫동안 있었는지 모를 각종 쓰레기들을 고무보트가 가라앉지 않을 정도로 수북이 실어냈다. 그양이 1톤 트럭으로 수십 대나 되었다.

문제는 화포천 습지 안이었다. 멀리서 떠내려오다 뻘에 처박힌 냉장고나 대형 폐타이어는 무게도 많이 나가고 덩치가 커서 여간 애를 먹은 게 아니다. 마침 김해 스킨스쿠버 동호회에서 화포천 정화활동을 돕겠다고 연락이 왔다. 대통령 귀향 초기에 봉하마을 입구 저수지의 수중쓰레기를 남몰래 수거해주었던 고마운 이들이었다. 김재규 씨 부부 등 잠수복을 입은 회원이 화포천 뻘 속에 묻혀 있는 쓰레기를 밧줄에 묶어주면 미니굴착기나 트랙터로 끌어내었다. 하나하나 작은 힘들이 모여 불가능해 보였던 일들을 헤쳐나갔다.

대통령은 화포천의 생태계를 되살리고 생태농업을 통해 봉하들판도 다양한 생명들이 함께 살아가는 생명의 광장(廣場)으로 만들고자 했다. 화포천 파수꾼은 대통령이 스스로 선택한 첫 번째 봉사활동이었다. 대통령의 꿈에 공감하고 기꺼이 동참해준 이들이 고맙다.

> "어릴 때보다 좀 더 풍요로운 생태계로 복원이 되었으면 합니다. 농사짓는 논 안에 온갖 다양한 생물들이 함께 사는 그런 생태계를 한번 만들어보려고 합니다. 우선 논에 물길을 많이 내고 큰 웅덩이를 파서 겨울에 물고기들이 거기 가서 겨울잠을 자고, 그다음 봄 되면 논으로 기어 올라와서 다시 살아가게 하는 겁니다. 논에는 미꾸라지, 우렁이가 살고, 오리가 다니면서 또 그걸 주워 먹을 테지요. 저희는 이제 오리농법을 시작했습니다만 장차 유기농으로 가고, 다시 유기농을 넘어서 생태농장으로 변모시키는 것이지요. 그래서 물고기나 곤충이나 이런 것들, 그 옛날 어린 때 있던 다양성이 그대로 살아있는 농장을 해보자. 마을 사람들하고 의논을 시작했습니다."
>
> — 2008년 8월 노무현 대통령 봉하 방문객 인사 중에서

화포천은 예전부터 부산경남 일대의 강태공들에게 씨알 좋은 붕어와 잉어 낚시터로 알려져 있다. 낚시꾼들이 몰리니 습지가 훼손되고 생태계 교란도 심각해졌다. 강태공들이 좋아하는 포인트는 사람 접근이 어려운 은밀한 습지 가장자리가 많았다. 눈에 잘 띄지 않으니 낚시꾼들의 횡포도 노골적이었다. 딴에는 길을 낸다고 마구잡이로 수초를

베어내는가 하면, 곳곳에 쓰레기를 버려 주변을 오염시켰다. 낚시꾼들이 다녀간 자리에는 어김없이 소주병, 라면 봉지, 종이컵, 미끼통 등이 널브러져 있었다. 그나마 미안하기는 했는지 쓰레기를 비닐봉지에 모아 담아놓고서는 으슥한 곳에 몰래 버리고 가는 이들도 적지 않았다. 사소해 보이는 이런 행위들로 철새나 들짐승의 서식처가 교란, 파괴되었다.

대통령은 고민했다. 매번 낚시터를 찾아다니며 이들이 버린 쓰레기를 일일이 치울 수는 없었다. 그렇다고 무작정 낚시금지구역으로 지정해 서민들의 즐거움을 빼앗는 것도 능사는 아니었다. 대통령은 역발상을 했다. 낚시꾼들을 화포천 가꾸기 주체로 조직하자고 했다. '화포천을 사랑하는 낚시인 모임'(화·사·모)을 만들자고 했다. 낚시꾼들이 쓰레기를 스스로 가져가고 잉어들의 산란기에는 낚시를 금지하는 캠페인을 자발적으로 벌이자고 했다. 문제는 어떻게 이들을 설득하고 조직하느냐였다. 이번에도 대통령이 직접 팔을 걷어붙이고 나섰다.

매일 새벽 6시면 대통령의 자전거 부대가 물안개에 잠긴 봉하들판을 헤치며 화포천으로 미끄러져 들어갔다. 대통령이 직접 낚시꾼들이 있을 만한 자리를 찾아 나섰다. 멀리 갈대숲에 숨어 낚시하는 이들에게 대통령이 먼저 말을 건넸다.

"저, 노무현입니다. 손맛 좀 봤습니까?"

대부분 낚시꾼들은 자기 주변에 다른 사람이 가까이 오는 걸 꺼린다. 숨죽이며 기다린 물고기가 인기척에 도망가기 때문이다. 노골적으로 반감을 드러내며 얼굴을 붉히던 낚시꾼들은 이내 대통령을 알아보고 깜짝 놀라며 반가워했다. 초면에 재미있는 인사들이 오갔다.

　"하이구 대통령님, 어쩌 요까시 나오셨습니까, 건강하시지예?"
　"네, 괜찮습니다. 어디서 오셨습니까?"
　"네, 부산에서 왔심니다."
　"내가 화포천에 낚시하러 오시는 분들 다 뵙고 인사도 하고 협조
　요청도 드릴라꼬 돌아다니고 있습니다."

낚시꾼은 순간 당황했다. 자기가 무슨 잘못이라도 한 것 아닌가 싶어서 긴장을 했다. 그런 마음을 읽기라도 한 듯 대통령이 분위기를 바꿔 대화를 이어갔다.

　"화포천을 사랑하는 낚시모임을 만들라고 합니다. 회원으로 참여
　좀 해주이소. 화포천 정화활동도 같이 하고 산란기에 낚시금지 캠
　페인도 벌이고요. 화포천 수질이 좋아지고 물고기들이 많아지면
　낚시도 지금보다 더 잘될 것 아니겠습니까? 화포천 살리기도 같이
　해야지, 쓰레기도 버리는 사람 따로, 줍는 사람 따로 해가꼬는 힘
　들어서 안 되겠습디다. 동참해주이소."

대통령이 할 말을 마치고 나면 다음은 내 차례였다. 대통령은 뒤에서

지켜보고 있던 내게 자연스레 바통을 넘겼다.

"정호 씨, 이분 주소하고 연락처 좀 적어라. 나중에 화사모 발족할
때 회원으로 받구로."

2주일 만에 자전거 타고 만날 수 있는 곳의 낚시꾼들은 얼추 다 만났
다. 문제는 늪지 너머의 낚시꾼들이다. 길가에서는 보이지도 않았다.
대통령은 집요했다.

"고무보트를 타고 화포천으로 들어가자."

대통령은 오히려 신이 난 듯했다. 이른 새벽, 물안개가 피어오르는 영
강사(寺) 밑 습지에서 고무보트를 띄웠다. 우리의 모습은 마치 적진에
몰래 침투하는 특수부대 같았다. 물길을 따라 노를 저어 들어가니 군
데군데 은밀하게 낚시하는 이들을 쉽게 찾을 수 있었다. 고무보트가
접근해오자 낚시꾼은 기겁을 했다. 행여 물고기가 달아날 새라 소리
는 못 지르고 급하게 손사래를 쳤다. 이내 대통령을 알아본 낚시꾼들
과의 어색한 초면 인사가 오가고, 이후는 다시 펜과 수첩을 든 내 차례
였다.

3주 정도 화포천을 돌아보니 꽤 많은 낚시꾼 명단이 모였다. 수첩 두
바닥이 넘게 빼곡했다. 그러나 대통령은 딜레마에 빠졌다. 화포천에
낚시하러 오는 이들을 파악해보니 김해를 넘어 부산, 경남 곳곳에서

오는 이들이 많았다. 일 년에 한두 번, 적게는 몇 년에 한 번 오는 사람들도 있었다. 대통령은 낚시꾼들을 '화사모'로 조직하기도 어렵거니와 이들을 중심으로 자발적인 화포천 보호활동을 기대하는 것은 더욱 불가능하다는 판단을 내렸다. 애써 낚시꾼들을 만나러 다녔지만 화사모 조직화를 포기하니 그동안의 노력이 물거품이 되었다. 허탈했다. 그러나 화포천 속사정을 샅샅이 알게 된 것은 소중한 성과였다.

'화사모'를 조직하는 대신 내가 총대를 메고 나섰다. 김해시와 협의하여 화포천 상류인 설창교와 오서교 구간을 낚시금지구역으로 설정하고 화포천 주변습지로는 차량출입을 차단하기로 했다. 낚시꾼들의 반발이 없지 않았지만 안내현수막을 붙이고 지속적으로 순찰활동을 하면서 협조와 참여를 부탁했다. 점차 불법 낚시꾼 숫자는 줄어들었다. 소문이 잘 돌았는지 오랜만에 외지에서 온 사람들이나 외국인 노동자들을 빼면 화포천에서 드러내놓고 낚시하는 이들은 거의 없어졌다.

화포천 생태계는 꾸준한 청소와 감시활동으로 점차 평안과 활력이 넘쳤다. 인간에 의한 자연 훼손과 교란이 잦아드니 자연생태계는 스스로 치유하며 급속히 복원되었다. 물길이 트인 화포천에는 봄이면 수많은 물고기들이 거슬러 올라왔다. 얕은 수초지대에 알을 낳고 새끼들이 커서 낙동강으로 내려가고 있었다. 자연생태계의 유기적인 선순환이 이뤄지게 된 것이다. 환경이 좋아지니 계절마다 여러 종류의 철새들이 화포천과 주변 습지를 찾아들었다. 머무는 시간도 점점 더 늘었다.
봉하들판의 중앙배수로는 예전에 용성천이었다. 지금처럼 북제방과 남제방으로 수로 공사를 하기 전에는 봉화산과 뱀산에서 자은골, 도둑골로 모여든 물들이 논을 거쳐 들판 가운데 용성천으로 흘러들었다. 용성천 물은 논에서 벼와 다양한 생물을 키우고 다시 논도랑과 웅덩이, 수로를 통해 화포천으로 흘러갔다. 용성천을 포함하여 아홉 개의 작은 지천들의 물이 모여 화포천을 이루고 화포천은 한림 모정에서 낙동강으로 합쳐졌다. 낙동강물은 유유히 흘러 마침내 멀리 남해 바다로 나갔다.

80년대 초반, 낙동강이 하구둑으로 가로막히기 전만 해도 바다에서 하천으로 회귀하는 다양한 물고기들이 낙동강을 거슬러 화포천으로, 다시 봉하마을의 수로와 웅덩이, 논도랑을 거쳐 논까지 돌아왔다. 지금은 볼 수 없지만 참게와 민물장어도 흔했다. 대통령에게 논은 물을 따라 생명이 순환하고 생명을 키우는 보금자리였다. 우리 인간에게 안전한 먹거리를 제공하기도 하고 또 다양한 생물이 서로 의존하고 경쟁하면서 함께 살아가는 삶터였다. 귀향한 대통령의 꿈은 다시 화포천을 정화하고 친환경 생태농업을 통해 봉하마을을 깨끗하고 아름다운 농촌마을로 만드는 것이었다. 인간이 논 습지와 하천에서도 다양한 생물들과 공존하고 함께 살아갈 수 있길 바랐다.

"봉하들판이 예전에는 습지였어요. 간척을 했는데 완성도가 높지 않아서 낙동강에 홍수가 들면 이 앞이 죄다 물에 잠기곤 했습니다. 안의 물을 바깥으로 퍼내야 했어요. 시설이 부족해서 두 해는 홍수 나고, 한 해는 가물고. 옛날 이맘때면 밤잠을 못 잤습니다. 나락 꽃이 피는 배농마지 때는 버가 입을 담기 전에 묻어 들면 완전 쏙정이가 되기든요. 버가 알이 좀 드는데 물에 잠기면 싸레기가 나오죠. 그래 맨닐 싸레기 다삭하고, 완전 쏙정이만 볼 때도 있고, 온 농장에서 썩은 냄새가 나지요. 이 싸레기도 나오기 전에 버가 죽으면 생명력을 잃어버리기 때문에 온 농장에 수체 냄새가 납니다. 근데 그것도 거름이라고 배고, 새가 군에서 휴가를 왔더니 그해에는 밥을 주는데 새가만 싸레기 밥을 줘요. 새가매요. 그냥 밥이, 알이 들다가 말았던 것을. 하여튼 그랬던 마음입니다."

– 2008년 8월 노무현 대통령 봉하 방문객 인사 중에서

이명박 정부는 임기 초기부터 한반도 대운하 사업, 4대강 사업을 밀어붙였다. 삼면이 바다인 한반도에서 남북으로 물길을 잇는 대운하는 쓸데없는 토목공사이고 국력낭비일 뿐이었다. 멀쩡한 강에 댐을 막고 물 흐름을 더디게 하니 수질이 나빠지고 강 생태계가 급격하게 파괴되었다. 노 대통령은 그리하면 안 된다고 판단하고 있었지만 공개적인 발언을 일절 하지 않았다. 대신에 진짜로 강을 살리는 법을 묵묵히 보여주었다.

낙동강의 홍수 피해나 수질오염은 주로 상류나 지류하천에서 발생했다. 낙동강을 살리려면 먼저 지류하천부터 손대야 했다. 대통령은 낙동강의 지류하천인 화포천의 수질과 생태계부터 살리고자 했다. 화포천은 고향마을, 봉하를 품고 있었다. 화포천으로 흘러드는 작은 지천들의 중상류 지역에는 구석구석마다 이미 공장들과 축산농가가 들어

차 있었다. 대통령은 재임시절부터 화포천으로 흘러드는 공장, 축산폐수와 생활오수를 분리, 수집해서 수질을 정화시키는 하수종말처리장을 갖추도록 지원했다.

봉하마을에 귀향해서는 화포천 청소와 화포천으로 흘러드는 지천의 주변에 있는 공장들과 축산농가들이 몰래 오·폐수를 버리는 행위를 단속하고 차단하는 활동부터 시작했다. 그런 뒤 화포천을 끼고 있는 들판에서 화학농약과 화학비료의 남용으로 발생하는 농업폐수를 줄이고자 친환경 농사로 전환시키려고 했다. 친환경 생태농업을 제대로 해서 들판에서부터 흙과 물을 살리고 화포천 습지에서 오염된 물을 정화시켜 낙동강까지 수질을 개선하고자 했다. 궁극적으로 다양한 생명들을 되돌아오게 하고 물의 생태계를 통째로 살리고자 한 것이다. 대통령은 봉하에서, 화포천에서 그런 사례를 만들어서 직접 입증하려 했다.

본격적인 농사철을 앞두고 봉하들판의 중앙 농수로에 물을 채우기 시작했다. 매년 농사철이 되면 농어촌공사에서 화포천 하류지점인 한림면 오서교와 금곡교 사이에 임시 물막이 둑을 만들었다. 톤백(Ton bag)에 흙을 채워 둑을 쌓고, 시산양수장에서 낙동강 물을 퍼 올려 화포천 중상류 쪽 수위를 높였다. 화포천 수위가 올라가면 봉하들판과 인근 퇴래마을 농장으로 물이 역류해 자연스레 농업용수를 공급하는 방식이었다. 연례행사처럼 매년 봄마다 되풀이해왔다. 그리고 장마철이 되기 전에 다시 물막이 둑을 철거했다.

봉하마을 배수장 수문을 열자 화포천 물이 거꾸로 들어와서 봉하들판의 중앙농수로에 물이 차올랐다. 오후 늦게 대통령이 그 상황을 살펴보기 위해 나섰다. 수로에는 화포천 물을 따라 들어온 팔뚝만 한 잉어떼가 유유히 헤엄치고 있었다. 화포천의 수위가 높아지자 알 낳을 자리를 찾아 중앙 농수로를 따라 거슬러 온 녀석들이었다. 그 모습을 지켜보던 대통령은 반갑고 놀라운 표정을 감추지 못했다. 지난 이른 봄에 화포천에서 삼각 정치망에 잡혀 죽어가던 그런 잉어들이 불과 한 달이 조금 더 지났을 뿐인데 봉하마을 수로에까지 들어왔다.

그러나 반가움도 잠시, 대통령은 이내 잉어들의 산란터가 없다고 안타까워했다. 옛날에는 웅덩이는 물론 논까지 잉어들이 들어올 수 있었는데 지금은 수로를 콘크리트로 만들어 바닥에 수초가 자랄 수 없고, 논도랑으로 연결된 수로도 개폐식 수문이 달려 있어 산란하려는 잉어들이 진입할 수가 없었다. 대통령은 넋두리처럼 혼잣말을 했다.

"가급적 빨리 콘크리트 수로를 깨내고, 흙으로 수로를 복구시켜야겠어. 잉어들이 산란하러 중앙수로에서 논까지 쉽게 들어올 수 있도록 다시 개선해야겠다."

그 당시엔 대통령의 말을 그렇게 실감하지 못했다. 생태논농업의 이치를 깨닫고 몸과 마음이 오롯이 젖어든 뒤에야 비로소 논도랑과 수로를 자연상태로 되돌리는 것이 얼마나 필요한 것인지 절실히 느꼈다.

5월이 되자 대통령은 경남도청, 농어촌공사 관계자와 함께 봉하농수로의 준설현장을 살펴보고 화포천 하류 지역에 있는 간이 물막이 작업 현장까지 둘러보았다. 그곳에서 대통령은 화포천을 되살리기 위해선 쓰레기를 청소하고 오·폐수 유입을 막아 수질을 개선해야 할 뿐만 아니라 겨울철에는 화포천 수위를 올려 습지생태계가 안정될 수 있는 여건을 만들어주자고 했다. 특히 겨울철 화포천의 하천 유지수량을 확보하려면 물속에 보(洑)를 설치하고 수위를 조절할 수 있는 시설이 필요하다고 동행한 관계자들에게 설명했다.

> "화포천은 습지가 장관이었는데 지금은 육지가 됐습니다. 치수(治水)를 한다고 가운데 수로를 파고 물을 빠르게 빼내 수만 평의 늪지가 계류지(稽留地) 역할을 하지 못하고 전부 말라버렸습니다. 이렇게 육지화를 방치하면 습지의 기능도 사라지고 맙니다. 수위를 한 50센티미터만 높여도 주변 농장의 농업용수도 해결되고 환경도 되살아날 것입니다."

5월 6일 오후, 화포천 주변습지에서 대대적인 환경정화활동이 벌어졌다. 김해시 공무원과 농어촌공사 직원, 자연보호협회 회원, 농사준비에 바쁜 중에도 짬을 낸 지역주민 등 1천여 명이 북제방수로와 화포천변의 쓰레기를 수거하는 정화작업을 벌였다. 대통령은 김해시 관계자, 습지 전문가들과 함께 직접 보트를 타고 화포천 내 수중 쓰레기 실태를 살펴보았다. 불법 어로 행위에 쓰였던 폐그물 철거 작업을 하고 있던 김해스킨스쿠버동호회 자원봉사자들도 격려했다.

대통령은 화포천에 수달 등 멸종 위기종을 비롯해서 다양한 동식물이
서식하고 있음에도 이에 대한 실태조사와 연구가 부족함을 안타까워
했다. 전문가들이 화포천 생태지도를 만들고 생태계 복원 계획도 수
립하였으면 좋겠다는 뜻을 밝혔다. 또 앞으로 화포천을 사랑하는 지
역 주민들이 앞장서서 화포천을 지키고 가꾸는 활동에 지속적으로 참

대통령은 쓰레기를 청소하고 오·폐수 유입을 막아 수질을 개선하는 등 화포천 습지생태계가 안
정될 수 있는 여건을 만들고자 노력했다.

여하기를 바랐다. 대통령은 이 자리에서도 자동수중보의 필요성을 재차 강조했다.

"화포천 하류 지점에 자동수중보 등 꼭 필요한 시설만 설치해도 화포천의 수위는 안정적으로 유지됩니다. 그렇게 되면 농업용수가 확보될 뿐만 아니라 수질까지 개선돼 일반 농사는 물론 친환경 농사를 하는 데 큰 도움이 될 것입니다. 수위가 높아지면 메말랐던 땅이 물에 잠겨 습지생태계 여건이 호전됩니다. 어류, 수생식물, 수서곤충들의 식생 여건이 좋아지고 떠났던 철새도 돌아옵니다. 그 자체로 김해시를 대표하는 훌륭한 생태 학습장이요, 관광자원이 될 것입니다."

2008년 겨울에는 농사철이 아닌 한겨울에 임시 물막이 둑을 설치했다. 지금까지 겨울 갈수기에는 없었던 일이었다. 대통령의 특별 요청으로 겨울철새들의 편안한 월동과 겨울철 습지 여건을 개선하기 위해서 일부러 물을 대기로 한 것이다.

겨울철 화포천 수위는 평소보다 50센티미터에서 1미터 정도 낮아진다. 그러면 조금 깊은 수로에만 물이 흐르고 겨울철새들이 많이 찾아드는 개구리산 앞 주변습지도 물이 빠져 육지화되었다. 청둥오리나 흰뺨검둥오리 등은 얕은 물에서 수로 생활하기 때문에 쉼터나 먹이터가 없어지는 셈이다. 철새들에겐 사방이 물로 둘러싸인 작은 섬 같은 안전지대가 필요하다. 그래야 외부 천적들의 침입을 막고 안전한 쉼터와 잠자리가 확보된다. 화포천에는 요즘도 살쾡이나 들고양이, 개들이 철새들을 쫓고 종종 해코지를 한다. 겨울철새들의 서식 환경을 개선하기 위해 겨울철에도 적당한 수위를 유지시키고 습지가 육지화되지 않도록 임시로 물막이 둑을 설치했다.

겨울철에 화포천 수위를 높여주자 생태계에 급격한 변화가 생겼다. 안정적인 잠자리가 보장되자 청둥오리를 비롯해서 흰뺨검둥오리 수천마리가 화포천으로 날아들었다. 시야가 확 트인 하천 주변 보리밭, 호밀밭에는 큰기러기, 쇠기러기들의 숫자가 하루가 다르게 많아졌다. 특히 보리밭은 큰기러기들이 새까맣게 내려앉아 먹이활동을 하는 편안한 쉼터가 되었다. 겨울철새들을 불러들이자는 대통령의 간절한 바람이 금방 현실로 나타났다. 임시 물막이 둑을 설치하여 하천 수위를 조금만 높여주자 습지생태계가 한결 안정되고 각종 생물들의 서식 여건이 크게 개선되어 겨울철새들의 보금자리로 탈바꿈한 것이다.

짧은 시간에 일어난 습지생태계의 놀라운 변화를 목격한 대통령은 더욱 적극적으로 화포천 생태복원에 앞장섰다. 경남도와 김해시, 농어촌공사 관계자들에게 변모한 현장을 보여주었다. 홍수조절은 물론 농업용수를 안정적으로 확보하고, 겨울철 갈수기에는 겨울철새들의 서식 여건을 보호하기 위해 제대로 된 자동수중보를 설치하자고 했다. 그러면 매년 임시 물막이 공사를 반복하지 않아도 되었다. 대통령의 설득은 효과가 있었다. 곧이어 자동수중보 설계를 하고 공사가 추진되었다. 화포천 자동수중보야말로 지금의 화포천 습지생태계가 되살아나고 습지환경과 여건이 획기적으로 좋아지게 된 잘 알려지지 않은 비결이었다. 대통령의 숨은 공이었다.

화포천뿐만이 아니었다. 대통령은 겨울철 무논을 조성해 철새들에게 좋은 먹이터와 쉼터를 제공해주었다. 철새들의 부족한 먹이는 주민들과 자원봉사자들이 빈 들판에 나락을 뿌려주었다. 청둥오리와 기러기 떼가 하루가 다르게 들녘으로 몰려들었다. 머무는 기간도 길어졌다. 이따금씩 천연기념물인 노랑부리저어새나 재두루미도 다녀갔다. 시간이 흐르면서 겨울철새뿐 아니라 여름철새들의 종류도 점점 다양해졌다. 철새들에게는 국경이 없다. 서식 환경이 좋고 먹이가 많으면 언제 어디서든 돌아오기 마련이다. 봉하마을 친환경 생태농업이 남다른 중요성을 가지는 이유는 낙동강, 화포천, 봉하들판이 철새들의 이동경로이기에 이들의 쉼터이자 먹이터가 된다는 점 때문이다. 다양한 철새들을 들판에서 쫓아내는 것도, 불러들이는 것도 마을 주민들의 의지와 노력에 의해 얼마든지 가능한 일이었다. 자연은 정직했다.

농부 農夫

— 노공이산 호시우행 盧公移山 虎視牛行

7

생태농업 生態農業

대통령은 재임 시 지역균형발전을 위해 애를 써왔고 퇴임 후에도 귀향하여 아름답고 잘사는 농촌마을을 만들겠다는 의지가 굳건했다. 그래서 봉하마을로 내려왔다. 그렇지만 귀향 후 1년 정도는 쉬면서 책도 읽고 여행도 다니면서 재충전하는 자기만의 시간을 보내려고 했다. 대통령 재임 5년은 마치 칼날 위에 선 것 같은 긴장의 연속이었다. 하루도 바람 잘 날이 없었고, 마음 편히 쉴 수 없었다. 대통령에겐 휴식이 필요했다.

대통령은 꾸미기를 좋아하지 않았다. 그런 분이 그동안 방송카메라 앞에 서기 위해 얼굴에 화장까지 하고 언제나 정장에 넥타이를 매야 했으니 오죽 답답했을까. 역사라는 무대에 선 배우처럼 대통령의 역할에 충실해야 한다는 압박감에 늘 짓눌렸다. 5년 뒤 무대의 막이 내려졌을 때 대통령은 해방감을 느꼈다.

"신문방송 기자와 카메라가 더 이상 없고, 공식적인 행사나 의전에 신경 쓰지 않아서 참 좋다."

대통령은 평범한 시민으로 돌아가 편한 복장으로 어디든 다니며 맘껏 자유를 누리리라 작정했다. 소박한 전원생활에 마음이 부풀기도 했다. 그러나 봉하마을 상황은 퇴임한 대통령을 그리 한가롭게 내버려두질 않았다. 귀향 당일부터 미어터지는 방문객들을 맞이하느라 이삿짐 정리도 못한 채, 잠시 쉴 짬도 없이 바빠져버렸다.

봄이 되면서 들판이 눈에 띄게 약동하기 시작했다. 햇볕이 잘 드는 밭두렁엔 벌써 노란 민들레꽃과 보라색 제비꽃이 피고, 길쭉한 자주색 광대나물꽃과 흰바탕에 남보라색 줄을 친 듯한 큰개불알꽃이 봄을 알렸다. 논두렁마다 쑥이 고개를 내밀고 논마다 뚝새풀이 하루가 다르게 초록색으로 짙어갔다. 논을 갈아엎는 트랙터 소리로 들판은 점차 소란스러워졌다. 내 마음도 덩달아 술렁거렸다. 봄을 타는가 보다. 왠지 뭔가를 하지 않으면 안 될 것 같은 조바심이 점점 커졌다.

대통령은 전기자전거를 타고 마을 주변은 물론 들판이며 화포천까지 둘러보고 봉화산도 자주 올랐다. 대통령은 그때마다 눈에 띄는 쓰레기를 치우는 청소부가 되었고 기꺼이 환경 파수꾼이 되었다. 조그만 시골마을을 흔들어 깨우는 놀라운 변화였고, 짧은 기간에 눈부신 성

대통령은 전기자전거에 올라 마을 주변, 들판, 화포천을 두루 둘러보고 봉화산도 자주 올랐다.
사람들은 그를 '자전거 탄 대통령'이라 불렀다.

과도 있었다. 하지만 마을 주민들의 삶은 여전히 잠들어 있었다. 주된 생업이고 가장 중요한 벼농사를 종전처럼 하다가는 급변하는 농업환경과 여건 속에서 조만간 버티기 어려울 것이었다. 화학농약과 화학비료를 계속 남용한다면 봉하들판의 땅과 물은 오염되고 생태계 파괴는 가속화될 수밖에 없었다. 대통령은 내색하지 않았지만 내 마음이 이럴진대 오죽하겠냐 싶었다. 걱정이 똬리를 틀었다.

'생태마을 만들기는 결국 친환경 농업이 핵심이 될 수밖에 없다. 친환경 농사가 빠진 생태마을 가꾸기는 '앙꼬 없는 찐빵'이다. 어차피 언젠가는 시작해야 한다. 그렇다면 바로 지금이 아닐까?'

내 마음 한 켠이 무거웠다. 귀향 당시 농사짓는 일에 대해 이렇다 할 계획이나 준비도 없었지만 피하거나 미루어서는 안 될 일이었다. 결론에 도달하는 데는 오랜 고민이 필요하지 않았다. 어서 결단을 내려야했다.

매일 아침 8시 30분, 대통령과 비서들이 조회를 했다. 비서진이라고 해봐야 몇 안 되는 숫자였지만 수준은 마치 청와대 수석·보좌관 회의 못지않았다. 규모는 작아도 날마다 보고하고 검토해야 할 현안이 많았다. 청와대 수석·보좌관 회의는 1주일에 한 번 아침 8시에 열렸고, 매일 아침 8시 30분에는 봉하마을 일일조회가 열렸다. 조회는 말단직원까지 참여하는 일종의 상황점검회의였다. 대통령이 농촌생활을 처음 하는 비서들을 교육, 훈련시키는 사실상 워크숍이었다. 다만 회의가 30분 늦게 시작하는 것은 부산에서 출퇴근하는 이호철 전 수석을 배려한 것이었다. 이호철 수석은 집이 부산 해운대였다. 봉하까지 길이 멀고 차까지 자주 막혀 지각이 잦아지자 30분을 더 연기했다. 조회에서는 대통령의 일정표가 공유되고 현안에 대한 보고와 논의가 있었다.

2008년 이른 봄날. 이날도 변함없는 조회 시간. 내 차례가 되어 마을에서 발생한 사건과 사고, 현재 추진하고 있는 일들의 진행상황을 간단히 보고했다. 조금 뜸을 들이다가 용기를 냈다. 그동안 가슴에 품어왔던 친환경 농사에 대해 개인적인 입장과 의견을 고백하듯 털어났다.

"생태마을 가꾸기의 핵심은 마을 주민들의 주업인 친환경 농사라고 판단됩니다. 친환경 벼농사를 지금 시작하지 않으면 1년 뒤에나 가능합니다. 비록 준비가 제대로 되지 않은 상황이지만 어차피 해야 한다면 미루지 않는 게 좋겠습니다. 농사를 배우기도 할 겸 올해부터 조금이라도 시작해야 한다고 봅니다."

대통령은 가만히 듣기만 했다. 다른 비서들은 수긍하는 표정이기는 했지만 누구도 선뜻 입을 떼지 못했다. 친환경 농사의 필요성이야 공감하지만 아무런 준비가 안 된 상황에서 답이 없었기 때문이다.

'누가 총대를 멜 것이냐? 어떻게 할 것이냐?'

사실 대통령 말고는 비서들 누구도 농촌에서 태어났거나 농사를 조금이라도 아는 사람이 없었다. 그렇다고 대통령더러 농사를 직접 지으시라고 할 수도 없었다. 침묵은 오래 가지 않았다. 결국 성질 급한 내가 먼저 자원을 했다.

"올해부터 친환경 벼농사를 시작해야 한다면 저라도 하겠습니다."

나 역시 농사를 지어봤거나 뭘 안다고 해서 나선 것은 아니었다. 단지 누군가 해야 한다면, 바깥일을 이미 해왔고, 그나마 마을 주민들을 조금이라도 아는 내가 하는 게 낫다고 생각했다. 현장을 뛰며 관행농사의 현주소와 친환경 농사의 미래 그리고 필요성을 피부로 느낀 사람이 해결주체로 나서야 했다. 나는 이미 고민을 해왔고 어느 정도 작정을 한 상태였다. 다만 대통령이 든든한 버팀목과 바람막이가 되어줄 것을 요청한 것이었다. 잠시 눈을 감고 숙고하던 대통령이 눈을 떴다. 대답 대신 고개를 끄덕였다. 한번 해보자는 승낙과 결의의 표시였다. 비서들은 물론 대통령 자신도 귀향 첫해부터 친환경 벼농사를 짓게 되리라고는 상상도 못했다. 그러나 친환경 벼농사의 물꼬는 터졌다.

나는 제주도에서 태어났다. 그중에서도 부속섬, 추자도였다. 논은 아예 없었고 기껏해야 밭농사 조금, 대부분은 바다 일이었다. 초등학교 3학년부터 목포로 이사를 나왔기 때문에 어릴 때 본 농사일이라고는 고작 보리 벨 때나 고구마 캘 때 어머니 뒤를 따라다닌 기억밖에 없었다. 부산에서 대학시절, 농촌봉사활동을 몇 번 나갔지만 논일을 해보지는 않았다. 논농사 경험이라고는 모내기철 경남 사천 출신의 후배 집에 일손을 보태러 간 정도였다. 그나마도 못자리에 거머리가 많아 겁먹고 있다가 '그 놈이 피를 빨아 먹는다'는 소리에 논 안에는 아예 들어가지도 못하고 밖에서 거들었을 뿐이었다.

농촌생활이나 농사에 대해선 무지한 내가 친환경 농사를 해야 한다고 주장한 것은 주제넘은 짓이었다. 하지만 스스로 맡은 일이니 이제 와서 피할 수도 없었다. 정면으로 부딪쳐보기로 했다. 농사를 배우려면 직접 벼농사를 짓는 게 빠르겠다 싶었다. 마을 주민에게 부탁을 해서 조그만 논 한 뙈기를 빌렸다. 농사짓기에 그리 알맞은 논은 아니었다. 논 모서리에 바위가 하나 솟아 있고, 바닥에는 낮게 암반이 묻혀 있어 논갈이 때 조심하지 않으면 로터리 날이 부서지는 곳이었다. 마을 주민은 그 논에 농사짓는 것을 꺼려했으나 오히려 나에겐 농사 학습장으로서 안성맞춤이었다. 농부로서 새로운 도전이 시작되었다.

대통령이 어릴 때는 논에서 송사리도 잡고 물방개도 잡았다. 논물을 뺄 때면 물꼬에 망태기를 받쳐 미꾸라지도 잡고, 조금 커서는 웅덩이에서 물을 퍼내고 붕어와 가물치도 잡았다. 대통령에게 논은 단순히 쌀만 생산하는 농장(農場)이 아니라 자연학습장이자 놀이터였다. 예나 지금이나 논에 물을 넣어 모를 심고 벼를 키워서 쌀을 얻는 것은 같지만 그때는 다양한 수생식물들도 같이 자랐다. 지금처럼 제초제가 없었으니 일삼아 농부가 손으로 피를 뽑았다. 논도랑을 따라 논에 물이 들어오고 점차 따뜻해지면 개구리가 알을 낳고 이내 올챙이들이 헤엄쳐 다녔다. 먹이가 풍부해진 논에는 여러 종류의 물속 곤충들이 번식했다. 큰물이라도 들면 물 따라 들어온 잉어, 붕어도 많았다. 미꾸라지, 민물새우는 아주 흔했다. 지금이야 야생에서는 이미 멸종된 뜸부기, 황새, 따오기도 논을 자신의 삶터로 삼았다. 대통령이 겪고 알았던 논은 벼농사도 짓지만 이렇게 다양한 생물들이 함께 살아왔던 작은 자연생태계였다.

"안심할 수 있는 먹거리, 좋은 먹거리를 생산할 수 있는 농사를 해보려고 합니다. 친환경이면 안전할 것입니다만, 소비자들은 안전 이상을 원하니까 영양이 좋은 것은 유기농법으로 가야 합니다. 여러분에게는 빈손으로 와서 가득 담아 가는 여행의 재미를, 마을 분들에게는 소득의 재미를 제공할 수 있지 않겠습니까. 그러려면 마을의 농사 방법을 개선해야 합니다. 지금은 특별한 방식이 없지만 올해부터는 농사를 잘 지어서 보증하도록 하겠습니다.

그러나 저는 봉하 생태논이 그냥 농사짓는 데 적합한 땅으로 살아나는 수준에 머물기를 바라지 않습니다. 논과 논을 둘러싸고 있는 도랑, 수로, 논두렁, 그다음에 여기 둑, 제방 둑, 산… 이 모두가 생태적으로 아주 풍부하고 깨끗하고 다양하게 살아나기를 바랍니다. 살아있는 생태계가 되면 거기서 나오는 모든 식물들은 생명의 기가 충만하지 않겠습니까."

— 2008년 10월 대통령의 방문객 인사말 중에서

대통령이 꿈꾸는 생태농업은 종전의 관행농업에서 단순히 기술과 방법의 변화만을 꾀한 게 아니었다. 기존의 친환경 농업과도 관점과 개념이 달랐다. 대통령이 생각하는 친환경 농업은 단지 자연환경과 여건이 좋은 곳에서 안전한 먹거리를 생산하는 기술과 농법, 농민들의 소득향상에만 머물지 않았다. 도시와 농촌, 자연과 인간을 아우르는 생태계 전체를 유기적으로 살리는 농업을 꿈꾸었다. 특히 봉하마을처럼 공단을 끼고 있는 농촌마을이라면 더더욱 생명과 환경을 살리는 생태농업이 필요하다고 보았다. 대통령은 이를 기반으로 자연생태계와 지역공동체를 되살리고자 했다.

귀향하던 해, 경남 창원에서 람사르 총회가 열렸다. 주제는 '논 습지'였다. 총회에서 생물 다양성을 추구하는 논 습지 특별결의가 채택되었다. 그러나 우리나라 농업현실에서 이 결의가 선언에 그치지 않고 과연 실천으로 이어질 수 있을까 하는 회의적 시각이 많았다. 대통령은 총회결의에 깊이 공감하고 우직하게 그것을 실행했다. 논을 사람과 자연이 공존하는 습지로 바라보고 다양한 생물들이 함께 살아가는 삶터로 인식했다. 친환경 농사를 지어 안전한 먹거리를 생산할 뿐만 아니라 그 논에서 다양한 생물들도 같이 살아갈 수 있는 생태논농업의 모범을 제시하고 싶었다. 대통령은 이미 사라져버린 웅덩이를 다시 파고 겨울철에는 무논을 조성해 철새들의 먹이터, 놀이터를 제공하자고 했다. 겨울철 무논 조성에 대한 관심과 실천은 최근의 일이다. 논을 '습지'의 관점으로 보기 시작한 것도 얼마 되지 않았다.

논의 사회적 기능에 대한 인식도 많이 바뀌었다. 우리나라는 산이 많고 여름철 집중호우로 토양유실이 심하다. 논두렁은 급격한 토양유실을 막아주는 작은 제방 역할을 한다. 우리나라 논에 담을 수 있는 논물의 양은 160억 톤으로 소양강댐 최대저수량의 여섯 배 정도 된다고 한다. 이 논물은 지열을 식혀주는 냉각수 역할도 한다. 여름에 도시보다 농촌이 기온이 낮고 시원한 이유이다. 급격한 지구온난화 속도를 늦추고 지구표면의 온도를 낮추는 데도 기여한다. 논은 지하수의 수원을 제공하고 수질정화에도 큰 역할을 한다. 논 작물은 지구기후변화의 주범인 이산화탄소를 줄이고 산소 배출량은 늘려준다. 논은 사람이 오랜 세월 만들어온 2차 자연환경이었다.

그동안 논에서는 농부와 함께 살아온 다양한 생물들이 있었다. 논에 물이 담기는 동안에 다양한 수생생물들의 서식지, 산란터 역할을 했다. 이제 농촌은 도시민들의 정신건강을 위한 휴양과 농촌체험, 생태관광지로도 점차 자리 잡아가고 있다. 대통령은 봉하마을의 생태농업의 성공이 촉매가 되어 논 습지의 다양한 사회적 기능을 국민들에게 알리고, 국민들이 이를 보호하고 지원하게 되길 원했다. 대통령은 인간과 자연, 도시와 농촌의 상호의존관계를 존중하고 배려하자고 했다. 국민들이 논의 생태적, 사회적 기능과 역할을 인정하고 농업과 농촌에 대한 국가의 지원을 이해하고 동의해주기를 바랐다.

논과 벼농사에 대한 대통령의 생각은 단순명료했다. '논도 습지다', '생태계를 살리는 친환경 유기농업을 하자'. 그러나 실천은 쉽지 않았다. 생태농업을 위해서는 무엇보다 제초제, 살충제, 살균제 등 화학농약을 치지 않아야 했다. 독성이 잔류하는 화학농약은 작물에 해로운 벌레와 미생물들을 효과적으로 죽이지만 동시에 논흙과 논물에 서식하는 이로운 미생물과 곤충, 작은 동물도 같이 죽였다. 결국 흙과 물에 생명체가 살 수 없었다. 그런 논에서 생산된 쌀에서 생명의 기운이 풍성할 리가 없다. 화학농약은 생태계의 자정능력, 자기치유력마저 파괴시켰다. 대통령은 건강한 쌀을 위해서, 죽어가는 흙과 물을 살리기 위해서, 다양한 생명체와 자연생태계를 복원시키기 위해서 반드시 화학농약을 버리고, 화학비료의 양도 대폭 줄여나가자고 했다. 그리고 결단을 내렸다. 봉하 친환경 생태논농사의 시작이었다.

내가 겪은 대통령은 냉철한 원칙주의자이면서도 합리적인 현실주의자였다. 봉하마을 친환경 벼농사도 기본과 원칙을 견지하면서 현실적인 역량과 조건에 맞추어 융통성 있게 추진했다. 봉하마을 생태농업의 기본은 궁극적으로 흙과 물을 살리는 것이라 여겼다. 자연생태계를 되살리는 원칙을 지키려 했다. 귀향 당시는 사전준비가 없었기 때문에 땅을 살리기 위해 화학농약을 안 치는 것 말고는 당장 할 수 있는 게 없었다. 대통령은 욕심내지 말고 기본에 충실하자고 하셨다. 첫걸음은 화학농약부터 중단해서 땅속의 미생물들과 지렁이나 땅강아지 등 작은 동물이 살 수 있는 토양환경과 여건부터 만들어주자고 했다. 대통령부터 자연의 한 조각으로 섰다.

8

오리방房, "그래, 오리농법이다"

대통령은 기회가 있을 때마다 마을숲을 가꾸고 농촌 공동체를 복원해 살기 좋은 농촌, 떠났던 사람들이 돌아오는 농촌을 만들겠다고 힘주어 말했다. 대통령의 권유에 따라 열세 명의 봉하마을 주민들이 오리농법으로 친환경 생태농사를 시작하기로 했다. 대통령이 농민들에게 친환경 농업을 강권하다시피 한 이유는 친환경 고품질 쌀을 만들어내지 못하면 수입쌀이 완전 개방되는 2014년 이후엔 벼농사가 설 자리가 점점 줄어들 것이라는 절박함 때문이었다. 나아가 친환경 농업으로 자연생태계가 살아나고 아름다운 화포천 습지와 봉화산 숲까지 가꾸게 되면 그 자체로 생태체험의 장이자 관광자원이 되어 새로운 부가가치를 창출하고 마을공동체도 복원시킬 수 있다고 보았다.

"우리 농민에게 차별적 농법을 제시하고자 합니다. 쌀 시장이 개방 봉하에 친환경 농사를 도입하는 단계에선 어떤 농법으로 할 것인지 갈피를 잡을 수 없었다. 누구도 친환경 벼농사를 해본 적이 없었고 친환경 벼농사의 원리와 방법, 기술이 다양했기 때문이었다. 제초방법에 따라 오리농법, 우렁이농법, 쌀겨농법, 참게농법 등이 있었다. 액비나 영양분 등 투입하는 농자재에 따라 자연농업, BM농법, EM미생물농법, 키토산농법, 목초액농법이 있었다. 심지어 아무것도 투입하지 않는 무경운 '태평농법'도 있었다.

대통령은 오리농법을 하자고 했다. 예전부터 봉하들판은 야생오리들이 많이 날아들던 곳이고 그래서 지명을 '오리방'이라고 불렀다고 했다. 지역적 특성에 맞고 방문객들에게 친환경 농사를 상징적으로 가장 잘 보여줄 수 있는 것이 오리농법이라는 주장이었다. 비서들 일부는 오리농법이 품이 많이 들고 관리도 어렵다며 우렁이농법을 하자는 의견을 내기도 했다. 우렁이는 논에 넣고 난 뒤 물꼬만 신경 쓰면 되었다. 이미 6년간 오리농법을 해온 진영읍 방동마을에서도 오리농법이 너무 힘들어서 올해부터 우렁이농법으로 바꾸려 한다는 사례를 들며 현실도 감안해야 한다고 오리농법의 재고를 요청했다. 여러 차례 회의를 거듭했다. 그러나 대통령의 결론은 "힘이 들고 비용이 더 들어도 오리농법!"이었다. 오리나 우렁이 농법이 제초 효과는 비슷하지만 병충해 방제, 시비 효과 면에서는 오리농법이 좀 더 장점이 있다는 판단이었다. 친환경 벼농사를 알리는 데도 오리농법이 겉으로 드러나는 차별성이 크고, 어린이들 체험학습을 유치하는 데도 유리하다고 보았다.

대통령은 오랫동안 친환경 오리농법을 추진해온 충남 홍성군 주형로 선생을 초청해서 유기농업과 오리농법에 대한 소개와 설명을 들었다. 그 후 나는 주민들과 함께 홍성군 문당리 오리농법 현장견학도 하고 친환경 벼농사의 원리와 방법도 공부를 했다. 2008년 3월 말이었다. 친환경 생태농사 준비 한 달여, 대통령과 마을 주민들이 처음으로 대통령 전용버스를 함께 탔다. 이 버스는 퇴임하면서 여사님 승용차를 사지 않는 대신에 구입한 차량이었다. 이미 오리농법을 하고 있었던 진영읍내 방동마을로 현장견학을 나섰다. 주형로 선생은 오리막사와 오리그물에 대해 설명했다. 외부로부터 천적들의 침입을 막고 또 일꾼오리들이 논 밖으로 나가지 못하게 오리막사와 오리그물을 설치해야 한다고 했다. 매일 아침마다 일꾼오리를 풀어주고 저녁에는 막사로 거둬들이는 수고가 필수였다. 설명을 듣고 있던 이기우 씨가 한마디 툭 던졌다.

"오리농법이 그리 까다로워가 다리가 불편한 내는 몬하긋따."

대통령이 뒤를 돌아보며 이기우 씨의 말을 받았다.

"그러믄, 자네 논은 내가 하지. 아침에 오리를 풀어주고 저녁에 가 두기만 하믄 된다 아이가? 내가 운동 삼아 해주꾸마."

논두렁에 한바탕 웃음소리가 퍼져나갔다.

친환경 농업에 대한 대통령의 의지가 워낙 강하고 적극적으로 권유하니 마을 주민들도 마지못해 오리농법을 조금 해보기로 했다. 5월초, 마을 주민 열세 명으로 '봉하마을 친환경농업생산단지 추진위원회'를 구성했다. 위원장은 황봉호 씨, 나는 간사를 맡았다. 마을 앞 들판 중에서 화학농약을 치는 관행논들과 확실히 구분되는 지역을 오리농법 단지로 선정했다. 농로와 수로를 경계로 2만 4천600평, 33개 구역의 논이었다.

추진위원회를 구성하고 재배할 논과 농법을 결정하는 데까지는 순조로웠다. 그런데 막상 친환경 벼농사를 시작하려니 장애물이 나타났다. 농업용수의 수질이 문제였다. 친환경 농사를 하려면 흙과 물이 중금속이나 화학농약에 오염되지 않아야 한다. 토양이 중금속에 오염된 것이 아니라면 친환경 농사를 당장이라도 할 수 있었다. 그러나 화학농약에 오염된 농업용수로는 친환경 농업 자체가 불가능했다.

봉하마을에는 농업용 저수지가 없었다. 김해 진영에 본산공단이 조성

봉하마을 남제방 수로에 쌓인 슬러지를 제거하고 지하수를 개발해 깨끗한 농업용수를 확보했다.

되면서 없어졌다. 어쩔 수 없이 화포천 물을 농업용수로 끌어다 쓰고 있었다. 들판의 중앙수로는 배수로이면서 농업용수로이기도 했다. 그러나 본산공단에서 봉하들판으로 흘러드는 뱀산 쪽 남제방 수로에는 건너편 금봉마을의 축산폐수와 공단에서 몰래 흘려보내는 공장폐수로 심각하게 오염되어 있었다. 악취가 나는 슬러지가 수로 바닥에 잔뜩 쌓여 있었다. 대통령이 나섰다. 급하게 농어촌공사에 오염된 슬러지를 준설해달라고 요청했다. 김해시 환경보호과에는 공장과 축사에서 몰래 버리는 폐수를 강력히 단속하고 재발방지대책을 세워달라고 했다. 들판 전체가 화학농약을 써서 농사를 지었을 때는 중앙수로에서 용수로 퍼 쓰든 배수를 하든 별 문제가 되지 않았다. 그러나 친환경 오리농법에서는 화학농약에 오염된 중앙수로 물은 농업폐수일 뿐이었다. 오리농법 시범구역에서 거리로는 꽤 떨어져 있지만 물길은 서로 연결되어 있고, 결과적으로 오염된 농업용수를 같이 쓰는 셈이었다.

대통령은 고민하지 않을 수 없었다. 농업용수 문제를 근본적으로 해결하는 건 시간이 많이 걸린다는데, 올해 친환경 농사에 당장 필요한 농업용수는 어떻게 해야 하나? 지금 해결하지 못하면 친환경 벼농사는 1년 뒤에나 가능한데, 그렇다고 또 그때까지 농업용수가 해결된다는 보장도 없었다. 김해시의 농업용 관정사업비는 이미 고갈되고 없었다. 대통령은 늘 그랬던 것처럼 자기희생을 결단했다.

"기왕지사 친환경 농사를 짓기로 한 것, 우째 1년을 띠내려 보낼끼고? 우선 강금원 회장이 출자한 (주)봉하의 자금으로 농업용 지하수를 파자."

한국지하수개발협회 도움으로 지하수를 개발하는 공사를 서둘러 착수했다. 그냥 바닥을 파기만 하면 되는 줄 알았는데 여러 가지 기술적인 어려움이 따랐다. 지하수맥을 찾아 관정을 뚫었지만 충분한 수량이 나오지 않은 곳도 있었고, 수량은 충분한데 지하수에 소금기가 많아 농업용수로 적당하지 않은 곳도 있었다. 여러 번의 시도 끝에 세 개의 지하수 관정에서 하루 1천여 톤의 깨끗한 농업용수를 확보했다. 당장은 지하수 세 곳을 파서 농업용수를 해결하고, 중장기적으로는 농어촌공사가 낙동강 물을 봉하들판까지 끌어오는 농업용수 공급 사업을 요청했다. 대통령이 앞장서서 친환경 벼농사를 위한 장애물을 넘었다.

4월이 되자 마을 주민들은 못자리를 준비했다. 주로 농기계가 바로 진입할 수 있고 논물을 쉽게 사용할 수 있는, 수로와 농로를 끼고 있는 논이었다. 못자리 할 곳만 로터리를 치고 논두렁을 조성한 뒤 물을 대주었다. 다시 물로터리 작업과 써레질을 해서 못자리 바닥을 고르게 만들었다.

어린이날이었다. 마을 주민들은 마을 주차장 모퉁이에서 볍씨 파종을 시작했다. 파종부터 못자리 설치까지는 품앗이였다. 파종작업은 반자동 파종기를 이용했는데, 공정별로 대여섯 명의 일꾼이 분담 배치되었다. 먼저 파종기에 모판이 들어가면 상토가 바닥에 깔리고, 이어 상토 위로 싹이 튼 볍씨가 흩뿌려지고 물이 분사되었다. 그러면 볍씨가 묻히도록 복토를 덮어주고 롤러가 복토를 눌러주었다. 파종이 완료된 모판은 두꺼운 스티로폼 위에 차곡차곡 쌓았다. 왕초보 농군인 나는 일의 순서와 요령을 파악하면서 허드렛일을 거들었다. 주로 상토와 복토를 퍼 나르거나 빈 모판을 챙겼다. 그러다 마을 주민이 빠져 빈 공정이 생기면 그 자리에 대신 투입되었다. 초보농군의 벼농사 견습기는 하루하루 그렇게 이어졌다.

3일 뒤, 어버이날이었다. 어둠이 채 가시기도 전, 새벽부터 이기우 씨네 못자리 설치를 위해 마을 주민들의 품앗이가 한창이었다. 나도 거들었다. 파종할 때는 소고기국밥 장사한다고 참여하지 못했던 테마식당 아지매들도 이날은 물신을 신고 한몫 거들었다. 새참이 나올 무렵 김호문 씨가 나에게 물었다.

"대통령은 안 나오시나?"
"얘기를 안 해서 아마 모르실 겁니다."
"새참 드시러 오시라고 전화 한번 해봐라."

경호 데스크에 전화를 했다. 대통령은 벌써 자전거 타고 화포천을 거쳐 들판을 한 바퀴 둘러보고 있는 중이라고 했다. 저만치 육묘장 쪽에서 자전거 부대가 보이기 시작했다. 대통령이 나타나자 모상자를 들어 옮기던 일꾼들의 분위기가 확 달아올랐다. 다들 신이 났다. 내가 슬그머니 대통령께 여쭈었다.

"모판 좀 옮겨보시렵니까?"
"대통령 때 같았으면 하는데, 퇴임 대통령은 그런 거 안 한다."

능청스런 대통령의 대꾸에 다들 웃음보가 터졌다. 말은 안 한다고 했지만 이내 대통령은 모판 옮기는 일을 거들었다. 얼마 뒤 막걸리에 두부김치, 김밥에 어묵탕을 곁들인 새참이 도착했다. 막걸리 잔을 채우고 대통령이 건배사를 했다.

대통령과 마을 주민은 같이 땀을 흘리면서 한마음, 한뜻이 되었다. 나도 난생처음으로 논에 발을 담그고 볍씨 싹 띄우기와 파종하는 요령을 배우고 익혔다. 못자리가 왜 필요한지, 어떻게 논을 다루는지 하나하나 몸으로 느끼고 현장에서 그 이치와 방법을 깨우쳐나갔다. 마을 주민들과 고된 노동을 함께하면서 그들의 마음도 한 꺼풀씩 알게 되었다. 섬 올챙이가 농부로 탈피하는 과정이었다.

9

조류독감AI과 오리농법

못자리 설치가 얼추 마무리가 되었다. 이제 오리막사와 오리그물을 설치하고 모심기 이후에 오리를 논에 풀어주는 일만 남았다. 그런데 이번에는 외부에서 장애가 발생했다. 5월 중순부터 충청과 경기지방에 조류독감(AI)이 발병한 것이다. 전국적으로 빠르게 확산되어 며칠 만에 영남지역까지 퍼졌다. 조류독감이 발생한 지역에서는 닭, 오리 등 가금류는 사육지역 밖으로 이동이 금지되었고, 반경 1킬로미터 내의 닭과 오리는 모두 살처분해 매립시켰다. 급기야 오랫동안 오리농법을 해오던 홍성도 오리농법을 포기했고, 경기도 원삼농협 오리부화장에서도 오리 이동이 중단되었다. 인근 양산시의 양계장에도 조류독감이 발병했다. 김해지역에도 언제 불똥이 튈지 모르는 긴박한 상황이었다. 봉하마을의 오리농법은 시작도 못한 채, 포기해야 할지도 모를 위기가 닥쳐왔다.

김해시 농업기술센터는 조류독감이 김해에 상륙하는 걸 막기 위해 공무원들을 총동원하다시피 했다. 외지 방문객이 많은 봉하마을 입구에도 모든 출입차량을 대상으로 예방소독을 실시했다. 그뿐만이 아니었다. 친환경 농업을 담당하는 공무원들은 봉하마을에서 추진하는 오리농법을 포기하게 하려고 동분서주했다. 낮에는 영농법인의 입장변화가 있는지 확인을 하고 저녁에는 마을 이장을 비롯해서 친분이 있는 마을 주민을 찾아다니며 오리농법 포기를 부추기고 압박을 가했다.

"벼농사도 처음인 사람이 친환경 농사를, 그것도 오리농법으로 추진한다는 게 말이 되나. 무모하다."
"조류독감이 발병하면 어떻게 책임질 거냐?"

나에게는 농사도 모르는 먹물비서관이 공명심에 오리농법을 하겠다고 혼자 고집 부린다며 대놓고 비난하고 공격을 했다. 심지어 농업기술센터 소장과 담당과장은 오리농법이 진짜 대통령 의중인지 직접 확인해보겠다며 대통령 면담을 신청하고는 사저 입구에서 진을 치기도 했다.

비서들도 흔들렸다. 위험부담이 큰 오리농법을 이런 상황에서 굳이 추진해야 하는지, 재검토하자는 주장이 내부에서도 강하게 제기되었다. 오리농법의 위기였다. 안팎의 문제제기에 대통령은 고심하지 않을 수 없었다. 수차례 오리농법에 대한 상황점검 회의를 했다. 모 심을 시기가 코앞에 다가와서 더 이상 판단을 미룰 수도 없었다. 오리농법을

하든 안 하든 결론을 내야했다. 대통령께서 실무를 담당하는 나에게
물었다.

"봉하마을 인근에서 닭이나 오리를 얼마나 사육하고 있노?"
"네. 조사를 해보니 신너편 금봉마을에 소규모 양계장이 있고 대현
마을에 오리, 정방마을에 토종닭 키우는 곳이 있는데 전체적으로
사육두수는 만여 마리 정도 됩니다."
"그래. 만일에 조류독감이 발생하면 우째 대처하노?"
"네. 농축산과에서 반경 1킬로미터 이내의 가금류는 살처분하고
반경 3킬로미터 이내의 가금류는 이동을 금지시킵니다."

대통령은 상황과 대책에 대해 계속 질문을 했다.

"오리를 살처분하고 나면 친환경 농사는 어찌 되노?"
"홍성의 주형로 씨는 오리가 조류독감에 걸려 살처분되는 것과 친
환경 농사와는 무관하답니다. 단지 오리가 살처분되고 나면 제초
작업이 문제인데. 그때라도 우렁이를 논에 넣으면 제초에는 지장
이 없답니다."
"그래? 현재 조류독감 발병상태와 앞으로 추이는 어떻노?"
"질병관리본부에 문의한 결과. 현재 조류독감 발병은 더 이상 추가
발병지역은 없는 소강상태이고 앞으로 기온이 올라가게 되면 조류
인플루엔자도 약화되고 소멸할 것으로 내다보고 있었습니다."

대통령은 상황을 종합적으로 점검하고 파악하자 최종적인 판단을 내렸다.

"일단 친환경 벼농사는 조류독감과 상관없다 하니 계속 추진합시다. 조류독감이 더 이상 확산되지 않고 소멸되는 추세라면 조금 더 지켜보면서 오리농법도 차질 없이 준비하고요. 만약 조류독감이 인근에 발생한다면 그때는 오리를 모두 살처분하고 우렁이를 넣는 것으로 대안을 찾읍시다."

대통령의 모습은 마치 재임 시 복잡한 국정상황에 부닥칠 때마다 여러 가지 정보를 종합적으로 검토하고 신속·정확하게 판단을 내려 위기를 해결하던 때를 떠올리게 했다. 비록 장소는 청와대에서 조그만 고향마을로 옮겨졌지만 위기상황에 직면해도 당황하지 않고 빈틈없이 대처하는 모습이 여전히 믿음직스러웠다.

조류독감의 기세가 꺾이기 시작하고 얼마 뒤, 홍성의 주형로 선생이 오리농법 지도를 위해 다시 봉하를 찾았다. 오리막사 위치, 오리그물과 지주대 설치, 일꾼오리 관리요령 등에 대한 사전교육이 이뤄졌다. 드디어 오리농업이 본격적으로 시작되는구나 싶은 생각이 들었다. 중앙수로를 끼고 있는 넓은 농로에는 노란색 페인트로 단장한 오리막사 33개가 출정을 기다리는 병사들처럼 일렬로 줄지어 있었다. 봉하마을에서는 오리도, 오리막사도 노란색, 다들 '노사모'였다. 남은 일은 오리막사를 논마다 배치하고, 5미터 간격으로 쇠파이프를 고정시켜 그물을 쳐주면 되었다.

6월 14일 오후 2시. 가장 먼저 모내기를 마친 이병기 씨 논에 대통령과 마을 주민, 자원봉사자들이 모였다. 일꾼오리 출정식이었다. 징소리를 신호로 대통령이 먼저 새끼 오리를 조심스레 논에 풀어주었다.

"오리농군들아! 봉하마을에 풍년 들게 농사 좀 잘 지어주라!"

농군오리는 논에 흙탕물을 일으켜 어린 잡초가 자라는 걸 막고, 각종 해충을 잡아먹는 동시에 배설물로 천연 비료까지 제공해 1석 3조의 역할을 한다.

마을 주민들과 자원봉사자들도 새끼 오리 한 마리씩을 양손에 잡고서 각자 소원을 빌며 논에 살며시 풀어주었다. 오리들은 낯선 논에 겁을 먹었는지 처음엔 한데 모여 우왕좌왕하는가 싶더니 금세 적응을 하고 이리저리 논을 헤엄쳐 다녔다. 논물의 맛을 보는 녀석, 서툰 날갯짓으로 물을 튀기는 녀석, 어린모의 밑동을 쪼면서 실전에 접어든 녀석도 있었다. 이리저리 헤엄치는 새끼 오리를 바라보는 대통령의 시선에 애정이 잔뜩 배어났다. 마치 호기심 많은 어린이 모습이었다.

"쪼맨한 오리가 디게 날렵하네. 이 녀석들이 모를 다 삐대면 우짜노?"

새끼 오리와 어린모는 나이가 같다. 볍씨를 발아시켜 모심기를 할 때까지 대략 35일 걸린다. 모를 논에 심고 5일 정도 지나면 뿌리가 내리고 잎도 양분을 섭취해서 빳빳하게 선다. 오리 알이 부화되는 기간은 28일 정도. 새끼 오리도 부화하고 10여일 정도 더 키워서 꼬리에서 털기름이 나올 때쯤 논에 풀어준다. 둘 다 40여 일, 비슷한 나이에 논에 들어와서 친구처럼 같이 커나간다. 모가 너무 어리거나 오리가 너무 크면 모가 밟혀 자칫 논에서 벼를 키우는 것이 아니라 오리를 키우는 사육장이 되고 만다.

생전 처음, 오리농법으로 농사를 짓는 주민들이 나름대로 능숙하게 오리를 다루기까지 실수도 많고 고생도 많았다. 초기에 가장 힘든 일은 아침에 풀어준 오리를 저녁에 막사로 다시 불러들이는 것이었다.

오리막사 근처까지 왔다가도 밖이 더 좋은지 주변을 서성이거나, 어렵게 막사 안으로 들어왔다가도 다시 나가는 녀석들 때문에 골치였다. 한 마리가 빠져나가면 나머지도 우르르 따라 나가버렸다. 새끼 오리를 논에 풀어준 첫날부터 밤늦도록 마을들판이 소란스러웠다. 오리 부르는 고함소리, 호각소리가 고요했던 봉하마을의 밤을 흔들어댔다. 소리는 사저 담장까지 넘었다.

다음 날 새벽, 대통령이 일찍 들판에 나왔다. 궁금하기도 하고 걱정도 되었다. 오리농법 못 하겠다고 버티던 이기우 씨가 일찍부터 오리막사 문을 열어주러 나왔다가 대통령과 마주쳤다.

"이제 오리를 야습했는가?"
"아입니다. 잔업했심니더."
"병아리들 잔업시키지 마라."

좀처럼 웃지 않는 경호원도 웃었다. 대통령도 같이 웃었다.

농군오리들을 막사에 모으고 가두는 일은 얼마 지나지 않아 한결 수월해졌다. 요령은 간단했다. 오리들이 먹이 주는 사람을 알아채도록 하는 것, '이 사람이 나타나면 맛있는 먹이를 준다'는 습관을 들이는 것이었다. 일종의 조건반사 훈련이었다. 김호문 씨는 "사료를 하루 두 번 주던 걸 한 번 주니까 배고파서라도 달려오더라"며 웃었다. 황봉호 위원장은 "사흘 고생했는데, 지금은 나를 기다린 듯 모여드는 오리들이 정말 귀엽다"고 은근히 자랑했다. 이기우 씨는 아예 오리를 막사에 가두지 않고 오리 문을 열어놓았다. 그의 큰 논은 피가 많이 나고 물바구미도 많이 생기다 보니 마음이 급했다. 빨리 피를 잡아야겠다는 욕심에 하루 종일 오리를 풀어둔 것이다. 승구봉 씨는 일꾼오리를 가장 잘 다루는 자칭 '오리 교관'이었다. 논에 풀어 넣은 일꾼오리 180마리 중 죽거나 도망간 오리도 거의 없었다.

농군오리들은 기대 이상으로 일을 잘해냈다. 물에 뜬 잡초 씨앗을 마치 진공청소기로 빨아들이듯 주둥이로 흡입했다. 먹이를 찾아 이곳저곳 헤엄치거나 몰려다니다 보면 자연스레 물갈퀴가 흙탕물을 일으키게 되었다. 흙탕물에 햇빛이 차단되니까 발아하려던 잡초씨앗이 싹을 틔우지 못했다. 이미 싹이 난 잡초라도 오리발에 밟히거나 앞가슴에 짓눌려 크지 못했다. 오리에 의한 잡초 제거 효과가 90퍼센트가 넘었다. 한편으로 오리들의 이런 활동들이 모의 뿌리에 좋은 자극이 되어 성장을 촉진하는 역할을 했다.

오리는 잡식성이라 벼에 해코지하는 벌레들을 잡아먹는 해결사 노릇도 톡톡히 했다. 벼 잎과 뿌리를 갉아먹어 벼의 생육을 부진하게 만드는 물바구미도 사정없이 쪼아 먹었다. 벼멸구도 오리의 간식감이다. 심지어 배가 많이 고플 때는 실잠자리나 나방 같은 날개 곤충까지 탐을 낼 정도였다. 오리는 잡초와 해충을 제거하는 것 외에 천연비료를 제공하기도 한다. 장이 짧아 먹이를 먹으면 금방 배설을 하는데, 오리의 배설물은 벼에게 영양분이 되는 질소비료가 되었다.

반면에 오리농법의 문제점도 하나씩 드러났다. 그물이 허술한 틈새로 논을 탈출하는 녀석들이 생겼다. 나와 자원봉사자들은 수시로 들판을 둘러보면서 오리농군의 동태를 살펴야 했다. 논에서 탈출한 오리들을 잡아 다시 논에 넣어주는 게 일상적인 일이 되었다. 다치거나 먹이경쟁에서 뒤처진 약한 오리들은 자연 도태되었다. 막사를 탈출해 헤매던 녀석은 들짐승, 날짐승의 먹잇감이 되기도 했다. 맹금류의 하나인 수리부엉이가 오리를 잡아먹는 게 몇 번 목격되기도 했다. 마을 주민이 풀어 키우는 개들이 이따금씩 그물을 뛰어넘어 논에 들어가 오리들을 물어 죽이는 일도 자주 있었다. 죽은 오리들을 치우고 묻어주는 것도 농민들이 꺼려하는 일이었다. 날씨가 더워지면서 오리의 배설물에서 나는 악취도 심해졌다.

천차선 할머니의 일꾼오리는 유달리 체구가 컸다. 혼자 사신 지가 오래되어 외로웠던지 짬만 나면 오리막사 옆에 쭈그리고 앉아 오리를 지켜보았다. 자신이 배고프면 오리도 배고프다고 끼니때마다 오리 사료를 챙겨주었다. 남들은 하루 한 번으로 줄이는데 세 번씩 주었다. 그것도 한 됫박씩 퍼주고 다 먹고 나면 더 퍼주었다. 사료를 잔뜩 먹어 배부른 오리들은 먹이활동도 잘 안 하고 일도 게을렀다. 다음 끼니때까지 할머니만 기다렸다. 할머니가 오는 기척이 나면 논에 나가 있던 오리들도 서로 먼저 막사에 들어가 좋은 자리 차지하려 쏜살같이 달려왔다. 할머니는 오리들이 당신이 나타나면 우르르 몰려드니 재미가 났다. 자기를 기다리는 오리들이 사랑스러웠다. 천차선 할머니는 벼를 키우고 잡초를 제거하는 게 아니라 오리를 키우는 논이 되고 말았다.

내가 보다 못해 핀잔을 주었다.

"할매는 벼를 키우는고, 오리를 키우는고?"

그래도 할머니는 오리가 좋다는 듯이 그냥 웃고 말았다. 오리를 논에 풀어놓는 기간에는 사료를 굶어죽지 않을 만큼 최소한만 주어야 한다. 배가 고파야 여기저기 돌아다니며 벌레를 잡아먹고 풀도 뜯어먹고 열심히 일을 한다.

농군오리들의 역할은 벼이삭이 패는 8월 초에 마무리된다. 벼이삭이 패면 배고픈 오리들이 벼이삭을 쪼아 먹거나 해코지를 할 수 있어서다. 논에 투입한 지 두 달여 만에 정년퇴임을 하는 건데, 이런 저런 이유로 오리가 줄어들긴 해도 1천500마리 가까이 되었다. 오리에게는 미안하지만 처분하는 것도 큰 문제였다. 일을 마친 오리들을 어찌할 것인지 대통령 주재 회의를 했다.

나는 일꾼오리를 더 살찌워서 오리를 잡아먹거나 판매하자고 했다. 이호철 선배는 잡아먹는 것은 반대했다. 대통령은 적극적으로 나누어주자고 했다.

"그간 실컷 일시키고 어째 잡아 먹겠노? 토사구팽(兎死狗烹)도 아니고. 그냥 원하는 사람들에게 나누어주자. 가져간 사람이 더 키워서 잡아먹든 팔든 알아서 할 거고…."

결국 오리들은 동물 키우길 좋아하는 이용희 씨와 이웃마을 주민에게 나누어주고, 순천의 자원봉사자인 '링사이드' 님도 원하는 만큼 가져 갔다. 그래도 남는 오리는 중앙수로와 북제방 수로에 아이들 구경거 리로 조금 풀어놓았다. 야생에서 살아갈 수 있는지 시험해볼 셈으로 화포천 습지에도 여러 마리를 풀었다. 말도 많고 탈도 많았던 첫해 오 리농법은 일꾼오리들의 분양으로 마무리되었다. 벼와 오리, 농부의 공 존이었다. 오리를 간수하는 것은 번거로운 일이었지만 봉하마을을 찾 는 아이들에겐 논에 사는 새끼 오리는 최고의 볼거리, 인기 만점의 동 물친구였다.

10

피사리와 반딧불이

일꾼오리를 논에서 철수시키고 며칠이 지났다. 한여름 뙤약볕에 벼 포기가 부쩍 크고 우거졌다. 오리들이 미처 제거하지 못한 잡초들은 더 빠르게 컸다. 8월 중순이었다. 태풍이 북상하면서 비를 제법 뿌렸 다. 농촌에서는 비 오는 날이 쉬는 날이다. 비바람을 핑계로 모처럼 어 영부영 쉬고 있는데 이호철 선배가 얘기를 꺼냈다.

"이기우 씨가 자기 논에 피가 많다고 걱정하더라. 자원봉사자들이 라도 지원해달라는 눈치인데, 내심 기대와 원망을 하는 거 같아. 야, 우리 수중전(水中戰) 한번 안 할래? 이기우 씨 논에 피사리 한번 해주자. 대통령께서 책임진다 했는데 우리라도 해야 안 되겠나?"

그렇지 않아도 지난봄, 대통령이 오리 관리를 대신 해주겠다고 약속을 했던 터라 그 논의 잡초가 유독 신경이 쓰였던 모양이다. 이호철 선배가 총대를 멨다. 큰형님이 나서는데 어쩔 도리가 없었다. 모처럼의 휴식을 아쉬워하며 다들 도살장에 끌려가는 소처럼 감청색 비옷을 입고 농로를 힘없이 걸었다. 이호철, 김정호, 손성학, 최시호, 차재성, 이한인, 나중에 김경수 비서관이 합류했다. 일단 논에 들어서기는 했는데, 정작 문제는 비바람이 아니었다. 벼와 생김새가 확실히 다른 잡초들이야 그냥 뽑아내면 그만이었지만 피는 달랐다. 모양이 서로 비슷하게 생긴 데다 농사 경험이 없다 보니 벼와 피를 제대로 구분하기 힘들었다. 이리 보고 저리 봐도 같은 것처럼 보였다. 그나마 내가 뭘 좀 더 알 것 같으니 나한테 주로 물어보았다. 나 역시 피사리는 처음이었다.

"정호 씨. 이게 피가 맞나? 아무리 봐도 잘 모르겠다. 우짜지?"
"형님, 나도 왕초보다. 낸들 우째 알겠노? 모른다. 일단 논에 가로 세로로 일정하게 심어져 있는 것은 다 벼니까, 줄 밖에 있는 것들은 모두 뽑아 뽑시다."

갑작스레 피사리에 나선 길이라 누가 가르쳐주는 사람도 없었고 그렇다고 그만둘 수도 없었다. 한 손에 잡초가 가득 모아지면 피를 논 밖으로 최대한 멀리 던졌다. 그러면 뒤쳐져 있던 한 사람이 수거해서 논두렁에 올려놓았다. 뚤뚤 말아서 논흙에 거꾸로 묻으면 될 것을, 뭣 모르는 우리는 뽑은 잡초를 논두렁에 쌓았다. 이러면 나중에 잡초 씨앗이 살아나 논두렁에 다시 풀이 번지고 만다. 요령을 모르면 몸이 고생이고 이중 일이 되었다.

농사 초보 비서관들이 이기우 씨 논에서 피사리를 했다.

초보들의 피사리는 힘들고 고된 노동이었다. 빗줄기는 더욱 세차게 내리지, 한여름에 두꺼운 비닐 우비를 입었으니 속에는 땀이 줄줄 흐르지, 땀인지 빗물인지 온몸이 속옷까지 흠뻑 젖었다. 나는 안경알에 습기까지 끼어서 앞도 잘 보이지 않았다. 더구나 내딛는 걸음마다 푹 푹 빠져 중심을 잃고 휘청거리다 자빠지기 일쑤였다. 우리는 점점 파김치가 되었다. 입에서 단내가 났다. 그러나 악조건을 무릅쓰고 7인의 초보농군들은 피사리 수중전을 강행했다. 마침내 2천150평 논에 피사리를 끝냈다. 어쨌든 해냈다. 몸은 힘들었지만 뿌듯했다. 나중에야 알았지만 비올 때의 피사리는 햇볕이 쨍쨍 내리쬘 때 지열에 푹푹 찌면서 하는 피사리에 비하면 양반이었다.

내가 벼농사를 배우고 실습하던 작은 논에는 유달리 올미와 물달개비가 많았다. 개구리밥과 가래도 있었지만 논물에 떠다니는 물풀이라 벼와 그다지 양분 다툼을 할 일도 없고 생김새가 예뻐 잡초라는 생각이 들지 않았다. 그러나 올미는 다르다. 생김새도 삐죽하게 솟은 다년생 잡초로 뿌리번식을 하고 물달개비처럼 벼와 양분 다툼을 많이 한다. 물달개비는 어찌나 번식력이 좋은지 뽑고 나서 뒤돌아서면 금세 또 새끼를 쳐서 풀포기가 늘어났다.

나는 매일 새벽마다 실습논에 나가 해가 뜰 무렵까지 피사리를 했다. 장갑을 끼고 피사리를 했는데도 손톱 밑에 뻘흙이 까맣게 끼고 손가락 끝이 아렸다. 처음 보는 잡초는 저녁에 생물도감을 찾아보고 이름과 생리를 하나씩 알아갔다. 대통령이 줄줄 외던 물속 곤충들의 이름도 점차 알게 되었다. 논에 사는 잡초와 곤충의 이름, 생리를 알게 되면서 자연스레 그들에게 관심과 애정이 생겼다. 그들도 함께 살아가야 할 소중한 생명이었다.

녹음이 한층 짙어진 8월 하순이 되었다. 김경수 비서관과 늦은 저녁밥을 먹고 제법 시원해진 들바람을 쐬며 달빛 은은한 북제방길을 걸었다. 이 무렵 마을 산책을 나설 때면 들르는 곳이 있었다. 북제방 비탈 아래에 버려진 농막 옆의 작은 논이었다. 논 귀퉁이에 두 사람이 겨우

앉을 만한 끝이 뭉툭한 바위가 하나 솟아 있었다. 우리 산책의 종착지였다. 난생처음 홀로 벼농사와 오리농법을 배우던 나만의 현장실습장이었다. 오리들이 잘 있는지, 오리막사를 살펴보고 물과 먹이도 챙겨주곤 했다.

달이 차오르고 있었다. 양쪽 무릎에 팔을 괴고 달빛에 젖은 들판을 우두커니 바라보았다. 농촌은 밤이 되어야 오롯이 시골 정취가 살아난다. 불빛이 없으면 잘 보이지 않는 대신 잘 들린다. 어두운 밤이라야 소리가 또렷하다. 낮에는 들리지 않던 미약한 풀벌레 소리도 밤에는 귀를 쫑긋 세우고 집중하면 잘 들린다. 귀뚜라미 소리, 풀여치 소리, 찌르레기 소리… 온갖 풀벌레 소리가 어우러져 마치 자연을 무대로 연주하는 현악 4중주 같다. 부엉이와 소쩍새도 이따금 관악기 소리를 보탰다. 갑작스런 고라니 울음소리는 귀에 거슬리기도 했지만 이 소리마저 부조화 속의 조화였다.

불현듯 한줄기 빛이 곡선을 그으면서 다가오다 이내 사라졌다. 우리는 거의 동시에 한목소리로 외쳤다.

"저게 머꼬? 혹시 반딧불이 아이가?"
"친환경 농사 하자마자 그새 반딧불이가 되살아났나?"

행여 소리에 놀라 날아오를까 봐 급히 말을 그치고 빛을 찾아 시신경을 곤두세웠다. 적막 속에 여름밤이 깊어갔다. 어디로 숨었는지 반딧불이는 더 이상 보이지 않았지만 평안의 시간이었다.

그날 이후 나는 저녁을 먹고 나면 산책을 핑계 삼아 밤마다 반딧불이를 찾으러 다녔다. 달이 기울어 어두운 밤이었다. 봉화산 기슭이 가파르게 흘러내리다 대숲으로 둘러싸여 묵혀진 밭이 있었다. 대통령은 '굼마간'이라고 불렀다. 일제 때 간척사업을 하면서 제방을 쌓기 위해 흙을 파낸 곳인데, 구루마로 흙을 퍼 날랐던 곳이라 하여 구루마간, 굼마간이라고 했다. 그쪽에서 초록색을 띤 야광불빛이 갑자기 내게로 달려들 듯이 날아왔다. 놀라서 주춤하다 엉겁결에 손으로 움켜쥐었다. 조심스레 손가락을 조금씩 펴다 행여 날아갈까 멈췄다. 손가락 틈새로 눈을 들이대고 보았다. 불빛이 움직였다. "야아!" 하는 탄성이 절로 나왔다. 드디어 찾았다. 심장이 쿵쾅거렸다. 두 번째 마디에 형형한 불빛을 내는 반딧불이였다. 외로움을 노래하는 불빛, 짝을 찾아 피어올린 작은 사랑의 불꽃이다. 어릴 때 누님들이 반딧불이를 잡아서 노란 호박꽃에 넣고 호박초롱불을 밝혀주던 아련한 추억도 함께 피어올랐다.

정신을 수습하고 본격적으로 반딧불이 탐색에 나섰다. 이번에는 북제방 수로에서 불빛이 또 날아올랐다. 멈춰 서서 가만히 살펴보니 여기저기 형형한 점으로 불빛이 피어오르고 있었다. 마치 어둠 속을 헤엄치듯 궤적을 그으며 반딧불이 불빛이 바람결에 떠다녔다. 현실이 아닌 꿈결 같았다. 요즈음 보기 드문 반딧불이를 연거푸 발견한 기쁨에 가슴이 터질 것 같았다. 속으로 쾌재를 불렀다. 혼자만 좋아하기엔 너무 아까웠다.

'이 기쁨을 누구에게 전하지? 누가 제일 좋아할까? 마누라? 아니야, 대통령님이 더 좋아하실 것 같다. 그런데 어떻게 전하지? 내일 조례 때 보고를 한다? 아냐, 그건 너무 사무적이고. 내일까지 기다릴 수 없어. 어쩐다지. 당장 사저로 찾아가 말씀드릴까? 그것도 아니야, 대통령님 쉬시는데 괜히 방해가 될 텐데…'.

생각머리를 핑핑 돌리면서도 걸음은 여전히 반딧불이를 놓치지 않으려고 분주했다. 몸과 마음이 따로 놀았다. 이미 들떠버린 마음을 어쩌랴. 더 이상 반딧불이가 눈에 들어오지 않았다.

'그동안 생태계를 되살리려고 얼마나 애를 쓰셨는데, 엄청 기뻐하시겠지? 이 소식을 전해드리면 대통령이 이리로 바로 나오시진 않을까? 그동안은 항상 대통령님이 나를 불렀는데, 이번에는 내가 대통령님을 불러보자. 그래, 전화를 해보자.'

휴대폰을 들어 사저 번호를 눌렀다. 1004번. 외우기도 좋고 뜻도 좋다. 천사, 우리의 수호천사! 경호 데스크에서 전화를 받았다.

"김정호 비서관입니다. 급한 보고사항이 있습니다. 대통령님 좀 연결해주십시오."

잠시 기다려달라고 했다. 이내 수화기 너머에서 대통령의 목소리가 흘러나왔다.

"자넨가? 밤중에, 무슨 일이 있는가?"
"네, 대통령님! 봉하에 반딧불이가 있습니다. 반딧불이를 발견했습니다!"
"그래, 자네는 어디서 보았는가?"
"네, 굼마갇하고 그 아래 목제방 수로에서 보았습니다."

기쁘고, 흥분되고, 자랑도 하고픈 마음에 거두절미하고 다급한 목소리로 말했다. 그런데 이게 웬일인가? 대통령의 목소리가 기대와는 달리 너무나 차분했다. 어찌나 담담하시던지 순간 괜히 전화를 드렸나 싶었다. 하지만 대화가 길어질수록 그게 아니라는 것이 느껴졌다. 옅게 떨리는 목소리에서 분명 대통령도 기쁨을 감추고 있는 걸 역력히 느낄 수 있었다. 대화가 이어지면서 대통령도 말이 빨라졌다.

"자네는 몇 마리나 보았나?"
"네, 일곱 마리 보았습니다. 찾아보면 더 있을 것 같습니다."
"그래, 거기도 있더나. 나는 며칠 전부터 자은골하고 저수지 쪽에서 스무 마리도 넘게 봤다."

오히려 은근히 자랑하는 투였다. 대통령의 표정이 눈에 선했다.

'나는 뒤늦게, 몇 마리 본 것 갖고 그리 호들갑이고, 내가 먼저 봤는걸… 내가 훨씬 많이 봤지….'

마치 내기에서 이긴 승자가 어깨를 으쓱하듯 얄궂은 표정과 말투까지 느껴졌다. 겨우 용기를 냈는데 대통령의 자랑에 내가 머쓱해졌다.

'진작에 봤다고 말씀 좀 해주시지 괜히 혼자서 흥분했네.'

속으로 투덜거리면서도 봉하 곳곳에 반딧불이가 있다는 사실에 그저 기분이 좋았다. 비록 소소한 것이지만 대통령과 둘만의 비밀을 공유한 것 같아 흐뭇했다.

대통령의 지시로 전문가를 수소문해 봉하마을 반딧불이 실태조사를 의뢰했다. 우리가 발견한 반딧불이는 '늦반딧불이'였다. 생김새도 6월경 맑은 계곡에 나타나는 애반딧불이하고는 조금 달랐다. 늦반딧불이는 산기슭의 습한 곳이나 제방의 경사진 곳에서 볼 수 있다. 민달팽이나 어린 논고동 같은 것을 먹고 유충생활을 하다 8월 말이면 성충이 된다. 애반딧불이는 암수 모두 날개가 있어 날아다니지만 늦반딧불이는 수컷만 날 수 있다. 암컷은 애벌레 상태로 수풀 속을 기어 다닌다. 암수 모두 두 번째 마디에 발광체를 갖고 있는데, 이 빛을 통해 위치를 드러내고 짝을 찾는다. 암컷은 날지 못하기 때문에 수컷이 더 잘 볼 수 있도록 풀잎 끝으로 기어 올라온다. 바람이 살랑거리는 어두운 밤이면 수컷 반딧불이는 암컷의 불빛을 찾아 높이 그리고 멀리 사랑의 야간비행을 한다.

지금은 추석 전후로 저녁 무렵부터 밤 9시 전까지 늦반딧불이를 흔하게 볼 수 있다. 어둠이 서서히 내리면 가로등이 없는 약수암에서부터 도둑골 입구, 화포천까지 반딧불이 불빛이 피어난다. 들판 너머 뱀산을 구불구불 돌아나가는 자전거 길에도 밤하늘을 캔버스 삼아 늦반딧불이가 녹색의 야광불빛으로 그림을 그린다. 고요 속의 재회, 이런 밤은 더욱 마음이 애잔해진다. 그 옛날 노무현 대통령 내외가 그랬던 것처럼 반딧불이 불빛을 따라 사랑하는 사람과 함께 거닐고프다.

11

봉하오리쌀, "노무현을 팔아라"

10월 26일, 봉하오리쌀을 첫 수확하는 날이었다. 날이 날인만큼 홍보도 할 겸 대통령이 직접 수확체험을 하기로 했다. 점심 무렵이었다. 지난봄 첫 모심기를 했던 이병기 씨 논 주변은 벌써 소란스러웠다. 마을 주민들과 방문객들, 취재진들까지 대통령의 도착을 기다리고 있었다. 군중 속에서 누군가 외쳤다.

"대통령이다!"

중앙 농로를 따라 대통령의 자전거부대가 보이기 시작했다. 현직일 때는 멋진 경호 차량이 앞뒤좌우를 에워싸고 방탄리무진으로 이동을 했다. 퇴임한 대통령은 다르다. 아니, 노무현은 달랐다. 그의 이동수단은 전기자전거였다. 그것도 대통령이 선두에 서고 수행비서와 경호가 뒤를 따랐다. 대통령의 조촐한 자전거 행렬이 도착하자 기다리던 사람들의 환호와 박수가 터졌다. 대통령에게 다가가 악수하려는 마을 주민들과 너 나 없이 휴대폰을 꺼내들고 사진을 찍으려는 방문객들로 야단법석이었다.

취재진들은 대통령에게 콤바인을 타고 벼 수확을 하는 모습을 찍고 싶다고 협조요청을 했다. 대통령이 주저 없이 콤바인에 올랐다. 이병기 씨가 콤바인 조작요령을 가르쳐주었다.

"앞으로 가는 거는 우째 하노? 멈추는 거는? 니작은 우째 조정하노? 이리 하믄 되나? 한번 가볼까."

봉하 친환경 생태농업 첫 번째 가을걷이. 대통령이 직접 콤바인을 몰았다. 들녘에서는 주민들과의 넉넉한 친환경 들밥이 펼쳐졌다.

낫질은 익숙한 대통령이지만 처음 타는 콤바인 운전은 서툴렀다. 그래도 논 가장자리를 콤바인으로 두 바퀴나 돌면서 벼 수확을 해냈다. 그리고는 콤바인을 세웠다. 대통령은 취재진을 향해 밀짚모자를 벗어 들고 '씨익' 하고 웃어 보이더니 콤바인에서 내려오면서 씩씩하게 소리 질렀다.

"이만하면 됐는교? 인자, 밥 묵고 합시다."

건너편 황봉호 위원장 논바닥에는 마을부녀회 회원들이 부산하게 들밥을 준비하고 있었다. 갓 도정해온 봉하오리쌀로 밥을 짓고 국을 끓이기 위해 장작불을 지폈다. 농로에는 즉석 떡판이 벌어졌다. '철푸덕' 떡메 치는 소리, 참견하는 마을 주민들 소리로 시끌벅적했다. 구경꾼들도 한 입 얻어먹으려고 떡판 주위로 몰려들었다. 부녀회원 한 분이 대통령에게 떡메를 한번 쳐보시라고 권했다. 대통령은 떡메를 두 손으로 거머쥐고 '철썩' 힘 있게 내려쳤다. 더러 떡메를 잡아본 솜씨였다. 부녀회원은 쪼그리고 앉아 연신 손에 물을 묻혀가며 찰떡을 뒤집고 오므려주었다. 호흡과 장단이 척척 맞았다. 대통령이 해설까지 곁들였다.

"떡메를 내리치고 그냥 들어 올리믄 안 되고, 힘을 쥐서 떡메를 한 번 돌리주고 난 뒤에 올리야 밥알이 으깨지고 떡이 찰지게 되는 기라. 이렇게 말이지."
"호호호, 대통령님 잘하시네에."

이미 논바닥에는 파란 비닐 천막을 펼쳐놓고 그 위에 점심상을 차리고 있었다. 가마솥 위로 김이 모락모락 올라오는 게 뜸이 거의 다 든 모양이었다. 부녀회 회원들이 넉넉한 시골 인심으로 고실고실 잘 퍼진 오리쌀밥을 푸짐하게 펐다. 두부와 무를 빠져 넣고 끓인 돼지고깃국도 냉면그릇에 퍼 담았다. 떡메 치던 대통령이 이번에는 부산스런 야외주방으로 발길을 옮겨왔다.

"더운데 고생이 많습니다."

인사를 나누다 말고 눈길이 무쇠가마솥에 멈추었다.

"어? 어디서 많이 본 가마솥이네."
"네, 대통령님 겁니다. 사저에서 빌려왔습니다."

요새는 무쇠가마솥 보기가 쉽지 않다. 부녀회에서 오랜만에 들밥을 한다고 마을 집집마다 물어 가마솥을 찾았지만 이미 양은솥, 전기밥솥으로 바뀐 지 오래였다. 무쇠가마솥은 불 조절이 어려운 아궁이 불이라도 밥이 타지 않고 은근하게 뜸이 잘 들어서 밥맛이 유달리 좋았다. 밥을 다 퍼내고 바삭하게 눌은밥으로 숭늉을 끓이거나 누룽지로 그냥 먹어도 좋은 간식거리였다. 또 솥뚜껑을 뒤집어서 잔불에 별 것을 다했다. 가마솥은 느리고 불편하지만 깊은 맛이 배어나왔다.

대통령의 집은 산세와 조화를 이루도록 집터를 파내 일부러 지붕을 낮추고 외벽은 적삼목과 황토로 지었다. 정기용 선생이 설계를 했다. 홍준표 당시 한나라당 원내대표는 사저를 '노무현 아방궁'이라고 비난했지만 밖에서 보면 독립된 네 개 공간을 회랑으로 연결시켜 약간 커 보일 뿐 경호실과 비서실과 회의실 겸 서재 등 사무공간을 제외하면 정작 대통령의 사적인 전용공간은 침실과 거실, 주방과 사랑채뿐, 소박한 전원주택 수준이었다. 지하공간도 지열냉난방을 위해 기계실이 쓸데없이 넓었고 아들 딸 가족이 왔을 때 묵을 수 있는 방 두 개와 창고, 주차장이 대부분의 공간을 차지했다. 대통령은 평범한 시골집마저 거짓 선동하는 보수언론에 신물이 났지만 사실이 아니기 때문에 크게 괘념치 않았다.

대통령은 안마당 한편에 가마솥을 걸기 위해 두 개의 아궁이를 만들었다. 무쇠가마솥도 구했다. 가마솥은 처음에 길을 잘 들여야 한다고 했다. 무쇠솥은 늘 물을 쓰기에 자칫 녹이 슬고 쇳물이 배어나오기 쉬웠다. 무쇠가마솥을 길들일 때는 시간과 정성을 많이 들여야 한다. 꽤 까다로운 작업이라 경험 있는 사람이 제대로 해야 뒤탈이 없다고 했다. 어느 날 문재인 실장 내외가 대통령께 귀향인사차 왔다. 김정숙 여사가 "양산 집에도 가마솥을 걸었는데 마침 가마솥을 잘 다루는 전문가를 안다"고 해서 가마솥 길들이는 것을 맡기로 했다. 양산 댁도 가볼 겸 가마솥 운송 심부름은 내가 맡았다. 나는 김정숙 여사에게 무쇠솥 길들이는 비결을 물어보았다.

"무쇠가마솥은 처음부터 센 불에 달구면 안 돼요. 연탄불에 은근히

달구어서 콩기름이 무쇠에 깊이 배이도록 골고루 잘 문질러주어야
해요. 이런 과정을 하루 한 번씩 3일 동안 세 번을 하세요. 콩기름
이 무쇠에 제대로 배어들어 코팅이 되면 녹이 슬거나 쇳물이 우러
나오지 않아요."

이날 받아온 가마솥은 한동안 할 일 없이 사저의 아궁이에 얹혀 있다
가 봉하오리쌀 첫 수확에 맞춰 들밥 짓는 주인공으로 첫 개시를 하게
되었다. 대통령과 마을 주민들이 가마솥 오리쌀 햇밥에 돼지고깃국과
묵은 김치로 소박한 점심상을 받았다. 대통령이 마을 주민들에게 막
걸리를 한 잔씩 따랐다. 이장이 건배사를 청했다. 대통령은 막걸리 잔
을 들었다.

　　"봉하오리쌀을 위하여!"

대통령이 선창하고 주민들이 화답했다. 대통령의 건배사에는 깊은 감
회가 묻어났다. 그동안 말도 많고 탈도 많았던 친환경 오리농법, 그 첫
결실을 거두었다. 비로소 생태농업의 첫 걸음을 뗀 것이었다. 마을 주
민들도 해냈다는 자신감이 넘쳤다. 대통령은 마을 주민들이 권하는
막걸리 잔을 사양하지 않았다. 드물게 막걸리를 많이 마셨다. 봉하들
판에 와자지껄 웃음이 울려 퍼졌다. 막걸리도 금세 동이 났다.

대통령은 친환경 벼농사를 시작했을 때부터 '봉하오리쌀'이라는 독
자적인 브랜드로 판매하기를 원했다. 기껏 힘들게 친환경 농사를 지

어놓고는 나락으로 팔면 제값을 받을 수가 없었다. 나락의 시중시세가 뻔하고 친환경 나락이라고 비싸게 사주는 곳도 없었다. 농민들에게 높은 수입을 보장하려면 나락으로 파는 방식은 수지가 맞지 않았다. 어떻게든 직접 도정을 해서 우리 이름으로 쌀을 팔아야 조금이라도 부가가치를 높일 수 있었다.

봉하오리쌀 출시를 사전에 알리고 회원들의 관심과 참여도 유도할 겸 포장디자인을 공모했다. 봉하쌀 이름, 서체와 포장디자인을 영역별로 나누고 당선작에는 봉하쌀 한 가마씩을 상품으로 내걸었다. 디자인 심사위원회도 구성했다. 디자인 전문가와 마을이장, 작목반장, 부녀회장을 포함시키고 위원장은 대통령이 직접 맡았다. 그런데 포장디자인 심사과정에서 논란이 생겼다. 포장에 들어가는 대통령 캐릭터 때문이었다. 의견이 서로 갈렸다. 반대하는 심사위원들은 대통령 사진이나 캐릭터를 상업적으로 이용하면 대통령의 이미지가 훼손될 수 있다고 염려했다. 마을 주민 대표들은 입장이 또 달랐다. 사진이든 캐릭터든 대통령 얼굴이 들어가야 친환경 봉하오리쌀이 유명해지고 더 잘 팔릴 것이라는 의견이었다. 전체적으로는 반대의견에 가까운 신중론이 조금 더 많았다. 모두가 대통령의 얼굴만 쳐다보았다. 대통령은 마을 주민들 편이었다.

"그래, 아무리 친환경 농사를 잘 지으면 뭐하노? 잘 팔아야제. 팔리기만 한다면 내 얼굴도 팔아라. 정호 씨, 대신 조건이 있다. 내 얼굴과 이름을 걸고 파는 것은 좋아. 그러나 친환경 봉하쌀의 신뢰를

반드시 지켜라. 신뢰를 지킬 자신이 없다면 하지 마라. 반칙하지
못하게 현장에서부터 모든 과정을 철저히 관리해라."

대통령은 나에게 봉하쌀의 신뢰, 그 관리책임을 요구했다. 결론은 쉬
웠는데 조건이 천금보다 무겁고 까다로웠다. 이날 대통령의 말씀은
친환경 봉하쌀을 짓는 원칙이자 소명으로 내게 각인되었다.

친환경 농사 첫해, 봉하마을 2만 4천600평의 오리농법 단지에서 총 55톤의 벼를 수확했다.

추석이 지나면서 봉하들판도 점점 짙은 황금색으로 변해갔다. 벼이삭이 통통하게 여물었다. 고개를 숙인 누런 이삭들이 선선한 가을바람에 넘실넘실 춤을 췄다. 오리농법을 시작할 때만 해도 마을 주민들은 화학농약을 치지 않으면 병충해 피해가 많고 수확량도 관행농사보다 많이 줄어들 것이라고 지레 겁을 먹었다. 수확량이 줄어든 만큼 보상해줄 것도 요구했다. 대통령은 정부비축미 수매가보다 30퍼센트나 더 주고 농사를 망쳐도 일반 벼 수확량의 80퍼센트까지 책임지겠다고 약속을 했다. 천만다행으로 태풍 피해는 없었고 우려했던 병충해도 심하지 않았다. 풍작이었다. 관행농사와 비교해도 손색이 없었다. 마을 주민들도 언제 반대했냐는 듯 이 정도 작황이면 친환경 벼농사도 해볼 만하다고 호들갑을 떨었다. 이제는 오리쌀 수매가를 얼마나 쳐줄지, 수입은 얼마나 늘어날지 나름대로 주판알을 튕겨보는 눈치들이었다.

농사가 잘되었다고 나까지 마냥 좋아하고 있을 수는 없었다. 농사야 하늘이 돕고 농부들이 땀 흘린 덕분에 그럭저럭 해냈지만 수확 후 쌀 도정은 어찌하고 판매는 또 어찌할 것인가. 포장과 택배는? 하나같이 처음 해보는 일이 줄지어 기다리고 있었다. 보관창고도 없는 조건에서 후속 대책수립에 밤잠을 설쳤다. 다행히 도정은 한림농협 RPC(미곡종합처리장)에서 맡아주기로 했다. 대통령 덕분이었다. 누가 자기가 수매한 쌀 건조와 도정도 바쁜데 남의 쌀 도정에 방앗간을 빌려주겠는가? 특히나 친환경 나락은 일반 나락이 섞이지 않도록 건조도 따로 해야 하고 저장과 도정도 구분해야 했다. 여러모로 번거롭고 귀찮은 일이었다. 친환경 쌀과 일반 쌀이 섞이지 않게 하루 전날 자기 쌀 도정을 중단하고 공정 중에 남겨진 나락과 쌀이 없도록 도정기계와 이송라인 전체를 청소까지 해야 했다. 고마운 일이었다.

봉하마을 2만 4천600평의 오리농법 단지에서 총 55톤의 벼를 수확했다. 하루에 10톤씩 건조하고 바로 도정한 후 즉시 포장, 다음 날 택배까지 물 흐르듯이 처리했다. 택배포장은 진영농협 주부클럽 회원들과 자원봉사자들이 도와주었다. 주로 택배용 종이상자에 1킬로그램들이 오리쌀 세 봉지씩을 넣고 테이프와 주소 라벨 스티커를 부착하는 일이었다. 단순한 작업이지만 수량이 많아서 시간이 꽤 걸렸다. 다들 대통령 대신 포장한다는 자부심을 가지고 내 일처럼 열심히 했다. 끝이 보였다. 나는 도정과 포장, 택배에 5일, 마무리까지 7일 동안 한림농협 RPC에 꼬박 매달렸다. 한 해 농사가 드디어 끝났다.

봉하쌀 수확을 앞두고 일찍부터 대통령 홈페이지 '사람사는세상'을 통해 인터넷으로 사전예약 신청을 받았다. 예상되는 나락 수확량이 대략 55톤, 쌀로 도정하면 40톤이었다. 3킬로그램 택배박스로 대략 1만 3천 개 정도 되었다. 생산량이 적어서 가급적 많은 회원들이 맛이라도 볼 수 있도록 1인당 3킬로그램씩 한정판매하기로 했다. 인터넷으로 1만 박스를 판매하고 나머지 3천 박스는 방문객들에게 선착순으로 현장판매하기로 했다. 책 속에서만 보았던 '입도선매'(立稻先賣)였다. 인터넷 예약주문이 폭발적이었다. 3일 만에 1만 명, 1주일 만에 2만 명이 넘쳐났다. 즐거운 비명이 절로 터졌다. 말 그대로 대박이었다.

오히려 인터넷 주문자 중에서 1만 명을 줄이는 것이 문제였다. 사저 앞 광장에서 경찰관 입회하에 공개추첨을 했다. 인터넷 구매를 못한 분들이 봉하마을로 몰려들었다. 현장판매도 장사진을 이루었다. 단지 봉하오리쌀 3킬로그램을 사려고 길게 줄을 서서 순서를 기다리는 모습이 고맙고 아름다운 풍경이었다.

2008년 친환경 봉하오리쌀 판매가는 1킬로그램 한 봉지에 5천 원이었다. 시중 쌀값에 비해 비쌌다. 대통령은 어렵게 친환경 오리농법의 첫걸음을 뗀 농부들에게 격려와 응원을 위한 성금으로 여기고 조금 비싸지만 봉하오리쌀을 사달라고 부탁을 했다. 대통령의 꿈은 쌀값을 더 쳐주더라도 앞으로 유기농으로 농사를 지어 땅과 물을 살리고 생명과 환경을 살리는 생태농업을 제대로 하는 것이었다. 우리 아이들이 그 자연생태계에서 좀 더 다양하게 체험하면서 자랄 수 있길 간절하게 바랐다. 대통령은 봉하마을 방문객들에게 봉하오리쌀을 자랑하고 도움도 청했다.

"왜 오리쌀이냐, 봉하 농민들은 다른 곳보다 30퍼센트 쌀값을 더 받습니다. 왜냐하면 오리농법이 농약 쳐서 하는 것보다 일손이 좀 많이 들지요. 다행히 올해는 농사가 잘 됐습니다만, 경우에 따라서는 병이 나도 화학농약을 못 치고, 유기농약만 써야 하거든요. 그거는 벌레가 잘 죽지도 않아요. 까딱 잘못하면 농사를 망칠 수도 있습니다. 그렇게 첫째는 위험부담이 있고, 둘째로는 일손이 많이 듭니다. 일손이 많이 드니까 안 할라 그래요. 30퍼센트 더 준다 해도. 그래서 사정사정해 올해 농사를 잘 지었습니다. 다행히 올해 장마가 길지 않고 날씨가 아주 덥고 건조해가지고 나락이 엄청 잘 됐어요.

관행 농법, 일반 벼가 한 7퍼센트 증산이 됐고, 우리 오리농법은 6 퍼센트 증산이 됐으니까, 그건 통계상의 오차 포함하면 똑같은 셈 입니다. 완전히 재미 본 거지요. 근데 여기서 시중 시세의 30퍼센 트를 더 받는다, 이게 농민들의 뜻입니다. 제 꿈은요, 우리 눈에는 산이 푸르니까 푸른가 보다, 들이 푸르니까 푸른가 보다, 물이 흐 르니까 뭐 흐르는가 보다 이러지만, 지난날 제 어린 시절과 비교 해보면 우리나라의 논이 굉장히 황폐해졌습니다. 생태계 다양성 도 빈약합니다. 그래서 땅을 되살리자는 거예요. 그런데 요새는 농 약 기술이 좋아가지고요, 농약을 쳐도 나중에 검사하면 잔류농약 이 검출되지 않아요. 운이 나쁘게 추수에 임박해서 버멸구가 오거 나 병이 오면 그때 친 약은 검출이 되지요. 그런데 그것도 현미를 싹 갈아내버리면 알 수 없어요. 그러니 결과만 놓고 농약 없는 쌀 이 좋은 쌀이다 이거는 별 의미가 없습니다. 농약이 검출되지 않았 다는 것, 또는 적합 판정을 받았다는 것으로는 좋은 쌀이라고 말하 기 어렵지요.

살아 있는 땅에서 생산된 쌀이라야 그게 좋은 쌀이죠. 영양도 풍 부하고요. 그걸 유기농 쌀이라고 해요. 올해는 친환경 첫해이기 때 문에 저농약 수준이지만 두 해 세 해 넘어가면서 한 4~5년 지나면 땅이 되살아날 겁니다. 들에 가면 여기저기 메뚜기가 푸르륵 날아다니는 걸 볼 수 있어요. 그때쯤 돼야 유기농 쌀로 대접을 받게 됩니다. 농약을 안 치는 것 말고 몇 가지 더 노력해야 해요. 퇴비도 넣고 지력을 살리는 작업을 해야 합니다. 힘들더라도 그렇게 해서 생태계를 살리는 게 저의 목표입니다. 농민들의 목표는 더 받는 거고, 저의 목표는 생태계를 아름답게 만들어놓고, 우리 아이들이 자연을 좀 더 다양하게 학습하면서 자랄 수 있게 하는 거죠. 좋지 않겠어요? 똑같은 자연이지만 좀 더 건강하고 다양하면 얼마나 좋아요.

농민들의 마음도 달라질 거예요. 지금이야 친환경 농사지어서 쌀값을 더 많이 받는 거에 기뻐하고 자랑하겠지만, 앞으로는 '야, 인마 내가 짓는 쌀은 그냥 우리 손자한테 바로 먹인다'고 긍지와 자부심으로 자랑하고 다니면 좋겠어요. 괜찮죠? 옛날엔 손자한테 보낼 쌀농사 따로 짓고 팔아먹을 쌀농사 따로 지었거든요. 봉하도 그랬습니다. 앞으로는 농사짓는 사람들이 내 고객을 위해서, 도시에서 내 쌀을 먹는 사람들을 위해서, 나는 생명의 기가 충만한 쌀을 생산한다. 이렇게 막 침 튀기면서 역설하는 모습을 보고 싶어요. '마 느그 아무 쌀이면 다 같은 쌀인 줄 알아? 우리 쌀은 달라!' 이런 농민이 됐을 때 그게 바로 서로 믿고 사는 사회 아니겠습니까? 농민들의 마음을 완전히 상업적으로 바꾸어버린 것은 그동안에 우리가 너무 빨리 앞서가려고만 했던 시장경제의 질서 때문입니다.

그래서 오리쌀을 시작한 겁니다. 오리쌀이 그냥 단순하게 농약 없

대통령은 처음부터 봉하쌀 판매를 도시·농촌 간 온라인 직거래로 하자고 했다. 우리라도 거대 유통기업에 의존하지 말고 소비자와 생산자를 바로 연결해 유통비용은 줄이고, 그 수익을 생산자와 나누자고 했다. 봉하쌀 수매가는 농협 RPC에서 수매하는 일반 수매가보다 무려 43퍼센트나 더 높았다. 그만큼 농민들의 수입도 늘어났다. 걱정과 달리 수확량이 줄지도 않았고 비싸게 수매까지 해주니 친환경 오리농법에 참여하지 않았던 인근마을 농민들까지 벌써부터 너도나도 참여하겠다고 줄을 섰다. 봉하오리쌀은 수확도 하기 전에 비싼 값에 완판이었다. 내년 농사를 시작하기도 전에 벌써 친환경 봉하들판 전체로 확대되었다. 여러모로 풍년이었다. 대통령의 첫해 친환경 벼농사는 대성공이었다. 이번 싸움은 모처럼 이긴 싸움이었다.

12

웅덩이와 무논, 자연농업 自然農業

봉하들판을 둘러보면 여기저기 웅덩이가 있다. 대통령은 귀향하자마자 수(水)생태계를 되살리자는 뚜렷한 목적을 갖고 웅덩이와 연못을 조성했다. 옛날부터 물이 솟아나는 샘과 웅덩이가 있었던 800여 평의 연밭부터 아예 연못으로 바꾸었다. 겨울부터 이듬해 봄까지 1천200여 평을 더 넓혔다. 생태연못 주변에는 산책로를 만들고 회원들이 기증한 야생화와 나무들을 심었다. 새로 확대 조성한 생태연못에는 돌로 징검다리를 놓고, 화포천에서 베어버리려던 선버들나무를 구해와 심었다. 화포천에 자생하는 석창포도 뿌리를 옮겨 심었다. 점차 병아리 같은 유치원 아이들의 웃음꽃이 피어나는 자연생태학습장이 되었다. 나에게는 논일을 하고 '사람사는세상' 정자에서 새참을 얻어먹고 잠시 누우면 들판에서 불어오는 바람에 절로 낮잠에 빠져드는 달콤한 쉼터였다. 바람결에 볏잎이 맞닿아 사각거리는 소리는 마치 물결치는 소리였고 화포천을 가로질러 간간이 지나가는 경전선 기차 소리는 물살을 가르며 지나가는 발동기 소리였다.

봉화산 자락이 흘러내리다 논을 만나는 지점에 큰 바위 세 개가 삼형제처럼 나란히 서 있다. 바위를 끼고 돌아 나가는 논도랑은 겨울에도 물이 마르지 않는 곳이라 예전부터 미꾸라지가 많았다고 했다. '사람사는세상' 정자 밑에도 바위를 에워싸듯 웅덩이를 파고 생태연못과 물길을 연결시켰다. 웅덩이는 논과 논도랑, 수로로 연결되는 물길 중간에서 터미널 역할을 한다. 다양한 물속 곤충, 어류 등이 논에 살다가 논물을 뺄 무렵 물길을 따라 웅덩이로 흘러들었다. 이때 웅덩이는 긴급 대피소인 셈이다. 겨울이라도 물이 깊어 속까지 얼지 않으니 추위를 이겨내는 월동지였다. 봄이 오고 다시 논물을 대면 겨우내 웅덩이에 머물던 생물들이 다시 논으로 들어가 알을 낳고 새끼를 키운다. 웅덩이는 생명체의 작은 보금자리이다.

옛날에는 논에 물 대는 것이 여간 큰일이 아니었다. 그래서 논 주변에 물이 솟는 곳은 웅덩이를 파서 물을 모아두고, 필요할 때 논에 물을 댈 수 있도록 대비했다. 늘 물이 차 있으니 다양한 물속 곤충, 어류들이 사시사철 번식하고 살았다. 이 웅덩이들이 하나둘 자취를 감추게 된 것은 언제든 농업용수를 댈 수 있도록 관개수로를 만들고 양수기가 보급되면서 부터였다. 물을 대기는 쉬워졌지만 다양한 생물들의 서식처이자 수생태계의 보고였던 웅덩이는 점차 메워졌다. 웅덩이가 사라지니 다양한 수중생물들도 줄어들었다.

예전에 봄철이면 물길 따라 다양한 물고기들이 바다에서 강으로, 하류에서 상류의 지천으로 거슬러 올라왔다. 따뜻하고 먹이가 많은 얕은 물에 산란을 하고 그 새끼들이 여름 내내 논이나 웅덩이에서 자라다가 가을이 되면 다시 물을 따라 지천에서 강으로, 바다로 내려가곤 했다. 그러나 농업용수와 배수의 편리를 위해 수로를 콘크리트 관으로 교체하고 보와 댐을 만들고, 물의 흐름을 인위적으로 조절하게 되면서 물고기들의 길이 가로막혔다. 다양한 생물들의 순조로운 순환도 차단되었다. 농부들의 편의를 위한 관개수로가 생물들에게는 커다란 장애물이 되었다.

대통령은 이렇게 수생생물들의 이동로인 물길을 잇고 웅덩이를 파서 이들에게 피난처와 월동지를 되돌려주려 했다. 물속 생태계의 순환 고리가 이어지면 자연생태계도 복원되리라. 그러나 웅덩이를 되살리는 작업은 간단치 않았다. 누구나 그렇지만 논의 형상을 바꾸는 데 논 주인들이 선뜻 동의하지 않았다. 설득을 거듭해서 원상복구를 조건부로 매년 평당 3천 원씩 임차료를 주기로 하고 겨우 동의를 받아냈다. 굴착기 작업비도 만만치 않았다. 한참 뒤의 일이지만, 대통령께 건의해서 생태웅덩이를 지속적으로 조성하고 다양한 작업을 하기 위해 아예 중고 굴착기 한 대를 구입했다.

논에 화학 살충제, 살균제를 치지 않아 수질을 개선하고 연못, 웅덩이를 파서 수생생물들의 피난처, 월동지를 만들어주니 얼마 지나지 않아 물속 곤충과 어류들이 다양해지고 그 수도 늘었다. 논과 논도랑에

생태연못과 무논을 조성하니 물고기와 수생생물들이 되살아나고 온갖 철새들이 봉하들판으로 돌아오기 시작했다.

서는 다양한 물속 곤충과 물고기 새끼들을 관찰할 수 있었다. 들판에도 다양한 생물들이 빠르게 늘어났다.

어느새 겨울의 문턱을 넘고 있었다. 수확을 끝내 황량해진 봉하들판에 봄도 아닌데 물이 가득 담겼다. 겨울철새들의 먹이터와 쉼터를 위해 만든 겨울철 무논이다. 비록 임시지만, 서식 환경을 조성해주니 많을 때는 1만여 마리의 청둥오리와 흰뺨검둥오리들이 화포천과 봉하들판을 왔다 갔다 하며 겨우살이를 했다. 물이 필요 없는 쇠기러기나 큰기러기들은 화포천 주변의 보리밭과 봉하들판에서 먹이활동을 했다.

봉하마을에 예기치 않은 겨울 한파가 몰아치기 시작했다. 12월 5일,

대통령은 따뜻한 봄날 다시 인사드리겠다며 마지막 방문객 인사를 했다. 그날처럼 대통령의 뒷모습이 외롭고 쓸쓸해 보인 적이 없다. 산문을 걸어 잠그고 동안거에 들어가는 수도승처럼, 겨우내 대통령은 사저에서 나오지 않았다. 대통령은 스스로 마음의 문을 닫았다. 사저는 늘 무거운 침묵이 흘렀다. 아침 회의를 안 한 지도 꽤 되었다. 대통령 얼굴 뵙기도 점점 어려워졌다. 나는 그럴수록 대통령께 힘을 주기 위해 뭔가를 벌였다.

겨울철 무논 조성 효과는 이른 봄에도 계속되었다. 얼음이 녹기 시작하면서 두꺼비와 개구리들이 얕은 물이 있는 논에 일찍부터 산란을 했고 이전보다 훨씬 많은 올챙이들이 번식했다. 일찍부터 논에 물을 대면 야생 오리들이 잡초씨앗을 먹어주어 봄여름 잡초 걱정을 줄일 수 있다. 그동안 화학비료에 든 질소 성분이 쌓이면서 늘어난 흙속의 염분도 낮춰주었다. 마을 주민들의 적극적인 참여를 유도하기 위해 김해시와 환경부에 요청해 '생물종 다양성 계약제도'를 확대했다. 무논을 조성하면 일종의 지원금을 주는 제도다. 주위 경관도 아름답게 하고 녹비작물로 좋은 자운영, 보리, 호밀도 심었다. 경관직불금은 농가소득에 조금이나마 보탬이 되었다.

봉하들판이 변했다. 자연의 복원력이 경이로웠다. 그저 욕심을 줄여 친환경 농사를 짓고 자연의 순환을 교란하지 않는 것만으로도 생태계는 빠르게 되살아났다. 화학농약을 사용하지 않고 물이 솟아나는 들판 가장자리에 웅덩이를 파서 물길을 이어주니 물고기와 물속 곤충들의 천국이 되었다. 겨울철에도 논에 물을 담아 무논을 조성해주니 봉하들판을 오가는 청둥오리들이 떼로 몰려들었다. 경관작물로 호밀과 보리를 심어 먹이까지 제공하니 황량했던 겨울철 들판에 생명력이 넘치고 철새들의 낙원이 되었다. 자연과 사람이 공존하는 아름답고 훈훈한 풍경이었다.

봉하들판에 어김없이 봄이 찾아들었다. 그러나 대통령에게는 따뜻한 봄날이 오지 않았다. 나는 한 해 농사를 새롭게 준비했다. 첫해는 벼농사일을 겨우 따라하면서 일머리를 보고 배우기에 급급했다. 밤이면 그날 한 일을 되돌아보면서 영농일기를 쓰고, 마을 주민들과 나눈 대화 중에 알아듣지 못한 내용을 이리저리 찾아보았다. 그야말로 주경야독(晝耕夜讀)이었다. 낮에는 현장체험을 주로 하고 밤에는 복습 위주로 공부했다. 두 번째 농사는 무작정 부닥치기보다 예습 위주로 공부하면서 시행착오를 줄여야 했다. 그동안 대통령에게 배운 친환경 생태농업의 관점을 분명히 하고 이론을 공부하면서 현장에 필요한 실무적인 재배기술과 방법을 터득해나갔다. 진짜 농부는 농한기에도 쉬지 않고 오히려 이듬해 농사를 대비해서 부지런히 준비한다고 했다. 봉하의 겨울은 농한기가 없었다. 친환경 생태농업을 보다 과학적, 체계적으로 추진하기 위한 준비에 박차를 가했다. 특히 핵심역량을 강화시키고자 하는 교육프로그램을 빡빡하게 짰다.

2008년 가을. 봉하오리쌀 추수가 끝나갈 무렵 대통령이 내게 숙제를 주었다. 지역 TV방송에서 경남 고성군의 생명환경농업 사례를 시청하고 곧바로 현장견학을 지시했다. 봉하마을에 적용할 방안을 알아보라는 것이었다. 봉하마을도 단순히 오리농법의 수준을 뛰어넘어 친환경 생태농업으로 발전하기 위해서는 보다 체계적인 이론과 기술적인 방법으로 무장을 갖춰야 했다. 고성군의 생명환경농업을 지도하는 '자연농업연구원'의 조한규 원장을 만나 자문을 요청했다. 직원들과 함께 충북 괴산에 있는 연수원에서 4박5일간 교육도 받았다. 자연농업의 원리와 방법에 대한 이론 강의를 듣고 천연영양액비 제조법을 실습도 했다.

자연농업 방식을 봉하에 적용하기 위해 3월부터 본격적으로 작목반 회원교육을 실시했다. 조한규 원장을 초청해 자연농업의 기본원리와 방법론을 배웠다. 대부분의 작목반원들은 이미 벼농사를 30~40년씩 지어온 터라 나름 벼농사에 대해 전문가라고 자부하는 분들인데도 세 시간이 넘는 강의에 푹 빠져들었다. 지금까지 해온 관행농업과는 다른 새로운 자연농업(自然農業)에 대해 진지하게 경청하고 또 솔직하게 질문하면서 공부에 열중했다. 봉하 생태농업의 미래가 밝아 보였다.

오리농법 특강도 실시했다. 첫해에는 면적도 적었고 처음이라 수박 겉핥기식이었지만 이번에는 면적이 5만 평으로 두 배가 되었다. 사전 교육과 체계적인 준비가 필요했다. 마침 오리농법을 창시한 일본의 후루노 박사가 '퇴임 대통령이 오리농법을 하신다'는 소식을 듣고 한국 방문길에 봉하에 들렀다. 감사 인사와 함께 자기의 경험과 노하우를 전수해주겠다고 했다. 먼저 마을회관에서 오리농법 회원들을 대상으로 특별강의를 해주었다. 오리농법의 역사와 특징, 장점과 요령을 자신의 사례를 들어 설명했다. 강의 후 대통령과 특별대담도 했다. 친환경 오리농법을 매개로 한·일간 민간차원의 소박한 외교가 전개되었다. 동행한 일본 아사히신문 농업담당 기자가 농부가 된 대통령과 봉하마을 친환경 오리농법을 취재했다.

친환경 농사 첫해에는 아무런 준비가 없어서 영양액비나 생물농약 등 친환경 농자재를 모두 구입해서 쓸 수밖에 없었다. 김해시농업기술센터의 지원이 없었다면 친환경 작목반 회원들의 부담만으로 친환경 농약을 구입해 쓰기 어려웠을 것이다. 2009년부터 영농비용을 절감하기 위해 생물액비를 직접 만들기로 했다. 비닐하우스로 미생물배양센터를 세웠다. 조한규 원장을 초빙해 토착미생물 채취와 배양법, 한방영양제, 천혜녹즙 만들기, 친환경 육묘 상토 만들기와 친환경 종자소독, 종자기반 조성액 만들기 방법을 배우고 실습을 했다.

자연농업은 농작물을 튼튼하게 하고 병충해에 강하게 키우려면 화학비료 대신 퇴비와 다양한 천연영양액비를 뿌려주었다. 오리농법 5만 평을 포함해서 전체 면적이 24만 평으로 늘어났다. 친환경 논을 감당하려면 인력으로는 어림도 없어 광역방제기를 구입하기로 했다. 봉하마을에도 점점 노인이 늘어나고 일할 사람이 줄어들고 있었다. 공동방제를 통해 부족한 일손을 해결하고자 했다. 다양한 천연영양액비와 천연농약 살포에 탁월한 성능을 보여 영농비와 노동력을 절감할 수 있는 필수장비였다.

겨울에서 이른 봄까지 친환경 농업의 과학적인 원리와 실무적인 방법론을 배우고 익혔다. 그냥 쉬어가는 농한기가 아니었다. 농사를 시작하기 전에 새로운 기술과 장비를 준비했다. 지난해에는 모든 농사일이 처음인지라 요령을 배우는 데 급급했었다. 새해부터는 친환경 농사에 대한 새로운 기술과 방법을 사전에 공부하고 첨단장비까지 갖춰갔다. 친환경 생태농업을 추진하는 데 강력한 터보엔진을 장착하게 된 것이다. 도전 의지도 더욱 충전되었다. 두 번째 친환경 벼농사가 기다려졌다.

3부

순명 順命

– 살아 있는 물고기는 물을 거슬러 헤엄치고
큰 새는 바람을 거슬러 난다

生魚逆水永 大鵬逆風飛

13

봉하 이지원e智園

2008년, 이명박 정권이 출범하자마자 광우병 파동이 일면서 미국산 (産) 소고기 수입반대 시위가 들불처럼 번졌다. 이명박 정권은 촛불시위를 약화시키고 국면전환을 위해 희생양을 찾았다. 하이에나 같은 보수언론에게 새로운 먹잇감을 던져주었다. '청와대 이지원(e智園)과 대통령기록물 유출조작' 사건이 바로 그것이었다. 전직 대통령과 그 친인척, 측근들에 대한 세무조사와 검찰수사가 이어졌다. 빠지지 않는 상투적인 수법이었다. 그러나 노무현 전 대통령에 대한 이명박 정권의 공세는 단순히 차별화 전략이나 국면전환용이 아니었다. 정권퇴진을 요구하는 촛불시위의 배후로 노무현 대통령과 참여정부를 지목했다. 이명박 정권의 국정 지지율은 7퍼센트까지 떨어진 반면 퇴임 대통령의 고향, 봉하마을에는 전국에서 구름 떼처럼 방문객이 몰려들고 있었다. 시기와 증오심에 눈이 먼 이명박 대통령은 퇴임 후 농사짓는 대통령을 정적(政敵)으로 부활시켰다.

돌이켜보면 2007년 초부터 노무현 대통령의 임기 마지막까지 청와대 비서들은 듣도 보도 못한 홍역을 치렀다. 대통령은 재임기간 심혈을 기울여 청와대 업무관리시스템과 문서관리시스템을 개발해왔다. 이를 기반으로 대통령기록물 관리를 체계화하기 위해 대통령기록물관리법을 제정하고 대통령기록관을 건립했다. 5년 동안 만들어진 대통령 관련 모든 기록물, 전자기록물까지 수집하고 정리하는 일은 실제 겪어보지 않은 사람은 상상하기조차 어려울 만큼 방대했다. 모든 비서관과 행정관들이 몇 달 동안 기록물을 분류하고 이관준비에 매달렸다.

2007년 12월 19일, 17대 대통령 선거가 끝나고 야당으로 정권교체가 확정되자 대통령 비서실은 사실상 개점휴업상태가 되었다. 참여정부 이전 대통령비서실에서는 정권말기가 되면 인수인계 준비 외에 특별히 할 일이 없었다. 그러나 참여정부는 달랐다. 대통령기록물 이관작업이라는 엄청난 일이 벌어지고 있었다. 대통령기록관이 완공되고 임상경 기록관리비서관이 대통령기록관 관장으로 발령이 났다. 내가 그의 후임으로 대통령기록물관리비서관에 임명되었다. 정식으로 인사발령이 나기 전부터 막바지 대통령기록물 이관작업에 뛰어들었다. 대통령은 역사의 소용돌이가 자신을 피해가지 않았다고 했지만 나 또한 어디가나 일복이 따라붙는 팔자였다.

역대 대통령들은 가능한 이관 기록을 최소화하려 했으나 노무현 대통령은 그와 정반대였다. 다음 정권에 의해 정치적으로 악용될 우려가 있음에도 불구하고 후대에 역사적 평가와 교훈을 삼을 수 있도록 실패한 정책마저 모두 기록물로 남겼다. 825만 건이나 되는 각종 기록물을 수집, 분류해서 대통령기록관에 모두 이관시켰다. 건국 이래 역대 대통령기록물을 모두 합친 33만여 건보다 무려 25배가 많았다. 수량만 많은 것이 아니었다. 아날로그 종이기록물마저 모두 디지털 전자기록으로 전환시켜 이지원 시스템에서 쉽게 검색할 수 있었다. 무엇보다 모든 국정 현안에 대한 의사결정 과정을 모두 기록물로 보존, 이관했다. 이전 정부와 비교할 수 없을 만큼 국가정책에 대한 사료가치가 훨씬 높았다.

그런데 이명박 정권은 노무현 대통령이 청와대 이지원 시스템과 대통령기록물을 봉하마을 사저로 빼돌렸다고 터무니없는 주장을 펴기 시작했다. 심지어 이지원 시스템을 통해 현재의 청와대를 들여다보려 한다는 억지 주장까지 했다. 정치적 비난과 공격이 집요하게 자행되었다.

땡볕이 내리쬐는 7월이었다. 김영호 행정안전부 1차관과 정진철 국가기록원장이 봉하마을 사저를 방문했다. 대통령 재임 중 기록의 열람권 보장에 대해 협의하고 사저에 설치되어 있는 봉하 이지원 시스템 운용현장을 확인했다. 대통령은 실무회의에 참석했고 문재인 전 비서실장은 물론 김경수 비서관과 나도 배석했다. 대통령은 국가기록원이 그동안 제기한 의혹과 쟁점에 대해 하나씩 따져 물었다.

"청와대는 내가 보기에 정치적 입장을 갖고 있는 것 같다. 공식적으로 말하지 않고 앞으로 대화를 하면서 뒤로는 흘리고 있다. 사료 유출이라고 하는 것은 악의적인 표현이다. 열람권을 가진 전직 대통령이 자기 기록을 갖고 있는 것이 어떻게 유출인가?"

"청와대는 우리가 기록관으로 넘겨야 할 기록을 넘겨주지 않고 가져온 걸로 의심하는 모양인데, 국가기록원도 그렇게 생각하는가? 그렇다면 확인하고 가라. 확인하는 데 필요한 것은 무엇이든지 협조하겠다. 확인하고 이 문제는 깨끗이 정리해주고 가라. 기록관으로 넘겨야 할 기록을 안 주고 가져온 것처럼 말하는 것은 나를 모욕하는 것이다."

"나보고 성남까지 와서 열람하라는 것은 기록을 보지 말라는 말이다. 국정경험을 정리하고 글을 쓰면서 필요할 때마다 성남의 대통령기록관으로 가서 기록을 보라는 것은 보지 말라는 얘기 아닌가?"

"정보통신 환경과 보안 기술의 범위 안에서, 사지에서 열람하는 것은 너무나 당연한 것이다. 대한민국 정부가 그 정도의 기술적 서비스와 비용 부담을 감당할 수 없을 만큼 취약한 정부라고 생각하지 않는다. 해킹 우려 운운하는데 군사통신도 KT 전용선으로 하고 있지 않은가?"

"기술적으로 전용선을 통해 열람서비스를 제공하고 철저한 보안 대책을 세워주든지 아니면 사저의 이지원 시스템을 국가기록원이 맡아서 보안 관리를 하면서 열람서비스를 제공해주는 방안도 검토 가능할 것이다."

"사저에서 열람할 수 있는 열람 제공 방법에 대한 확실한 대책과 방안만 제시되면 이지원 기록은 바로 반환하겠다. 국가기록원이 오늘은 열람서비스에 대한 방안을 가지오지 않았는데 다음에는 구체적인 방안을 꼭 가지고 와라."

노무현 대통령은 전임 대통령의 기록물 열람권 보장을 요구하며 대화로 해결해보려 했으나 도무지 대화 자체가 안 되었다. 오히려 국가기록원은 7월 18일까지 대통령기록물 복사본을 반납하라고 최후통첩을 했다. 그것은 봉하마을 사저를 압수수색 하겠다는 예고편이었다. 고심하던 대통령은 이지원 시스템과 기록물 복사본을 모두 반환하기로 결정했다. 대통령이 굴욕적으로 반납을 선택한 것은 저들의 거짓 공세에 더 이상 빌미를 주지 않기 위해서였다. 나와 김경수 비서관은 이지원 시스템이 담긴 열네 개의 외장하드와 기록물 사본이 담긴 열네 개의 외장하드를 두 개의 서류가방에 나누어 챙겼다. 우리는 취재기자들의 플래시 불빛을 받으며 대통령기록관으로 당당하게 걸어 들어갔다. 그러나 이명박 정권은 공격의 고삐를 늦추지 않았다. 이번에는 대통령 사저에 있는 서버를 반환해야 한다고 억지 주장을 했다.

봉하마을 사저에 구축했던 대통령기록물 사본 열람 시스템은 크게 세부분으로 구성되어 있었다. 첫째는 서버 등 '하드웨어 시스템'이고, 둘째는 대통령기록물을 열람하기 위한 소프트웨어 '이지원 시스템'이었다. 셋째는 대통령기록물의 '데이터 복사본'이었다. 대통령은 이미 이지원 시스템과 대통령기록물 데이터 복사본이 담긴 '하드디스크'와 '백업용 하드디스크' 일체를 대통령기록관에 직접 반환했다. 그럼에도 불구하고 이명박 정권과 국가기록원은 남은 서버 등 하드웨어 시스템마저 반납하라고 요구했다. 그러나 하드웨어 시스템은 대통령이 사비를 들여 구입한 개인사유물이었다. 국가기록원이 개인의 사유물을 근거 없이 반납하라는 것은 명백한 월권행위였다.

전직 대통령의 열람권 보장은 지정기록물 제도와 함께 대통령기록물 제도의 중요한 두 축이다. 열람권이 보장되지 않는다면 모든 기록물을 빠짐없이 기록관에 남기려 하지 않을 것이다. 노 대통령은 재임 중, '대통령기록물관리법'에 명시된 전직 대통령의 열람권을 보장받기 위해 봉하마을 사저에서 온라인으로 대통령기록관의 이지원 시스템에 접속할 수 있도록 해줄 것을 요청했다. 대통령기록관은 온라인으로 열람할 수 있는 시스템을 당장 구축하기 어렵다는 사정을 전해왔다. 그래서 대통령은 봉하마을 사저에 임시로 이지원 시스템을 구축해줄 것을 요청했다. 그러나 행정자치부는 시스템 구축예산 확보가 어렵다고 했고, 노 대통령은 어쩔 수 없이 개인 비용을 들여 임시 시스템을 갖추게 된 것이다.

퇴임 이후 노 대통령은 이명박 대통령에게 직접 전화를 걸어 이러한 사정을 설명하기도 했다. 그러나 이명박 정권은 뒤늦게 이를 문제 삼 았고 노 대통령은 2008년 7월, 대통령기록관에 이지원 시스템과 기록 물 사본을 반납했다. 그럼에도 불구하고 이명박 정권은 대통령 사료 유출이라고 몰아붙였다. 반납하지 않으면 봉하마을 사저를 압수수색 하겠다고 최후통첩까지 보냈다. 봉하 이지원은 애당초 정치보복의 꼬 투리였을 뿐이었다. 때맞춰 국가기록원이 퇴직한 비서관과 행정관 일 고여덟 명을 고발하겠다고 언론플레이를 했다. 이명박 정권이 기록물 유출사건에 대해 검찰수사를 지시했다.

대통령은 이명박 대통령에게 편지를 썼다. 자존심을 굽히고 기록물 유출은 대통령이 지시해서 생겨난 일이니 자신에게 책임을 묻고, 힘 없는 실무자들을 희생양으로 삼지 말라고 요청했다. 굴욕적이었지만 이지원 시스템과 대통령기록물 사본도 국가기록원에 반환한다고 밝 혔다.

이명박 대통령님.

기록 사본은 돌려드리겠습니다. 사리를 가지고 다투어보고 싶었습 니다. 법리를 가지고 다투어볼 여지도 있다고 생각했습니다.
열람권을 보장받기 위하여 협상이라도 해보고 싶었습니다.
그래서 버티었습니다.
모두 나의 지시로 비롯된 일이니 설사 법적 절차에 들어가더라도
내가 감당하면 될 것이라고 생각했습니다.

그런데 이미 퇴직한 비서관, 행정관 7~8명을 고발하겠다고 하는 마당이니 내가 어떻게 더 버티겠습니까?
내 지시를 따랐던, 힘없는 사람들이 어떤 고초를 당할지 알 수 없는 마당이니 더 버틸 수가 없습니다.

이명박 대통령님, 모두 내가 지시해서 생겨난 일입니다.
나에게 책임을 묻되, 힘없는 실무자들을 희생양으로 삼는 일은 없도록 해주시기 바랍니다.
기록은 국가기록원에 돌려드리겠습니다.
"전직 대통령을 예우하는 문화 하나만큼은 전통을 확실히 세우겠다."
이명박 대통령 스스로 먼저 꺼낸 말입니다.
내가 무슨 말을 한 끝에 답으로 한 말이 아닙니다.
한 번도 아니고 만날 때마다, 전화할 때마다 거듭 다짐으로 말했습니다.
그 말을 듣는 순간에는 자존심이 좀 상하기도 했으나
진심으로 받아들이면서 "감사하다"고 말씀드렸습니다.
그리고 은근히 기대를 하기도 했습니다.
그 말씀을 믿고 저번에 전화를 드렸습니다.
"보도를 보고 비로소 알았다"고 했습니다.
이때도 전직 대통령 문화를 말했습니다.
그리고 부속실장을 통해 연락을 주겠다고 했습니다.
그래서 선처를 기다렸습니다.

그러나 한참을 기다려도 연락이 없어서 다시 전화를 드렸습니다.

이번에도 연결이 되지 않았습니다.

몇 차례를 미루고 미루고 하더니 결국 '담당 수석이 설명드릴 것이다'라는 부속실장의 전갈만 받았습니다.

우리 쪽 수석비서관을 했던 사람이 담당 수석과 여러 차례 통화를 시도해보았지만 역시 통화가 되지 않았습니다.

지금도 내가 처한 상황을 믿을 수가 없습니다.

"전직 대통령을 내가 잘 모시겠다."

이 말이 아직도 귀에 생생한 만큼 지금의 궁색한 내 처지가 도저히 실감이 나지 않습니다.

내가 오해한 것 같습니다.

이명박 대통령을 오해해도 크게 오해한 것 같습니다.

이명박 대통령님.

가다듬고 다시 말씀드리겠습니다. 기록은 돌려드리겠습니다.

가지러 오겠다고 하면 그렇게 하겠습니다.

보내달라고 하면 그렇게 하겠습니다.

대통령기록관장과 상의할 일이나 그 사람이 무슨 힘이 있습니까?

국가기록원장은 스스로 아무런 결정을 하지 못하는 것 같습니다.

결정을 못하는 수준이 아니라, 본 것도 보았다고 말하지 못하고, 해놓은 말도 뒤집어버립니다.

그래서 이명박 대통령에게 상의드리는 것입니다.

이명박 대통령님, 질문 하나 드리겠습니다.

기록물을 보고 싶을 때마다 전직 대통령이 천릿길을 달려 국가기록원으로 가야 합니까?

그렇게 하는 것이 정보화 시대에 맞는 방법입니까?

그렇게 하는 것이 전직 대통령 문화에 맞는 것입니까?

이명박 대통령은 앞으로 그렇게 하실 것입니까?

적절한 서비스가 될 때까지 기록 사본을 내가 가지고 있으면 큰일이 나는 것 맞습니까?

지금 대통령기록관에는 서비스 준비가 잘되고 있는 것으로 알고 있습니까?

언제쯤 서비스가 될 것인지 한 번 확인해보셨습니까?

내가 볼 수 있게 되어 있는 나의 국정 기록을 내가 보는 것이 왜 그렇게 못마땅한 것입니까?

공작에는 밝으나 정치를 모르는 참모들이 쓴 정치 소설은 전혀 근거 없는 공상소설입니다.

그리고 그런 일이 기록에 달려 있는 것은 더욱 아닙니다.

이명박 대통령님,

우리 경제가 진짜 위기라는 글들은 읽고 계신지요?

참여정부 시절의 경제를 '파탄'이라고 하던 사람들이 지금 이 위기

를 어떻게 규정하고 있는지 모르지만, 아무튼 지금은 대통령의 참
모들이 전직 대통령과 정치 게임이나 하고 있을 때가 아니라는 사
실 정도는 잘 알고 계시리라 믿습니다.

저는 두려운 마음으로 이 싸움에서 물러섭니다.

하나님께서 큰 지혜를 내리시기를 기원합니다.

2008년 7월 16일 대통령 노무현

7월 13일. 김영호 행정안전부 1차관과 정진철 국가기록원장이 봉하마을 사저를 방문했다.

이명박 정권은 전임 대통령의 기록물 전산열람 요구를 한사코 거부했을 뿐 아니라 사전에 양해를 구하고 임시열람을 위해 복사한 기록물마저 불법유출로 매도했다. 그런 이명박 대통령은 퇴임 후 사저에서 전용선을 깔아 자신의 기록물들을 열어볼 수 있는 서비스를 제공받고 있다. 아마 그것을 기초로 하여 그의 회고록을 펴냈을 것이다. 이명박 전 대통령이 재임 시 기록물을 얼마나 정직하게 남기기나 했는지 의문스럽다. 노무현 대통령의 지정기록물은 몰래 들여다보는 이들이 있을 뿐, 주인을 잃은 채 대통령기록관 서고에 잠자고 있다. 노무현 대통령에게 사료를 빼돌렸다고 억울한 누명을 씌우고 죽음으로 내몰았던 이명박 대통령은 지금도 뻔뻔하게 그의 집에서 편하게 기록물을 보고 있을 것이다. 과연 역사는 그에게 면죄부를 줄 것인가?

14

유폐 幽閉

2008년 11월이 되면서 대통령과 주변 사람들에 대한 광범위한 세무사찰과 검찰수사가 본격적으로 진행되었다. 대통령을 겨냥해서 가족과 친인척들, 측근들은 물론 대통령을 후원했던 기업인들까지 먼지를 털 듯 전방위 세무조사를 실시했다. 대통령이 치료를 받았던 병원이나 종종 들렀던 작은 식당마저 세무사찰의 피해자가 되었다. 이미 이명박 정권의 하수인으로 되돌아간 정치검찰이 수사정보를 흘리면 모든 언론들은 정권의 나팔수가 되어 의혹을 부풀렸다. 짜고 치는 천박한 언론플레이였다. 대통령을 공개적으로 망신 주고 파렴치범으로 몰아갔다. 지지자들을 실망시키고 이간질시키려는 비열한 정치공세였다. 관제 여론재판이었다.

노건평 형님 사건으로 언론이 시끄러웠지만 여전히 많은 방문객이 봉하마을을 찾았고 대통령은 그들을 평소처럼 맞이했다. 날은 추워지고 방문객을 맞이할 따뜻한 공간은 없었다. 방문객 누구 한 사람 묻지 않았지만 대통령은 형님의 구속으로 민망해하고 부담스러워 했다. 유시민 전 장관이 이호철 선배에게 전화를 걸어왔다.

"이 선배, 대통령님이 힘드실 텐데 방문객과 만나는 일을 잠시 중단했다가, 좀 따뜻해지는 봄에 다시 하면 어떨까요?"

이호철 선배가 대통령에게 "날씨가 추워지고 힘드시니 겨울철에는 방문객 인사를 중단하고 꽃피는 봄에 다시 하자"고 어렵게 얘기를 꺼냈다. 대통령도 방문객 앞에 나서 무슨 얘기를 하기가 너무 힘들었다. 대통령이 무겁게 고개를 끄덕였다. 12월 5일, 대통령은 마지막으로 방문객 인사를 하러 나왔다.

방문객 : 반갑습니다.
대통령 : 예, 어서 오세요. 반갑습니다. 오늘은 손님보다 취재진이 더 많은 것 같네요. 제가 인사를 나오고 싶지 않아서 굳이 나온다고 게시를 하지 않았는데. 이미 인터넷에는 2시로 공지가 돼 있어서 오늘 나왔습니다. 이 자리에서 금년 인사를 마지막으로 하고요. 내년에 날씨 좀 따뜻해지면 다시 인사드리러 나올 겁니다. 그렇게 널리 좀 알려졌으면 좋겠습니다. 청주에서도 손님이 오셨네.
방문객 : 강원도에서도 왔습니다. 대통령님. 강원도에서 왔습니다.
대통령 : 미안합니다.

방문객 : 울진에서 99살 된 할머님도 오셨습니다.

대통령 : 예. 반갑습니다. 하여튼 멀리서 이렇게 오셨는데, 제가 미안합니다.

방문객 : 우리 오리마을에서 왔습니다. 상북에요, 진내리요… 울산에서 제일 많이 왔어요.

대통령 : 혹시 말씀하고 싶은 얘기나 질문 있으면 하세요.

기자 : 사저에는 계속 계실 거지요?

대통령 : 예.

기자 : 어제 보시고, 좀 느낌이나 말씀을 해주시면….

대통령 : 오늘 오전에 진눈깨비가 내렸지요.

방문객 일동 : 예!

대통령 : (침묵) 예. 그렇습니다.

기자 : 봄까지는 주로 어떻게 지내실 건지….

대통령 : 할 일이 뭐가 있겠습니까. (대통령 침묵)

기자 : 고향에 오셔서 진눈깨비 처음 보시는 거죠. 느낌이 남달랐을 거 같은데….

대통령 : 무슨 얘기를 끄집어내고 싶은 거지요? (일동 웃음)

기자 : 경기불황 속에서 대통령님을 만나러 온 거는 많은 위안을 얻고자 하는 국민들 마음이 많을 거 같은데, 여기 오신 분들한테 위안이라든지, 이런 말씀 한마디씩….

대통령 : 지금쯤은 뭐, 국민들한테 사과를 해야 되지 않나, 이런 의견을 말하는 사람들이 있습니다. 그런데, 전직 대통령으로서의 도리도 있겠지만, 저는 또 형님의 동생으로서 도리도 있거든요. 형님

이 혐의를 완강하게 부인하고 있는데, 제가 여기서 사과를 해버리면, 형님의 피의사실을 인정해버리는 결과가 될 수 있어서, 국민들한테 그런 서비스도 하기가 어렵네요. 여기 오신 분들한테도 똑같은 거 아니겠습니까? 양해해주시기 바랍니다. 저는 뭐 어쨌든, 전직 대통령으로서 국민에게 해야 될 도리가 있다고 생각합니다. 그러나 또, 저는 한 사람의 가족으로서, 동생으로서의 도리 또한 있다고 생각합니다. 그래서 모든 사실이 다 확정될 때까지는 형님의 말을 부정하는, 그런 어떤 앞지른 판단을 말하거나 그렇게 할 수는 없는 일이라고 생각합니다.

··· 중략 ···

방문객 : 건강하십쇼.

대통령 : 예, 감사합니다. 안녕히 가십시오.

그해 겨울, 대통령을 겨냥한 가족과 주변에 대한 검찰수사와 언론플레이가 그 도를 넘어섰다. 대통령의 칩거는 무거웠다. 대통령은 자신의 불찰을 탓하며 지지자들에게 당신을 버리라는 글까지 올렸다. 그럴수록 나는 안타깝고 조바심이 났다. 어떻게든 대통령께 희망을 드리고 싶었다. '힘내시라고, 버텨내시라'고 소리 없는 응원을 보냈다. 그저 당신이 말씀하고 바라는 대로 친환경 생태농업 준비와 아름다운 생태마을 가꾸기에 전력을 다할 뿐이었다.

2009년 3월이었다. 나는 본격적인 농사철이 되기 전에 생태 웅덩이 파는 일을 마치기 위해 서둘렀다. 봉화산 사자바위가 흘러내리다 논

이 시작되는 곳에 바위 세 개가 솟아 있다. 나는 그것을 '봉하 3봉(峰)'
이라고 이름을 지어주었다. 봉하 3봉을 그대로 두고 웅덩이를 팠다.
그리고 생태연못과 물길이 이어지도록 관을 묻고 웅덩이에서부터는
논도랑과 중앙수로로 연결시켰다. 봉하들판의 논을 끼고 화포천까지
생태연못의 물을 순환시켜 수생태계를 되살리고자 했다. '사람사는세
상' 정자, 웅덩이와 생태연못이 어우러져서 하나의 작품이 되었다.

귀향 첫해, 아무런 준비도 없이 엉겁결에 조성했던 800평짜리 생태연

12월 5일 방문객들과의 마지막 인사. 이후 대통령은 오랜 칩거에 들어갔다.

못. 그런데 막상 만들어놓고 보니 작다 싶었다. 겨울 농한기에 생태연 못 아래에 있는 1천200평을 추가로 임차해 생태연못을 2천 평으로 확 장했다. 여기에는 백련과 수련을 주로 심고 다양한 습지식물이 자연 스레 어우러지도록 여지를 두었다. 세 갈래로 징검다리도 놓았다. 돌 징검다리가 만나는 가운데에는 동그랗게 작은 섬을 만들고 화포천 버 드나무를 상징목으로 심었다. 제2정자를 넘어 약수암까지 산책로를 만들고 남은 발파석은 조경석으로 사용했다. 산책로가 꽤 길어졌다. 이번에는 조경용 나무가 부족해졌다. '사람사는세상' 회원들에게 공개 적으로 나무 기증을 요청했다. 개별적으로 기부를 한 분도 있었지만 사랑나누미 회원들과 백양동문회가 적극적으로 참여했다. 생태연못 의 정자 옆에는 이팝나무와 팽나무를 그늘목으로 심었다. 산책로 주 변에는 단풍, 모과, 동백, 목련, 라일락, 보리수, 앵두, 은목서, 감나무 등 그늘은 약하지만 경관이 좋은 나무들을 심어나갔다.

생태연못에 자연석을 이용해서 작은 인공연못을 만들었다. 인공연못 가운데에는 지하수가 샘솟는 돌조각품을 놓았다. 돌조각품은 겉은 연 잎모양인데 중앙에 두꺼비를 조각하고 나머지는 파낸 화강암 물그릇 이었다. 마치 큰 연잎에 물이 차 있고 두꺼비가 앉아 있는 모양새였다. 골동품 가게에서 그것을 보는 순간 인공연못에 딱이다 싶었다. 돌조 각품 바닥에 구멍을 뚫고 수도관을 연결시켰다. 지하수를 틀면 돌조 각품에 물이 먼저 차고, 넘치면 인공연못을 채웠다. 인공연못이 차고 넘치면 생태연못으로 흘러들게 설치했다. 여름이면 아이들 대여섯 명 이 물놀이도 할 수 있는 크기였다. 어른들도 발을 담그고 앉아서 쉴 수 있도록 자연석을 둥그렇게 둘러놓았다. 돌조각품은 생태연못의 심장이자 마지막 화룡점정(畫龍點睛)이었다.

그해 겨울은 매서웠다. 이명박 정권은 노 대통령과 그 지지세력을 두려워했다. 그들은 가장 위협적인 정치세력을 무력화시키기 위해 칼을 뽑아 들었다. 이명박 청와대가 주도하고 원세훈 국정원장이 기획했다. 국세청과 검찰은 대통령의 가족과 주변 인사들을 마구잡이로 불러 들였다. 보수언론은 저급한 공범이었다.

3월 초, 대통령이 홈페이지에 '정치, 하지 마라'라는 글을 올렸다. 대통령은 정치인으로서 위험 부담을 안고 무사히 수렁을 걸어 나왔는데 대통령의 주변 사람들이 수렁에 빠졌다. 대통령은 가난한 정치인으로서 큰 꿈을 이루었지만 잃어야 하는 것이 너무 많았다. 가족의 사생활을 보호하고 책임지지 못한 가장으로서 상처 또한 컸다. 상처 입은 대통령의 처절한 넋두리였다. 말년이 가난하고 외로운 정치인, 자신에 대한 슬픈 변호와 간절한 청원이었다.

"'정치, 하지 마라.' 이 말은 제가 요즈음 사람들을 만나면 자주 하는 말입니다. 농담이 아니라 진담으로 하는 말입니다. 얻을 수 있는 것에 비하여 잃어야 하는 것이 너무 크기 때문입니다.

정치를 하는 목적이 권세나 명성을 좇아서 하는 것이라면, 그래도 어느 정도 성공을 할 수도 있을 것입니다. 그래도 성공을 위하여 쏟아야 하는 노력과 감수해야 하는 부담을 생각하면 권세와 명성은 실속이 없고 그나마 너무 짧습니다.

이웃과 공동체, 그리고 역사를 위하여, 가치 있는 뭔가를 이루고자 정치에 뛰어든 사람이라면, 한참을 지나고 나서 그가 이룬 결과가 생각보다 보잘것없다는 것을 발견하게 될 것입니다. 열심히 싸우고, 허물고, 쌓아 올리면서 긴 세월을 달려왔지만, 그 흔적은 희미하고, 또렷하게 남아 있는 것은 실패의 기록뿐, 우리가 추구하던 목표는 그냥 저 멀리 있을 뿐입니다. 저는 언제 이 실패의 이야기를 글로 정리해볼 생각입니다.

그런데 정치를 하는 사람은 모든 것을 정치에 바쳐야 합니다. 정치를 위하여 무엇을 바쳐야 하는지를 헤아리는 것보다, 그가 가진 것 중에서 정치에 바치지 않은 것이 무엇인가를 헤아려보면, 아닌 것은 아무것도 없다는 것을 알게 될 것입니다. 그중에서도 사생활, 특히 가족들의 사생활을 보호할 수 없는 것은 참으로 치명적인 고통입니다. 그러나 이 정도까지는 스스로의 선택이니 감당해야 할 것입니다.

문제는 정치인이 가는 길에는, 미처 생각하지 않았던, 그리고 스스로 감당하기 어려운 난관과 부담이 기다리고 있다는 것입니다. 바로 거짓말의 수렁, 정치자금의 수렁, 사생활 검증의 수렁, 이전투구의 수렁, 이런 수렁들을 지나가야 한다는 것입니다. 특별히 좋은 조건을 가진 정치인이 아니고는 이 길을 회피하기가 어렵습니다. 많은 사람들이 이 수렁에 빠져서 정치 생명을 마감합니다. 살아남은 사람도 깊은 상처를 입은 사람이 많습니다. 무사히 걸어 나온 사람도 사람들의 비난, 법적인 위험, 양심의 부담, 이런 위험 부담을 안고 살아야 합니다. 그리고 많은 사람들은 말년이 가난하고 외롭습니다."

또 이런 글도 올렸다. 봉하마을에 어둠이 내리고 인적이 끊긴 사저의 식당에서 내외가 나란히 앉아 소박한 저녁식사를 하면서 나누었던 대화였다. 여사님이 먼저 말을 건넸다.

"당신 조금 전에 뉴스에 나왔어요. '정치 하지 마라.' 이런 글 올린 모양이지요? 정치 세계하나? 이런 말도 나오고, 못마땅하게 생각하는 사람들이 많다는 말도 나오던데요?"
"현실정치 이야기 한마디도 안 했는데? 정치는 무슨 정치요? 공연히 시비들이야."
"연속극 하나 끝나고 새 연속극 하고 있는데, 자꾸 지난 연속극 주인공이 나오니 사람들이 짜증내는 거 아니겠어요?"
"아니, 연속극에 나가기는 누가 나가요? 언론이 자꾸 나왔다고 쓰니까 사람들이 헷갈리는 거지."

'앞으로 문밖에 나가면 그것도 정치 세계라 할 건가? 글을 안 쓰면 될 일이다. 그런데 홈페이지를 닫지 않는 한 회원들에게 인사도 안 대통령은 처음 형님 이야기가 나올 때 '설마'했다. 하지만 그 기대가 무너진 다음에는 사과나 해명을 해볼 계기조차 잡지 못했다. 문 밖을 나가지 않았고, 모든 바깥활동을 중단했다. 참모들이 봉하 생활을 정리해 '사람사는세상' 홈페이지에 글을 올리는 것도 중지시켰다. 대통령은 사저의 문을 스스로 폐쇄했다. 마치 동안거에 들어가는 수도승처럼. 대통령은 겨우내 민주주의 연구와 《진보의 미래》 집필에 몰두했다.

사저에는 간간이 찾아오던 손님마저 발길이 뚝 끊기고 늘 무거운 침묵에 잠겼다. 대통령의 표정도 나날이 어두워져 갔다. 가까이서 모시는 문용욱, 김경수 비서관의 걱정도 커져갔다. 나에게 올해 농사준비나 마을가꾸기 사업 등 진행상황을 대통령께 보고해달라고 했다. 대통령에게 힘이 되고 분위기를 좀 바꿀 수 있는 계기가 필요했다. 매일같이 하던 회의도 대통령이 칩거한 이후에는 차츰 뜸해지다가 이내 중단되었다. 한동안 얼굴도 뵙지 못했다. 이대로 있을 수는 없었다. 일단 보고드릴 게 있다고 대통령 면담을 요청했다.

내가 먼저 대통령의 서재 겸 회의실로 들어가 기다렸다. 대통령은 뭔가를 골똘히 생각하는 듯 고개를 숙이고 무거운 걸음걸이로 들어왔다. 대통령의 얼굴이 수척해 보였다. 나는 대통령의 심경은 아랑곳하지 않고 묻지도 않은 말들을 조금은 과장되게 너스레를 떨었다.

"생태연못을 확장하고 야생화와 나무도 많이 심었습니다. 예전에 대통령님께서 그러셨지요. 아이들이 논 체험을 하고 흙이 묻은 손발도 씻고 물장구도 치고 놀 수 있는 물이 흐르는 공간이 있었으면 좋겠다고요."

"말씀하신 대로 정자 옆에 화강암으로 된 멋진 돌조각품을 구해 작은 인공연못을 만들었습니다. 언덕에 두꺼비가 앉은 모양인데 골동품은 아니지만 제법 그럴듯합니다. 지하수를 연결시켜 밸브만 틀면 언제든 물을 흐르게 만들었습니다. 방문객들이 행운을 빌면서 돌조각품 가운데 두꺼비 등에 동전을 던지기도 합니다. 한번 나오셔서 생태연못을 봐주십시오. 의견도 주시고요."

"요새 겨울 철새도 장관입니다. 무논을 조성하고 볍씨를 뿌려주었더니 청둥오리가 엄청나게 많이 날아왔는데, 하늘이 새까매요. 대통령께서 봉하들판을 옛날에 오리방이라고 불렀다는 게 이제야 실감이 납니다."

잠자코 내 얘기를 한참 듣고 있던 대통령의 얼굴에 옅은 미소가 살짝 비쳤다. 공감한다는 듯이 고개도 끄덕여주었다. 대통령은 그동안 밖으로 나오지는 않았지만 하늘을 무대로 군무(群舞)를 추듯 후드득 몰려다니는 청둥오리 떼를 보았던가 보다. 끼룩끼룩 소리를 지르며 'V' 자형 편대를 지어 나르는 기러기 떼도 보았을 것이다. 나는 얼마 전부터 대통령 보시고, 힘내시라고 철새 사진을 찍어 '사람사는세상' 홈페이지 참여사진관에 열심히 올리고 있었다.

새로 도입한 자연농업 방식의 농사법과 마을 가꾸기에 대해 미주알고주알 한참을 더 이야기했다. 나는 좀처럼 말문을 열지 않는 대통령의 침묵에 점점 기가 눌렸다. 내 눈이 대통령의 시선과 마주쳤다. 슬픈 눈망울이었다. 지친 표정이었다. 자리를 비켜드려야 할 때였다. 나는 조용히 일어섰다. 다시 한번 당신의 얼굴을 쳐다보았다.

"대통령님, 힘내십시오."

인사를 드리고 회의실을 나왔다. 벌써 사저 바깥은 어둠이 내리고 있었다. 대통령의 무거운 침묵과 우울한 얼굴이 마음에 걸렸다. 자원봉사자들과 숙소에서 저녁식사 겸 반주를 한잔하고 있었다. 주영훈 경호본부장이 전화를 했다. 평소 그 시간에 없었던 전화였다.

"대통령께서 김 비서관을 찾습니다. 생태연못에 나와 계십니다."

반가운 마음에 급히 자전거를 몰고 생태연못으로 내달렸다. 대통령은 1정자 옆에 있던 돌확과 인공연못을 보고 있었다. 벌써 새로 조성한 연못이며 2정자를 거쳐 길게 연장한 산책로는 다 둘러보았다고 했다. 대통령을 뵙자 눈물이 핑 돌았다. 대통령은 날이 어두워지자 기자들의 시선을 피해 야간산책을 나선 것이다. 대낮에 자유롭게 나다닐 수 없는 당신의 처지가 얼마나 답답했을까. 오늘 낮에 내 얘기를 잠자코 듣고 있었지만 생태연못의 변화가 얼마나 궁금하셨을까. 그동안 대통령은 주변의 민망한 일들 때문에 일절 바깥출입을 하지 않았는데….
대통령이 어렵게 힘을 내었다. 나의 간절한 부름에 응답한 것이었다. 내 감정을 추스를 사이도 없이 불쑥 대통령이 내게로 다가왔다. 내 등을 다독거려주었다.

"고생했다. 정호야. 참. 애썼다."

어두워서 보이지는 않았지만 그의 말에는 온기와 물기가 묻어 있었다. 내가 1985년 구속되었을 때 기꺼이 나의 변호인이 되어주었던 사람. 첫 만남 이후 부산지역 재야운동을 함께하고, 청와대와 봉하마을 귀향까지 멀찍이서 때로는 가까이서 대통령과 동행해왔다. 그 긴 세월 동안 비록 짧은 말이라도 나에게 칭찬을 해준 것은 처음이었다. 내 이름을 부르며 말을 놓은 것도 처음이었다. 대통령은 평소 참모들에게도 쉽게 곁을 내주지 않았고, 사람들에게 함부로 말을 놓거나 하대(下待)를 하지도 않았다. 그런데 그날은 내게 스스럼없이 이름을 불렀다. 곁을 내준 대통령이 고마웠다. 덧붙인 말은 아직도 귓가에 쟁쟁하다.

"이 산책로를 화포천까지 쭉 이어나가면 좋겠다."

15

정치검찰政治檢察, '논두렁 시계'

4월이 되자 대통령의 가슴을 아프게 하는 일들이 계속 일어났다. 지난해 12월, 태광실업 박연차 회장이 그의 가족들까지 저인망식 세무조사를 받더니 구속되었다. 노건평 형님도 이미 구속되어 있었다. 연초에는 국세청이 창신섬유 강금원 회장에 대한 세무조사가 먼지 털듯 하더니 정치검찰이 정치자금법 위반으로 구속시켰다. 대통령에게 강금원 회장은 "'모진 놈' 옆에 있다 벼락 맞은, 조건 없는 후원자이자 진정한 동반자"였다. 강 회장은 이미 뇌종양이 깊었다. 대통령과 조금이라도 가까운 사람들, 기업들은 표적이 되었다.

정치검찰의 칼끝은 시시각각 대통령을 직접적으로 겨냥했다. 아들 건호 씨는 벌써 다섯 차례나 검찰조사를 받고 있었다. 여사님도 검찰에 불려갔다. 대검 중수부 수사팀은 확인되지 않은 피의사실을 공표하거

나 언론에 흘렸다. 명백한 불법행위를 자행하는 검찰 수사팀은 교체
해야 마땅했다. 대통령은 고심을 했다. 자존심을 굽히고 이명박 대통
령에게 청원서를 썼다. 마지막 방법이었다.

이명박 대통령님.

어려운 시기에 국정을 수행하시느라 얼마나 노고가 많으십니까?
전직 대통령으로서 이 어려운 시기에 아무런 도움을 드리지 못하
고 있는 처지를 무척 송구스럽게 생각합니다.

오늘 저와 관련한 일로 대통령께 청원을 드립니다.
청원의 요지는 수사팀을 교체해달라는 것입니다.

이유는 그 동안의 수사과정으로 보아 이 사건 수사팀이 사건을 공
정하고 냉정하게 수사하고 판단할 것이라는 기대를 할 수 없기 때
문입니다.

검찰이 하는 일은 범죄의 수사이므로, 검사가 머릿속에 범죄의 그
림을 그려놓고 그 범죄를 구성하는 사실을 찾는 것은 자연스러운
일이라고 생각할 수도 있을 것입니다.

그러나 그에 우선하는 검찰의 의무는 진실을 찾아내는 것입니다.
그러므로 검찰은 있는 사실을 찾기 위해 노력해야지, 없는 사실을

만들거나 관계없는 사실을 가지고 억지로 끼워 맞추려고 해서는
안 됩니다.
나아가서는 피의자에게 유리한 사실도 찾아낼 의무가 있습니다.

그런데 지금 수사팀이 하고 있는 모양을 보면 수사는 완전히 균형
을 상실하고 있습니다.

그동안 수사팀은 너무 많은 사실과 범죄의 그림을 발표하거나 누
설해왔습니다.
피의사실을 공표하거나 누설해왔습니다.
다음에는 그들이 발표한 사실을 뒷받침하는 증거를 발표하거나 누
설해왔습니다.
그 다음에는 증거의 신뢰성을 뒷받침하는 사실을 설명해왔습니다.
마침내는 전혀 확인되지 않은 터무니없는 사실까지 발표합니다.

이런 일들은 검찰이 해서는 안 되는 일입니다. 불법행위입니다.
그러나 저는 지금 이 문제를 따질 겨를이 없습니다.

보다 더 중요한 문제는, 이 사건 수사팀이 수사가 끝나기도 전에
미리 결론을 말하고 있다는 것입니다.
뿐만 아니라 발표하거나 누설한 내용을 보면 미리 그림을 다 그려
놓고 그에 맞게 사실과 증거를 짜 맞추어가고 있다는 의혹을 지울
수가 없습니다.

이것은 정상적인 수사가 아닙니다.
이렇게 해서는 도저히 수사의 공정성을 믿을 수가 없습니다.

그리고 이렇게 하면 국민들은 그들이 만든 범죄의 그림을 기정사
실로 받아들일 것입니다. 나아가서는 미래에 이 사건의 재판을 맡
을 사람의 기억에까지 선입견을 섞어준 우려가 있습니다.

더욱 큰 문제는 수사팀이 끝내 피의사실을 입증할 만한 중요한 증
거를 확보하지 못할 경우에도 결론을 돌이킬 수가 없는 상황에 빠
져 있다는 것입니다.

그들은 스스로 그려놓은 그림에 빠져서 헤어날 수가 없는 모양입
니다. 그리고 판단을 돌이키기에는 너무 많은 발표를 해버린 것 같
습니다.

만일 사건이 이대로 굴러가면 검찰은 기소를 할 것입니다.
그런데 만일 검찰의 판단이 잘못된 것으로 결론이 나왔을 때,
그리고 검찰의 수사과정의 무리와 불법에 관한 문제가 제기되었을
때, 대한민국 검찰의 신뢰는 어떻게 되겠습니까?

상황이 이러하니 수사팀은 새로운 증거가 나올 때까지
증거를 짜내려고 할 것입니다.
이미 제 주변 사람들은 순순이 불려가고 있습니다.

끝내 더 이상의 증거가 나오지 않으면 다른 사건이라도
만들어내려고 한 것입니다.
그러나 이렇게 하는 것은 검찰권의 행사가 아닙니다.
권력의 남용입니다.

그동안 참여정부 사람들이나 그들과 혹시 무슨 관계가 있는지 의
심이 갈 만한 사람들은 조사할 만큼 다 조사하지 않았습니까?
그리고 이미 많은 사람이 감옥에 가지 않았습니까?

이미 제 주변에는 사람이 오지 않은 지 오래됐습니다.
저도 오지 말라고 했습니다. 이전에는 조심을 한 것입니다.
그런데 이제는 조심을 하지 않아도 아무도 올 사람이 없게 되었습
니다.

저는 이미 모든 것을 상실했습니다.
권위도 신뢰도 더 이상 지켜야 할 아무것도 남아 있지 않습니다.

저는 사실대로, 그리고 법리대로만 하자는 것입니다.
제가 두려워하는 것은 검찰의 공명심과 승부욕입니다.

사실을 만드는 일은 없어야 합니다.

대통령께서는 이미 이 사건에 관하여 보고를 받고 계실 것입니다.

그러나 이 사건에 이처럼 많은 문제점이 있다는 사실까지는 보고를 받지 못하셨을 것입니다. 그런데 이 사건은 많은 문제가 있습니다.

저는 대통령께서 이 사건을 다시 한번 보셔야 한다고 생각합니다.

그리고 저는 통상적인 보고라인이 아니라 대통령께 사실과 법리를 정확하게 말씀드릴 수 있는 다른 전문가들에게 이 사건에 대한 분석과 판단을 받아보실 것을 권고드리고 싶습니다.

다시 살펴보아야 할 중요한 점은 다음과 같은 것들입니다.

검찰이 막강한 권능으로 500만 불을 제가 받은 것이라고 만들어내는 데 성공을 한다고 가정하더라도.
과연 퇴임 사흘 남은 사람에게 포괄적 뇌물이 성립할 것인지,
과연 박 회장의 베트남 사업, 강남은행 사업, 그 밖의 사업에 대통령이 어떤 일을 했는지, 무슨 일을 했다면 그것이 부정한 일인지,
이런 문제들에 관하여 신중하게 살펴보아야 할 것입니다.

그리고 박연차 회장이 2007년 6월 시와 통화를 했다면
검찰은 그 통화기록을 확보했는지,
그렇지 않다면 그 이유도 확인해보아야 할 것입니다.

보도를 보면 통신회사의 기록 보존 기한이 지났기 때문에

찾기가 어렵다고 하는 것 같습니다만,

오늘날 디지털 기술은 통신서버를 폐기하지 않은 이상 복구가 가능하다고 합니다.

그러나 이런 일을 할 수 있는 힘을 가진 기관은 검찰뿐입니다.

그러므로 이 통화기록은 반드시 검찰이 찾아서 입증을 해야 할 것입니다.

그런데 검찰은 이 기록을 성의 있게 찾고 있는지 물어보아야 할 것입니다.

그리고 검찰이 이 사건에 관한 단서를 언제 처음 알았는지,

왜 지금까지 수사를 미루어 왔는지,

그동안에 박 회장의 진술이 어떻게 변화하여 왔는지,

지금 검찰이 박 회장의 운명을 좌우할 수 있는 권능을

이 사건 수사를 위하여 남용하고 있는 것은 아닌지,

이런 사정도 살펴보아야 할 것입니다.

그러면 이 사건 수사가 많은 문제가 있다는 사실을 발견할 수 있을 것입니다.

이런 문제들을 해소하는 방법은 수사팀을 교체하는 것입니다.

그런데 이것은 오로지 대통령님만이 할 수 있는 것입니다.

물론 형식적 절차는 법무부 장관의 소관일 것입니다만,

대통령의 결단이 아니고는 할 수 없는 일입니다.

부끄럽기 짝이 없습니다.
거듭 사죄드립니다.

이제 저는 한 사람의 보통 인간으로서 이 청원을 드립니다.
형식 절차에서 자기를 방어하는 것은 설사 그가 파렴치한 죄인이거나 역사의 죄인이거나 가리지 않고 인간에게 보장되어야 하는 최소한의 권리입니다.

제가 수사에 대응하고, 이 청원을 하는 것 또한 한 사람의 인간으로서 누려야 할 최소한의 권리라는 점을 양해해 주시기 바랍니다.

2009년 4월 19일 노무현

문재인 실장과 비서들은 이명박 대통령에게 청원서를 보내는 것에 반대했다. 이명박 정권이 작정하고 노 대통령을 겨냥하고 있는데 검찰 수사팀을 교체해달라는 청원을 받아들일 리 없었다. 아니, 오히려 비아냥거릴 것이 뻔했다. 너무 굴욕적이고 대통령만 궁색해질 것이 충분히 예상되었다. 참모로서 말리지 않을 수 없었다. 결국 대통령은 이 청원서를 부치지 않았다.

봄이 성큼성큼 다가오는데 사저는 여전히 살얼음판이었다. 사저 주변은 물론 뱀산 마옥당 터와 봉화산 중턱까지 사진기자들이 진을 치고 있었다. 대포 같은 망원렌즈를 들이대고 대통령의 일상생활마저 감시했다. 사저를 둘러싼 언론의 카메라는 대통령을 꼼짝 못하게 위협하는 날카로운 흉기였다. 그를 가두는 탱자나무 울타리의 뾰족한 가시였다.

언론에 호소합니다.
저의 집 안뜰을 돌려주세요.
한 사람의 인간으로서 부탁합니다.
그것은 제게 남은 최소한의 인간의 권리입니다.
저의 집은 감옥입니다.
집 바깥으로는 한 발자국도 나갈 수가 없습니다.
저의 집에는 아무도 올 수가 없습니다.
카메라와 기자들이 지키고 있기 때문입니다.
아이들도, 친척들도, 친구들도 아무도 올 수가 없습니다.
신문에 방송에 대문짝만 하게 나올 사진이 두렵기 때문입니다.
아마 이상한 해설도 함께 붙겠지요.
오래되었습니다.
이 정도는 감수해야겠지요.
이런 상황을 불평할 처지는 아닙니다.
저의 불찰에서 비롯된 일이기 때문입니다.
그러나 그렇다 할지라도 인간으로서 지켜야 할 최소한의 사생활은 또한 소중한 것입니다.
창문을 열어놓을 수 있는 자유, 마당을 걸을 수 있는 자유, 이런 정도의 자유는 누리고 싶습니다.
그런데 저에게는 지금 이만한 자유가 보장이 되지 않습니다.

카메라가 집안을 들여다보고 있기 때문입니다.

며칠 전에는 집 뒤쪽 화단에 나갔다가 사진에 찍혔습니다.

잠시 나갔다가 찍힌 것입니다.

24시간 들여다보고 있는 모양입니다.

어제는 비가 오는데 아내가 우산을 쓰고 마당에 나갔다고 또 찍혔습니다.

비 오는 날도 지키고 있는 모양입니다.

방 안에 있는 모습이 나온 일도 있다고 합니다.

그래서 우리는 커튼을 내려놓고 살고 있습니다.

먼 산을 바라보고 싶을 때가 있습니다.

그런데 가끔 보고 싶은 사자바위 위에서 카메라가 지키고 있으니 그 산봉우리를 바라볼 수조차 없습니다.

이렇게 하는 것은 사람에게 너무 큰 고통을 주는 것입니다.

언론에 부탁합니다.

제가 방안에서 비서들과 대화하는 모습, 안 뜰에서 나무를 보고 있는 모습, 마당을 서성거리는 모습, 이 모든 것이 다 국민의 알권리에 속하는 것일까요?

한사람의 인간으로서 간곡히 호소합니다.

저의 안마당을 돌려주세요.

안마당에서 자유롭게 걸을 수 있는 자유, 걸으면서 먼 산이라도 바라볼 수 있는 자유, 최소한의 사생활이라도 돌려주시기 바랍니다.

– 2009년 4월 21일 '사람사는세상' 홈페이지에 대통령이 올린 글

엎친 데 덮쳤다. 구속영장 청구가 기각되었던 정상문 총무비서관이 끝내 구속되었다. 그는 대통령의 오랜 친구였다. 대통령은 그 인연보다 그의 자세와 역량을 더 신뢰했었다. 대통령은 그를 변호하면서 "'사람세상' 홈페이지를 닫아야 할 때가 온 것 같습니다"라는 마지막 글을 올렸다.

'처음 형님 이야기가 나올 때에는 '설마' 했습니다. 설마 하던 기대가 무너진 다음에는 '부끄러운 일입니다. 용서 바랍니다.' 이렇게 사과드리려고 했습니다만, 적당한 계기를 잡지 못했습니다. 마음속으로는 '형님이 하는 일을 일일이 감독하기가 어려웠습니다. 저로서도 어쩔 수가 없었습니다.' 이렇게 변명을 하기도 했습니다.

그러나 500만 불, 100만 불, 이야기가 나왔을 때는 저는 아무 말도 할 수 없는 처지가 되었습니다. 제가 알고 모르고를 떠나서 이미 밝혀진 사실 만으로도 전직 대통령으로서의 명예도 도덕적 신뢰도 바닥이 나버렸기 때문입니다.

그러나 저는 말을 했습니다.

'아내가 한 일이다, 나는 몰랐다' 이 말은 저를 더욱 초라하게 만들 뿐이라는 사실을 전들 어찌 모르겠습니까? 그러나 저는 그렇게 말했습니다.

국민들의 실망을 조금이라도 줄여드리고 싶었습니다. 그리고 저는 이미 정치를 떠난 몸이지만, 저 때문에 피해를 입게 될 사람들, 지금까지 저에 대한 믿음을 버리지 않고 계신 분들에 대한 미안함을 조금이라도 덜고 싶었습니다.

또 하나 제가 생각한 것은 피의자로서의 권리였습니다. 도덕적 파산은 이미 어쩔 수 없는 일이지만, 한 인간으로서 누려야 할 피의자의 권리는 별개라고 생각했습니다.

그래서 '사실'이라도 지키고 싶었습니다. 그래서 앞질러가는 검찰과 언론의 추측과 단정에 반박도 했습니다.

그런데 정상문 비서관이 '공금 횡령'으로 구속이 되었습니다.

이제 저는 이 마당에서 더 이상 무슨 말을 할 수가 없습니다. 무슨 말을 하더라도 많은 사람들의 분노와 비웃음을 살 것입니다.

제가 무슨 말을 더 할 면목도 없습니다. 그는 저의 오랜 친구입니다. 저는 그 인간보다 그의 자세와 역량을 더 신뢰했습니다. 그 친구가 저를 위해 한 일입니다.
제가 무슨 변명을 할 수가 있겠습니까? 저를 더욱 초라하게 하고 사람들을 더욱 노엽게만 한 것입니다.
이제 제가 한 일은 국민에게 고개 숙여 사죄하는 일입니다. 사실관제가 어느 정도 정리가 되고 나면 그렇게 할 것입니다.

저는 이제 이 마당에 더 이상 사건에 관한 글을 올리지 않을 것입니다.

회원 여러분에게도 동의를 구합니다.
이 마당에서 사건에 관한 이야기를 하지 않도록 합시다.
제가 이미 인정한 사실 만으로도 저는 도덕적 명분을 잃었습니다.
우리가 이곳에서 무슨 이야기를 하더라도 사람들은 공감하지 않을 것입니다.

저는 이곳에서 정치적 입장이나 도덕적 명예가 아니라 피의자의 권리를 말하려고 했습니다.
그러나 이젠 이것도 공감을 얻을 수가 없을 것입니다.
이제 제가 말할 수 있는 공간은 오로지 사법절차 하나만 남아 있는 것 같습니다.

여러분은 이곳에서 저를 정치적 상징이나 구심점으로 이야기 하고 있습니다. 그러나 이것은 이 사건 아니라도 제가 감당하기 어려운 일이었습니다.
그동안 저는 방향전환을 모색했으나 마땅한 방법을 찾지 못해 고심을 하던 중이었습니다.
그런 동안에 이런 상황이 되었습니다.

이제는 더 이상 이대로 갈 수는 없는 사정이 되었습니다.

더 이상 노무현은 여러분이 추구하는 가치의 상징이 될 수가 없습니다.

자격을 상실한 것입니다.

저는 이미 헤어날 수 없는 수렁에 빠져 있습니다.

여러분은 이 수렁에 함께 빠지셔는 안 됩니다.

여러분은 저를 버리셔야 합니다.

적어도 한 발 물러서서 새로운 관점으로 저를 평가해보는 지혜가 필요합니다.

저는 오늘 아침 이 홈페이지 관리자에게 이 사이트를 정리하자는 제안을 했습니다. 관리자는 이 사이트는 개인 홈페이지가 아니라고 말했습니다. 회원 여러분과 협의를 하자는 이야기로 들렸습니다.

그래서 이 글을 올립니다.

이제 '사람사는세상'은 문을 닫는 것이 좋겠습니다.

— 2009년 4월 22일 '사람사는세상' 홈페이지에 대통령이 올린 글

대통령은 자신이 당하는 것보다 자신으로 인해 주변 사람들이 고통받는 것을 더 힘들어했다. 본인이 몰랐던 일이고 직접 관여하지 않았더라도 주변 사람들의 잘못을 막지 못한 것은 자신의 불찰이었다고 생각했다. 법률적으로 다툴 수 있겠으나 정치적, 도덕적 명분을 잃었다

고 스스로 책임을 물었다. 그동안 대통령은 민주개혁진영의 상징이자 구심점이었다. 자신 때문에 진보진영 전체의 도덕적 정당성이 송두리째 비난받고 있는 상황을 더욱 견디지 못했다. 대통령은 지금까지 자신이 추구해왔던 가치와 이상에 공감하고 지지해주었던 국민들이 느낄 실망과 배신감에 마음이 무거웠다. 누구보다 진보진영의 비난은 더 아팠다. 민망해서 고개를 들 수 없었다. 자격을 잃었다. 대통령은 그동안 영광스러웠던 '진보개혁진영의 정치적 상징'이라는 자리를 스스로 내려놓아야 했다.

대통령은 새 시대의 첫차이고자 했으나 구시대의 막차였을 뿐이었다. 그러나 그 누구도 원망하지 않았다. 대통령은 이 수렁에서 무사히 빠져나올 수 없다는 걸 예감했다. 빠져 나오려고 허우적댈수록 더 깊이 빠져들 게 뻔했다. 누군가 손을 내민다면 함께 빨려들 수밖에 없는 상황이었다. 민주개혁진영은 '노무현을 버려야 했다'. 대통령이 먼저 그 손을 뿌리쳤다.

4월 30일이었다. 나는 대통령의 귀향 이후 두 번째 친환경 벼농사를 본격적으로 시작했다. 볍씨를 뿌리기 전에 친환경 종자소독부터 했다. 이날 대통령은 검찰조사에 출석하기 위해 서울로 떠날 참이었다. 아침 일찍부터 사저 입구에는 기자들이 장사진을 치고 있었다. 방송3사는 생방송을 위해 중계차를 대기하고 있었다. 사저 상공에는 취재헬기까지 날았다.

대통령이 사저 대문을 나섰다. 대통령의 변호를 맡은 문재인 실장, 전해철 변호사 그리고 김경수, 문용욱 비서관이 뒤를 따랐다. 여사님은 몇 발짝 뒤에서 대통령의 뒷모습을 지켜보았다. 대통령이 점점 멀어지자 여사님은 참았던 울음을 터뜨리고 말았다. 대통령을 검찰에 불려가게 만든 죄송스러움을 어떻게 감출 수가 없었다. 대통령은 애당초 놀랐던 일이 이렇게 커지고 무섭게 번질 줄은 생각조차 못했다. 검찰 수사가 집요하게 측근들과 여사님, 아이들까지 추적할 때서야 비로소 대통령을 겨냥한 치밀한 기획수사임을 알아챘다. 하지만 이미 올가미에 걸려든 상황이었다.

문재인 실장이 법률적 대응을 위해 여사님과 정상문 총무비서관에게 사실관계를 확인할 때 비로소 대통령도 알게 되었다. 대통령은 잠자코 듣고만 있었다. 평소 같았으면 불같이 화를 내고 역정을 냈을 텐데 오히려 아무 말도 하지 않았다. 대통령의 표정은 자괴감을 넘어 달관한 듯 무심해 보였다. 그래서 더 죄송했다. 벌써 두 달째 대통령은 말문을 닫고 있었다. 여사님은 그런 대통령을 마주치는 것조차 피했다.

갑작스런 울음소리에 대통령이 고개를 돌려 뒤를 돌아보았다. 가던 걸음을 멈췄다. 그리고 천천히 발길을 돌렸다. 대통령은 검찰조사가 아내와 자식들을 후벼 파는 동안 아무 말도 묻지 않았다. 어떻게 된 것이냐고, 왜 그랬냐고 다그치지도 않았다. 문재인 실장을 통해 전말을 전해 듣고는 오히려 자책을 했다. 대통령은 자신이 마치 출가한 외인처럼 정치한다고 집안일에 무심했던 결과라며 가족들에게 미안해했다. 대통령은 정치에 뛰어든 이후 정치에 자신의 모든 것을 바쳤다. 그로 인해 가족들과 주변 사람들에게 많은 고통을 주었다. 대통령 자신은 정치적으로 단련되었으나 가족들까지 단련시키지는 못했다. 가족들의 사생활을 보호해주지도 못했다. 대통령은 자신의 불찰로 여겼다. 이마저 스스로 책임져야 할 일로 받아들였다.

아침 일찍부터 사저 입구에는 취재기자들 뿐 아니라 시민들도 많이 나와 있었다. 정치보복을 당하고 있는 외로운 대통령을 응원하기 위해서였다. 그들은 노란 풍선을 들고 있었다. 대통령은 짧은 인사말을 남기고 버스에 올랐다.

"국민 여러분께 면목 없습니다."

취재차량들이 줄줄이 뒤를 따랐다. 방송사 헬기가 실황중계까지 했다. 대통령을 망신 주기 위해 짜놓은 거대한 쇼였다. 서초동 대검찰청사에 대통령의 버스가 도착했다. 중수부 11층 조사실 창문을 통해 이인규 중수부장과 홍만표 수사기획관이 대통령 일행을 내려다보고 있었다. 창문에 비친 그들은 활짝 웃고 있었다. 이인규 중수부장이 대통령을 맞이했다. 이 부장은 차를 한잔 내놓았다. 거만하기 짝이 없었다. 문재인 전 비서실장과 전해철 전 민정수석이 변호사로서 검찰조사과정에 교대로 입회했다. 조사를 맡은 중수1과장 우병우 검사의 태도는 건방지고 냉소적이었다. 대통령은 검찰 소환에 응할 때부터 이미 전직 대통령에 대한 예우는커녕 검찰의 정치적 중립이나 공정한 수사를 기대하지 않았다. 대통령은 정치검사들의 오만한 질문에 최선을 다해 참아내고 사실관계를 하나하나 따져가며 차분하게 답변을 했다. 이들이 대통령을 소환하여 뇌물수수 혐의를 조사했지만 정작 드러난 것은 박연차 회장의 진술 말고는 증거가 아무것도 없었다. 대통령과 박연차 회장의 진술은 엇갈렸다. 뇌물이라는 것을 받은 사실이 없으니 물증도 있을 리가 없었다.

홍만표 대검 수사기획관이 아침저녁으로 언론에 브리핑을 했다. 중수부의 검사들도 기자들에게 입증되지 않은 수사정보를 흘렸다. 그들은 언론의 '빨대'였다. 이미 정권의 하수인이 되어버린 정치검사들은 대통령의 혐의사실을 끝내 입증하지 못했다. 사법처리가 쉽지 않게 되자 방향을 바꾸었다. 정권의 나팔수가 되어버린 언론과 합작하여 대통령을 파렴치범으로 몰아가고 망신 주기 위한 저속한 여론조작에 열중했다.

원세훈 국정원장까지 나섰다. 홍만표 대검 수사기획관이 대통령의 회갑선물에 대해 국정원이 지어낸 '논두렁 시계' 이야기를 기자들에게 흘렸다. 초대받지도 못한 박연차의 시계가 국정원의 공작정치에 의해 '논두렁 시계'로 둔갑했다. 조선일보를 비롯해서 심지어 한겨레, 경향까지 모든 신문사가 소설을 받아쓰고 KBS, MBC, SBS 방송 역시 이를 대문짝만 하게 실었다. 사실로 입증되기 전 단계에서 검찰이 조사하고 있는 피의사실이 왜곡되어 마치 범죄사실이 확정된 것인 양 실시간으로 언론에 공개되었다.

'노무현, 500만 달러 받아'

'노무현, 1억짜리 피아제 시계 받아'

'노무현, 피아제 시계 논두렁에 버려'

추악한 언론플레이였다. 진보적인 언론마저 사실과 진실을 가리지 않고 선정적인 보도에 매달렸다. 피의자의 반론권은 뒷전인 채 뇌물수수는 기정사실화되었다. 사법적으로는 명백한 피의사실 공표였다. 사실을 왜곡하고 허위사실을 유포했다. 그러나 아무도 불법성을 지적하거나 대통령의 진실을 옹호해주지 않았다. 기울어진 운동장에서 이뤄진 이명박 정권의 '노무현 죽이기' 프로젝트. 뻔했지만 아군이 없었다.

대통령은 듣도 보도 못했던 '논두렁 시계'에 억울해했다. 자괴감마저 들었다. 한참이 지난 2015년에서야 이인규 당시 대검 수사부장의 '자백'으로 뒤늦게 진위가 드러났다. '논두렁 시계'의 진짜 이야기는 이랬다. 대통령은 재임 중 회갑을 맞이해서 청와대에서 가까운 가족 친지들만 불러 조촐한 회갑잔치를 열고자 했다. 초대받지 못한 박연차 회장은 회갑선물로 시계를 준비해 노건평 부부에게 건네며 "대통령 내외에게 전달해달라"고 했다. 노건평 씨는 대통령의 회갑잔치에 앞서 권양숙 여사에게 먼저 전화를 걸어 이 내용을 알렸다. 권 여사는 "그런 것 받으면 안 돼요. 버리든지 형님 가지시라 하든지 하세요"라고 답했다. 그게 다였다.

어이없게도 국정원이 이 내용을 악의적으로 왜곡해 비공식 브리핑을 했다. '권 여사가 박연차 회장으로부터 직접 명품시계를 받고서는 나중에 논두렁에 버렸다'고 언론에 흘렸다. 모든 언론은 이를 받아서 마치 대통령이 명품시계를 받은 것처럼 왜곡해서 대서특필했다. 한 편의 막장 드라마였다. 졸렬한 글짓기였다. 왜곡된 보도를 근거로 정치검찰은 사실관계를 입증하거나 합당한 법적 절차에 따르지 않고 끝까지 여론재판으로 몰고 갔다.

대통령은 애당초 시계의 존재 자체를 몰랐고 당연히 본 적도, 받은 적도 없었다. 그러니 박연차 회장과 시계 잘 받았냐는 식의 통화를 했을 리도 없다. 통화를 한 적이 없으니 통화기록이 존재하지 않았다. 검찰이 증거를 제시하지 못하는 게 당연했다. 대통령과 문재인 실장이 검찰 소환 조사에서 확인한 것은 검찰의 무리한 수사와 증거 부족이었다. 대통령은 명백한 사실이 갖고 있는 힘, 진실의 힘을 믿었다. 재판은 이길 수 있다는 판단이었다.

검찰은 대통령을 소환조사까지 했으니 대통령에 대해 기소하거나 무혐의 처리를 해야 했다. 그러나 이명박 정치검찰은 조사가 끝났음에도 사건처리는 하지 않은 채 시간만 질질 끌며 여론전을 펼쳤다. 그 사이 대통령은 마녀가 되어 있었다. 여론재판과 정치재판은 사실과 법리를 떠나 소설을 쓰고 있었다. 그들은 '노무현 죽이기'에 성공하고 있었다.

16

담쟁이

5월 하순으로 접어들자 모내기 준비로 봉하들판은 더욱 부산스러웠다. 주민들의 일손도 점점 더 바빠졌다. 못자리에 키우고 있는 모들이 많이 자랐다. 모심기 준비가 끝난 논도 더러 있었다. 해가 서산으로 기울수록 논물이 가득 찬 들판에 뱀산의 그림자가 길게 드리워졌다. 들판은 점점 싱그러워져 가고, 봉화산과 화포천도 활기가 넘쳤다. 그러나 대통령의 일상은 더욱 생기를 잃어갔다. 사저 주변은 냉기마저 돌았다.

그날 어둠이 내리고 대통령은 모처럼 사랑채로 나갔다. 지난해 겨울부터 낮에는 기자들이 봉화산기슭에서 망원렌즈로 감시하고 있으니 그동안 사랑채를 이용하지 않았다. 내방객도 없으니 찾을 일도 없었다. 평소 대통령은 사랑채에서 4폭 병풍처럼 나누어진 유리창으로 내다보이는 봉화산 풍경을 좋아했다. 손님이 사랑채에 들면 일부러 사

대통령은 새 시대의 첫차이고자 했으나 구시대의 막차였을 뿐이었다. 그러나 그 누구도 원망하지 않았다.

자바위가 잘 보이는 자리를 권했고 봉화산을 자랑하곤 했다. 대통령이 앉은 자리 앞면에 신영복 선생이 직접 써준 '사람사는세상' 액자가 걸려 있었다. '사람사는세상', 88년도 부산 동구에서 국회의원에 처음 출마했을 때 내걸었던 노무현 후보의 선거구호였다. 이후 평생 동안 대통령이 추구하는 목표가 되었다. 뒷면에는 도종환 시인의 '담쟁이' 서각이 붙어 있었다. 대통령은 '담쟁이' 시(詩)가 자신의 삶을 닮은 듯하다며 좋아했다.

저것은 벽
어쩔 수 없는 벽이라고 우리가 느낄 때
그때, 담쟁이는 말없이 그 벽을 오른다.

물 한 방울 없고, 씨앗 한 톨 살아남을 수 없는
저것은 절망의 벽이라고 말할 때
담쟁이는 서두르지 않고 앞으로 나간다.
한 뼘이라도 꼭 여럿이 함께 손을 잡고 올라간다.
푸르게 절망을 잡고 놓지 않는다.

저것은 넘을 수 없는 벽이라고 고개를 떨구고 있을 때
담쟁이 잎 하나는 담쟁이 잎 수 천 개를 이끌고
결국 그 벽을 넘는다.

대통령은 25년 전, 잘나가던 조세 전문 변호사 시절, 군사독재 정권에
항거하는 양심수들을 변호인으로서 만났다. 동생 같은 대학생들의 처
참한 고문을 목격하고 나서는 변호사의 안정된 기득권을 스스로 버렸
다. 87년 6월, 최루탄 가스가 자욱한 남포동 거리에서 혼자 버티고 앉
아 전두환 군사독재정권에 맞섰다. 거제와 울산의 파업현장으로 노동
자 권익을 위해 뛰어다녔다. 87년 직선제 헌법을 쟁취했지만 양 김(金)
씨가 분열하여 노태우 후보에게 패배했을 때는 원망도 했다. '사람사
는세상'을 위해 직접 정치에 뛰어들었다. 김영삼 총재가 3당 합당을
결의한 의원총회에서 항의하다 쫓겨나기도 했다.

"이의 있습니다!"

꼬마 민주당 때, 평민당과 합당을 하고 지역통합을 위해 김대중 대통

령 당선을 도왔지만 정작 자신은 지역주의 벽에 가로막혀 부산에서 연거푸 낙선했다. 절망의 벽을 넘으려 도전했던 2000년 북강서 국회 의원 선거에 패배했을 때는 아예 정치를 접으려고 했었다.

"농부는 밭을 탓하지 않습니다."

그랬다. 대통령은 밭을 탓하기보다 스스로의 노력이 부족했다고 여겼다. 게다가 그는 혼자가 아니었다. 깨어 있는 시민들이 그를 다시 일으켜 세워주었다. 국민들이 '바보 노무현'을 역사의 도구로 불러내었다. 2002년 국민참여 경선에서 노사모가 돌풍을 일으켰다. 설렁탕 한 그릇 사줄 수 없었던 노무현 후보에게 국민들은 돼지저금통을 깨서 선거자금을 대주었다. 변방의 비주류인 노무현은 국민들 빽으로 대통령이 되었다. 국민들이 이뤄낸 '정치 기적'이었다.

'절벽이라도 포기하지 않는 담쟁이'

대통령은 정치를 시작한 이래 지역주의와 권위주의에 우직하게 맞서 왔다. 원칙과 상식을 지키기 위해 왕따도 감수했다. 눈앞의 정치적 이익을 위해 결코 특권과 반칙에 무릎을 꿇지 않았다. '바보 노무현'의 무모한 도전을 묵묵히 지켜보던 국민들이 결정적 순간에 극적으로 화답했다. 소리 없는 아우성으로 절망의 벽을 한 발짝 한 발짝 기어오르는 담쟁이들이 환호했다. 그렇게 자신이 깨지면서 벽을 깨뜨려온 세월이었다. 절망도 조금씩 무너져 내렸다.

대통령이 되었다. 약속대로 모든 권력기관을 국민 편에 돌려주었다. 제왕적 대통령을 스스로 포기한 것이었다. 더 이상 밀실 독대와 정치적 뒷거래는 없었다. 정치인, 언론인은 물론 일반국민까지 도청하고 미행하는 일은 있을 수 없는 과거가 되었다. 억울하고 부당한 검찰수사도 없었다. 경제적 약점을 캐서 뒷돈을 강요하기 위한 세무조사도 더 이상 일어나지 않았다. 권력을 내려놓으니 세상은 시끄러웠다. 국민들은 더 많은 개혁을 더 빨리 요구했다. 억눌렸던 사회적 욕구들이 여과 없이 분출되었다. 지금까지 독점과 특권을 누려왔던 기득권세력의 저항도 더욱 거세졌다. 당연하였지만 민주주의는 혹독한 시련을 겪었다. 좌든 우든 모든 게 노무현 탓이었다. 우리 편이라고 생각했던 사람들의 비난은 더욱 아팠다. 그래도 시민의 모든 권리는 보장되었고 공권력은 절제되었다. 대통령이 내려놓은 제왕적 권력만큼이나 국민에겐 민주주의와 언론자유가 확대되었다.

수구세력들은 대통령을 끌어내리기 위해 여야를 가리지 않고 야합했다. 여소야대 국회에서 대통령을 탄핵했다. 헌법재판소의 탄핵심판이 기각되기까지 63일 동안 대통령의 권한은 정지되고 관저에 유폐(幽閉)되었다. 광화문에서 매주 탄핵을 반대하는 국민들의 촛불시위가 들불처럼 번져나갔다. 수십만 시민의 함성소리가 북악산 기슭 관저까지 쩌렁쩌렁 울려왔다. 고마웠다. 촛불민심을 믿고 대통령은 뚝심 있게 버티어냈다. 그러나 파면은 모면했지만 사회개혁의 동력은 점점 흩어지고 약해졌다. 근본적으로 기울어진 운동장을 바로잡기 위해 승자독식의 선거제도와 지역독점의 정치지형을 바꾸어야 했다. 대통령부터 기득권을 내려놓았다. 지역주의를 타파할 수만 있다면 권력을 나누어 서라도 기필코 개헌을 하고 싶었다. 그러나 대통령의 진의는 무시되었고 말꼬투리만 물고 늘어졌다. 임기 말이 되서야 가까스로 남북정상회담을 했다. 전쟁위험을 제거하고 평화와 번영을 위해 개성공단을 추진하고 NLL과 DMZ를 평화벨트로 묶는 서해평화협력지대도 만들고 싶었다. 그러나 거기까지였다.

5월 19일이었다. 대통령은 강금원 회장의 보석 소식을 손꼽아 기다렸다. 두 번째 구속될 무렵, 강금원 회장은 이미 뇌종양 진단을 받았다. 수술이 필요했으나 검찰은 무자비하게 구속시켰다. 수술을 위해 변호인이 강금원 회장의 보석을 신청했다. 보석 여부의 결정이 있는 날이었다.

"제발 제때에 늦지 않게 치료를 받고 건강하게 다시 볼 수 있기를 바란다."

재판부가 보석을 거부했다. 대통령은 분노했다. 수술이 촌각을 다투는 환자를 가두다니. 대통령은 절망스러웠다. 대통령 자신으로 인해 고통받는 주변 사람이 한둘이 아니었다. 이들에게 더없이 미안했다.

일주일째 사저에는 아무도 오지 않았다. 집 주위 분위기는 살기(殺氣)마저 감돌고 있었다. 대통령은 박은하 비서관에게 담쟁이 액자를 떼라고 했다. 대통령에게 담쟁이 시(詩)는 어려울 때마다 위안이 되어주었다. 대통령은 자신의 삶이 담쟁이와 같다고 생각했다. 과감히 절망을 뛰어넘고, 마침내 그 자신이 희망이 되고자 했다. 그러나 대통령은 더 이상 절망의 벽을 기어오르는 담쟁이가 될 수 없었다. 자신도 모르는 사이 당신의 주변이 무너져 내렸다. 이미 돌이킬 수 없었다. 모든 것을 내려놓아야 했다.

대통령이 사실대로 '몰랐다'고 주장하면 가족에게 모든 잘못을 떠넘기는 비겁한 가장(家長)이 될 것이었다. 그렇다고 '알았다'고 가족을 감싸면 부정부패한 대통령으로서 자신의 명예가 크게 훼손될 것이었다. 이명박 정권은 노 대통령의 정치적, 도덕적 생명을 끊으려고 작심하고 덤벼들었다. 그들에게는 사실이 필요하지 않았다. 증거도 중요하지 않았다. 단지 언론플레이를 통해 여론재판을 유도하고 있었다. 그들에게는 꽃놀이패, 회심의 노림수였다. 이미 파렴치한으로 몰려 있는 상황에서 재판과정까지 끌고가면 더욱 만신창이가 될 뿐이었다. 대통령은 그것이 절망스러웠다. 사법적 대응이 구차한 일이 되고 있었다. 수렁에서 벗어나는 길은 단 하나뿐이었다. 수렁 자체를 없애야 했다.

대통령은 2004년 탄핵재판이 진행되던 때, 대통령 직무가 정지되고 '탄핵 반대' 촛불시위가 번지고 있는 상황에서 김훈의 '칼의 노래'를 읽었다. 탄핵심판을 앞둔 대통령은 마치 마지막 노량해전에 임하는 이순신 장군의 처지와 심경이 비슷하다며 깊이 공감했다. 이순신 장군의 전쟁은 썩어빠진 왕의 나라를 지키기 위한 것이 아니었다. 민초들의 고통을 덜기 위해 기필코 전쟁을 이겨야 했고 기꺼이 목숨을 걸었다. 장군은 죽었으나 역사 속에서 살아났다.

'필생즉사 필사즉생(必生則死 必死則生)'
반드시 죽고자 하면 살고 반드시 살려고만 하면 죽는다.
'일휘소탕 혈염산하(一揮掃蕩 血染山河)'
한번 휘둘러 쓸어버리니 피가 산하를 물들인다.

대통령은 자신이 구차하게 살아서 치욕을 당하느니 차라리 죽어서 진
보의 가치와 대의를 살리고자 했다. 현실은 노무현의 한계와 실패일
뿐 미래를 위해 진보진영의 실패로까지 낙인찍힐 수 없었다. 대통령
은 현실의 실패를 인정하고 역사의 평가에 맡겼다. 죽어서 살려야 했
다. 그 죽음의 두려움마저 단칼에 베어야 했다. 대통령은 '역사의 신
화'를 택했다.

대통령은 자신의 역할은 여기까지라고 선을 그었다. 수천의 담쟁이들
에게 더 이상 앞장선 담쟁이를 따르지 말라고 외쳤다. 그래도 따라오
는 담쟁이들은 뿌리칠 수밖에 없었다. 대통령 자신 때문에 남은 담쟁
이들까지 낭떠러지에 떨어져서는 안 되었다. 앞선 담쟁이 때문에 그
들이 매도되고 그래서 더 절망에 빠질까 봐, 그들이 스스로 희망을 포
기하고 투지를 버리는 것만은 막고 싶었다. 이제는 그들이 희망이 되
길 바랐다. 계속 절망의 벽을 타고 오르길 바랐다. 그동안 대통령은 외
로웠지만 노사모가 뒤를 따랐고 수많은 국민들이 지지해주었다. 그래
서 대통령은 힘든지 몰랐고 그들이 진심으로 고마웠다.

17

부엉이바위

5시 40분이 조금 덜 되었다. 대통령이 인터폰으로 경호데스크에 연락을 했다.

"산책 나갈게요."
"네, 알겠습니다. 자전거를 준비할까요?"
"자전거는 필요 없고요."

대통령은 회색 콤비 양복을 걸치고 현관으로 나가 등산화를 꺼내 신었다. 모처럼 새벽 산책을 위해 사저 대문을 나섰다. 이병춘 수행과장이 대문에서 기다리고 있었다. 경비를 서고 있던 의경이 대통령께 거수경례를 했다. 평소처럼 대통령도 가볍게 고개를 숙여 답례를 했다. 이 경호관은 몇 발짝 떨어져 뒤따랐다. 대통령은 사저를 에워싼 돌담

길을 조금 걷다 걸음을 멈추었다. 화단의 마삭줄 무더기 속에 꽃대가 삐죽 솟아 있는 잡초가 하나 눈에 띄었다.

대통령은 잡초가 눈에 띄면 그냥 지나치는 법이 없었다. 평소에도 환삼덩굴, 며느리밑씻개, 미국자리공, 소리쟁이는 보이는 대로 뽑아냈다. 어제도 오후 늦게까지 모처럼 건호 씨와 함께 사저 마당의 잡초를 뽑고 나무들을 돌보았다. 강돌로 쌓아 올린 돌담에 마삭줄의 덩굴손이 타고 오르고 있었다. 눈에 거슬린 것은 잡초가 아니었다. 마삭줄 화단에 어울리지 않는 민들레였다. 허리를 숙여 민들레 밑동을 잡고 뿌리째 뽑았다. 뽑아 든 민들레를 물끄러미 바라보았다. 씨앗이 남아 있었다. 대통령이 입 바람으로 씨앗을 불어 날렸다. 바람을 타고 민들레 홀씨가 날아올랐다. 손에 쥐고 있던 민들레는 그 자리에 내려놓았다. 씨앗을 날려 보낸 민들레는 흙으로 돌려주었다. 다시 뒷짐을 지고 앞서 걸었다.

대통령은 봉화산을 향해 걸었다. 하늘은 찌푸렸고 봉화산은 아침 안개로 뿌옇게 싸여 있었다. 봉화산 자락이 흘러내리다 좁고 기다란 밭이 계단을 이루고 있었다. 누군가 새벽부터 밭일을 하고 있는 것이 보였다. 점점 가까워지자 그를 알아보았다. 동갑내기 동네친구였다. 박영철 씨는 누가 다가오는 줄도 모르고 마늘 캐는 일에 열중하고 있었다. 대통령이 먼저 말을 건넸다. 그가 대통령을 알아보고 반갑게 맞았다.

"일찍 나오셨네. 요즘 마늘 작황이 어떻노?"

부엉이바위.

"아이고 오랜만에…. 올해 가물어서 별로 좋지는 않습니다."

대통령은 다정하게 대화를 나누고 다시 산을 오르기 시작했다. 한 그루 외롭게 남아 있는 감나무를 지나 조금씩 가팔라지기 시작한 산길을 뒷짐을 진 채 느릿느릿 걸었다. 마애불이 새겨진 바위가 쓰러져 있는 약수터에 이르렀다. 대통령이 어린 시절 친구들과 술래잡기도 하던 곳, 말안장처럼 생긴 바위는 검정 고무신을 신고 오르기도 했던 놀이터였다. 대통령이 부엉이바위 쪽을 바라보면서 혼잣말을 했다.

"어렸을 적에는 저길 참 잘도 올라가곤 했었는데…."

대통령은 한숨을 고르고 다시 사자바위를 향해 걸음을 옮겼다. 봉수대 삼거리 이정표를 지나 정토원 방향으로 조금 더 걷다 대통령이 멈추어 섰다. 잠시 산 아래를 내려다보았다. 그러다 이 경호관에게 불쑥 말을 던졌다.

"힘든데 내려가지."
"네."

대통령은 방향을 바꾸어 오던 길을 되짚어 내려왔다. 조금 내려오다 이번에는 부엉이바위를 향해 오른쪽으로 길을 고쳐 잡았다. 새벽 6시가 조금 지났다. 부엉이바위 정상에 도착했다. 대통령이 갑자기 뒤를 돌아보며 이 경호관에게 물었다.

"부엉이바위에 부엉이가 사나?"

"잘 모르겠습니다."

대통령은 한참 동안 봉하들판과 사저를 말없이 바라보았다. 대통령은 호주머니에서 손수건을 꺼내 땀을 닦았다. 폐쇄된 등산로 쪽을 둘러보며 이 경호관에게 다시 물었다.

"담배 있는가?"

"없습니다. 가져오라 할까요?"

"아니, 됐어요."

부엉이바위 주변을 이리저리 살피던 대통령이 다시 혼잣말처럼 물었다.

"폐쇄된 등산로에 사람이 다니는 모양이네?"

"그런 모양입니다."

부엉이바위 정상에는 조그만 평지에 묘지가 한 개 있었다. 대통령은 묘지 옆 잔디밭에 앉았다. 대통령이 서 있는 이 경호관을 올려다보았다. 연민의 눈빛이었다. 이번에는 지시였다.

"정토원에 선 법사 계시는가 보고 오지."

"모셔올까요?"

"아니, 그냥 계신지 확인만 하고 와."

"예, 알겠습니다."

이 경호관은 곧바로 정토원으로 뛰어갔다.

"내가 알고 모르고
이런 수준이라는 것은
이미 의미가 없어.
다 내 불찰이야.

나는 봉화산과 같은 존재야.
산맥이 없어.
이 봉화산이 큰 산맥에 연결돼 있는 산맥이 아무것도 없고
딱 홀로 서 있는, 돌출된 산이야.

여기서 새로운 삶의 목표를 가지고 돌아왔는데,

내가 돌아온 곳은
이곳을 떠나기 전의 삶보다
더 고달픈 삶으로 돌아와버렸어.

각을 세우고 싸우고 지지고 볶고 하는 정치마당에서
'이제 해방되는구나' 하고 돌아왔는데,

새로운 일을 좀 해본다는 것이었는데….

내가 옛날 여기 살 때
내 최대 관심사가
배고프고 먹고사는 것이었어.

그런데 그 뒤에 많은 성취의 목표들이 바뀌어왔지만,
마지막에 돌아와서도
또 새로운 목표를 가지고 돌아왔는데

지금 딱 부닥쳐보니까
먹고사는 데 급급했던 한 사람,
그 수준으로 돌아와버린 것 같아.

어릴 땐 끊임없이 희망이 있었지만
지금은 희망이 없어져버렸어.

이미 전세가 기울어버린 전장에서
마지막 옥쇄하겠다는 그런 투쟁하고 같아서

전략적으로 옳지 않은,
대세가 기울어진 싸움터에서는 빨리 빠져나가야 돼.
협곡의 조그만 성채로 들어가는 것이지.

봉화산은 136미터, 낮은 산이었다. 그러나 들판에 솟아 사방 40리가 훤히 보이는 높은 산이었다. 봉화산을 위에서 보면 학이 양 날개를 펴고 나는 모양새다. 이 학산은 건너편 뱀산이 화포천의 개구리산을 삼키려는 것을 견제하여 잡아먹지 못하게 하는 형세였다. 봉화산은 개구리산을 지켜주는 수호천사였다. 대통령은 봉화산처럼 뱀으로부터 개구리를 보호하는 학이 되고 싶었다. 낮은 대통령, 이웃집 아저씨 같은 대통령이 되고 싶었다. 힘없고 약한 사람들을 지켜주고 싶었다.

대통령은 자신이 알고 모르고를 떠나서, 다 안고 가야할 불찰이라고 여겼다. 대통령 개인의 실패일 뿐, 결코 진보의 실패는 아니며 진보진영 전체가 매도당할 일은 더욱 아니었다. 대통령은 자신을 둘러싸고 있는 이 절망과 불명예, 그 자체를 단칼에 베어버리고 싶었다.

대통령은 일어섰다.
고개를 들어 하늘을 보았다.
안개가 걷히고 해가 떠오르기 시작했다.
대통령은 하늘을 날았다.

18

서거 逝去

아침 7시가 지났다. 김경수 비서관이 내게 전화를 했다. 예의 바르고 차분한 목소리였다.

"어디 계십니까? 사무실로 가겠습니다."

무슨 일이지? 평소보다 이른 전화, 갑작스레 사무실로 방문하겠다는 통보에 불길한 느낌이었지만 무슨 일인지 추측하지 않았다. 김 비서관이 사무실로 들어섰다. 얼굴이 창백했다. 무겁게 입을 열었다.

"대통령님께 변고가 생긴 것 같습니다. 위독하시다는 연락을 받았습니다."

김 비서관도 문용욱 비서관의 연락을 받고 급히 사저를 들러 진영병원으로 가는 중이었다. 대통령은 진영병원 응급실에 계신데 단순한 사고가 아닌 것 같다고 했다. 김 비서관이 안주머니에서 접힌 A4 종이 한 장을 꺼내주었다. 박은하 비서관이 사저 내실에서 대통령이 사용하는 컴퓨터에서 발견, 출력한 것이었다. 글이 입력된 시간은 5월 23일 오늘 새벽 5시 21분이었다. 나는 심호흡을 한 번 하고 한 줄 한 줄 읽어내려 갔다.

너무 많은 사람들에게 신세를 졌다.
나로 말미암아 여러 사람이 받은 고통이 너무 크다.
앞으로 받을 고통도 헤아릴 수가 없다.
여생도 남에게 짐이 될 일밖에 없다.

건강이 좋지 않아서 아무것도 할 수가 없다.
책을 읽을 수도, 글을 쓸 수도 없다.

너무 슬퍼하지 마라.
삶과 죽음이 모두 자연의 한 조각 아니겠는가.

미안해하지 마라.
누구도 원망하지 마라.
운명이다.

2009년 5월 23일 오전 9시 30분 대통령 서거. 대통령은 가족들 앞으로 짧은 유서를 남겼다.

화장해라.

그리고 집 가까운 곳에 아주 작은 비석 하나만 남겨라.

오래된 생각이다.

14줄 171자, 유언(遺言)이었다. 모골이 서늘해지며 소름이 확 돋았다. 머리가 어지러웠다. 김 비서관은 나에게 만약의 사태에 대비해 봉하를 지키고 있어달라고 당부를 했다. 그는 곧바로 진영병원으로 떠났다. 혼자 반지하 빌라 사무실에 남겨졌다. 며칠 전 새벽, 안개 낀 빌라 뒤편 장군차 밭에서 대통령과의 만남이 떠올랐다.

군대생활도 아닌데 몸이 시계였다. 6시쯤이었다. 잠은 깨었으나 간밤의 꿈이 뒤숭숭해 뒤척이고 있었다. 전화벨 소리가 들렸다. 꿈결인가 싶었다. 경호실 수행과장의 목소리였다. 대통령 칩거 이후 그 시간에 없었던 전화였다. 대통령이 빌라 뒤 장군차밭에서 나를 찾는다고 했다. 빌라 뒤 장군차밭이면, 바로 내 숙소 뒤에 계시다는 말이었다. 세수도 하지 못하고 추리닝 차림에 황급히 빌라계단을 뛰어 올랐다. 그날따라 안개가 짙게 깔려 있었다. 봉하빌라 2층 복도에서 장군차 밭이 있는 언덕을 올려다보았다. 순간 대통령과 눈이 마주쳤다. 엉겁결에 인사말을 던졌다.

"대통령님, 나오셨습니까?"

안개가 낀 장군차밭을 배경으로 밑을 내려다보고 있는 대통령의 얼굴은 어둡고 침울해 보였다. 내가 인사를 했는데도 별 말씀이 없었다. 대통령은 내가 언덕을 오르기도 전에 몸을 돌려 뒷짐을 지고 앞장서 걸었다. 장군차가 심겨 있는 차밭에서 멈추어 섰다. 고개를 돌려 나를 보았다. 그러고 보니 대통령 얼굴은 화가 난 표정이었다. 오랜만의 새벽 산책, 대통령은 사저를 나와 마을 뒤편, 작업로를 따라 안개를 헤치며 여기까지 왔을 것이다. 아끼던 장군차밭을 둘러보고 걱정이 되어 나를 불러낸 것 같았다. 나는 반가운 척도 못한 채, 대통령의 눈치를 살피면서 기어들어가는 목소리로 말문을 열었다.

"말라 죽거나 얼어 죽은 차나무는 뽑아내고 다시 묘목을 심으려고 합니다. 차밭을 빨리 만들지 못해 죄송합니다."

대통령은 무거운 침묵과 표정으로 장군차밭을 일구고자 하는 나의 의지와 노력이 부족하다는 것을 꾸짖었다. 그날 새벽안개처럼 낮게 깔렸던 당신의 마지막 목소리가 귓전을 맴돌았다.

"자네, 장군차밭은 앞으로 어떻게 할 참인가?"

대통령은 먼 길을 떠나기 전, 당신이 혼을 불어넣고 애정을 쏟았던 일들을 하나씩 둘러보고 마음에 담아두려 했던 걸까. 당신이 없더라도 봉하에서 시작한 일들이 중단되지 않기를 바라는 심정에서 나를 불러 다짐을 받아두고자 했던 걸까. '대통령의 유서'를 보고서야 비로소 그날 대통령의 새벽 방문이 나에게 유언이었음을 알아챘다. 나의 둔감

함에 가슴을 쳤다. 그때 감(感)을 잡았어야 했는데…. 대통령은 누구보다 강한 분이었다. 지금까지 숱한 시련과 역경이 있었지만 이번에도 충분히 이겨낼 것이라, 힘들어도 감당해낼 것이라 믿었다. 그런데…. 너무 당신을 믿고 그냥 물러서 있었다는 자책과 후회가 몰아쳤다.

이미 TV방송에서 긴급속보로 '노무현 대통령 중태' 소식이 뜨고 있었다. 주영훈 본부장은 진영병원 의료진의 판단에 따라 대통령을 양산 부산대병원 응급의료센터로 옮겼다. 문용욱 비서관과 김경수 비서관이 엠뷸런스 뒤를 따랐다. 대통령의 위중한 상태를 보고받은 문재인 실장이 먼저 양산 부산대병원에서 기다리고 있었다. 양산 부산대병원으로 노건호 씨와 부산의 정재성 변호사, 이정호 수석 등이 급하게 달려왔다. 봉하에 있는 나에게도 영문을 묻는 전화가 불이 났다. 기자들도 봉하마을로 몰려들기 시작했다.

대통령이 양산 부산대병원에 도착했을 때 대통령은 이미 의식을 잃고 자가 호흡을 할 수 없는 상태였다. 거듭 심폐소생술을 실시했지만 대통령의 상태는 호전되지 않았다. 의료진이 해볼 수 있는 조치는 더 이상 없었다. 대통령의 운명은 이미 뒤바꿀 수가 없었다. 문재인 실장은 인공호흡기가 부착되어 있는 대통령의 마지막 모습을 보았다. 문재인 실장은 여사님이 병원에 도착하기 전에 의료진에게 요청을 했다. 의료진은 서둘러 상처를 봉합하고 혈흔을 닦아냈다. 여사님은 대통령이 그저 등산을 하다 낙상을 했고, 그 부상이 심해 진영병원에서 양산 부산대병원으로 옮긴 줄 알았다. 소식을 듣자마자 황급히 달려온 여사님은 대통령의 모습을 보고 그 자리에서 정신을 잃었다. 그 시간이었다. 대통령은 오전 9시 30분, 운명했다. 그날 대통령의 품에는 마지막 가는 길에 땀을 닦았던 '그 손수건'만 남아 있었다.

양산의 부산대병원에는 대통령의 비보를 듣고 이병완 전 실장과 김세옥 전 경호실장, 유시민 전 장관, 전해철 수석과 안희정 최고위원 등 참여정부 인사들이 속속 달려왔다. 시민들, 취재진으로 북새통이 되었다. 검안의가 대통령의 시신을 검안하고 사인(死因)을 설명했다. 대통령의 서거 사실을 공식적으로 발표하여야 했다. 김경수 비서관이 급하게 발표문의 초안을 썼다. 문재인 비서실장이 기자들 앞에 섰다. 노무현 대통령의 서거 사실을 발표했다. 발표문은 절제되어 있었다. 그는 무심한 듯 담담하게 읽어 내려갔다.

"대단히 충격적이고 슬픈 소식입니다.
노무현 전 대통령께서 오늘 오전 9시 30분경
이곳 양산 부산대병원에서 운명하셨습니다.
노무현 전 대통령께서는 오늘 새벽 5시 45분경에
사저를 나와 봉화산 등산을 하시던 중
오전 6시 40분께 봉화산 바위 위에서 뛰어내린 것으로 보입니다.
당시 경호관 한 명이 수행을 하고 있었습니다.
그래서 그 즉시 가까운 병원으로 후송을 했습니다만,
상태가 위독해서 양산 부산대병원으로 다시 옮겼고,
조금 전 9시 30분경 돌아가셨습니다.

문재인 실장의 발표로 '대통령의 서거'는 명백한 사실이 되었다. TV 속보 자막을 지켜보며 설마 하고 품었던 한 가닥 기대마저 이제 물거품처럼 사라졌다. TV 화면에 비치는 문재인 실장의 모습은 잔인하다 싶을 정도로 냉정했다. 그는 한 치의 감정적 동요나 흐트러짐도 보이지 않았다. 그런 그도 도저히 믿기지 않는 대통령의 서거 사실을 본인이 발표하는 것만큼은 피하고 싶었다. 사람들에게 경과를 되풀이해서 설명하는 것도 곤혹스러운 일이었다. 이제까지 했던 일 중 가장 힘들고 고통스러운 일이었다. 그도 간신히 버텨내고 있었다. 그래서 더욱 처연해 보였다.

그는 평생 동안 대통령이 가장 신뢰하는 친구이자 동반자였다. 함께한 30여 년 세월 동안 늘 그래왔던 것처럼, 대통령이 혼자서 외로울까 봐 마지막까지 변호인으로, 어려움을 나누는 후배이자 친구로서 곁을 지켰다. 탄핵심판 때도 히말라야 트레킹을 접고 달려와서 법률 대리인을 맡았다. 퇴임 후 정치검찰의 칼끝이 대통령을 겨냥해올 때도 문재인 실장은 더 자주 봉하를 찾았다. 그는 대통령과 가족들의 진정한 수호천사였다. 사실관계 확인과 사법적인 대응을 위해 대통령과 상의할 것이 많았다. 그러나 대통령은 점점 더 힘들어했고, 자신을 위해 문재인 실장이 애쓰는 것에 미안해하고 민망해했다. 문재인 실장은 봉하에 자주 찾아오는 것이 대통령께 부담을 줄까 봐 두세 번 올 일을 한

번으로 줄였다. 마지막 봉하를 찾은 것이 일주일 전이었다.

'대통령은 그 일주일 동안 혼자서 얼마나 외로우셨을까. 그런 결심을 하기까지 마음이 얼마나 힘들었을까. 내가 곁에 있어 말벗이라도 해드렸더라면⋯ 혹시 그런 마음을 돌이킬 수도 있지 않았을까?'

문재인 실장은 일부러 오지 않았던 것이 더욱 후회스럽고 비통했다. 그동안 너무 조심스럽게 법률적 대응만 한 것이 아니었던가. 비열한 정치 보복 수사에 정치적 대응을 적극적으로 하자는 입장도 있었다.

'전직 대통령을 표적으로 삼은 비열한 정치적 수사다'
'정치검찰의 표적수사를 전면 거부한다'

대통령이 하고 싶었던 말들을 속 시원하게 하도록 내버려두어야 하지 않았을까. 차라리 정치적으로 맞대응 하는 것이 오히려 대통령에게는 더 힘이 되었을지도 모른다. 대통령의 마음이 옥쇄(玉碎)까지 각오한 줄 알았더라면 우리라도 몸부림을 쳐봤어야 했는데⋯. 대통령을 제대로 대변해드리지 못했다는 자책감도 그의 마음을 짓눌렀다. 돌이킬 수 없는 회한(悔恨)이 되었다.

19

순명順命

5월 23일 주말 아침, 봉하마을은 평화로웠다. 마을 주민들이 벼농사를 본격적으로 시작한지 꽤 되었다. 이미 못자리의 모는 한 뼘 가까이 컸다. 다들 모심기를 위해 논물을 잡고 써레질을 하고 있었다. 작목반 회원들은 아침 들일을 마치고 늦은 아침상에 앉아 숟가락을 막 뜨려는데 TV 속보 자막을 보았다. 뜻밖의 믿을 수 없는 대통령 관련 긴급 뉴스에 경악했다. 봉하마을이 순식간에 정지되었다. 믿기지 않은 마을 주민들이 나에게 확인 전화를 걸어왔다. 나 또한 눈앞이 캄캄해지고 정신이 아득했다. '하늘이 무너져 내렸다'라는 말이 이런 건가 싶었다. 현실은 급박하게 돌아갔다.

김경수 비서관에게 연락이 왔다. 당장 대통령의 빈소부터 차려야 했다. 나는 마을 주민들과 함께 마을회관 회의실을 치우고 대통령의 시신을 안치할 임시 빈소를 준비했다. 마을주차장 안쪽 구석에 임시 분향소도 만들었다. 슬퍼할 겨를도 없이 대통령의 죽음은 나에게 현실의 일로 밀려들었다. 마을회관의 스피커로 대통령의 서거를 애도하는 음악을 내보냈다. 저음의 진혼곡이 마을을 무겁게 에워쌌다.

오후 늦게 검시를 마친 대통령의 주검이 양산 부산대병원을 출발하여 봉하마을로 향하고 있었다. 참여정부 인사들이 속속 봉하마을로 집결했다. 추도객들의 발걸음도 점점 봉하로 몰려들었다. 끊임없이 밀려오는 파도, 인파(人波)였다. 작은 마을이 온통 슬픔의 도가니로 변해갔다. 이미 봉하마을로 차량 진입은 불가능했다. 마을 입구 삼거리에서부터 추도객들이 걸어 들어오고 있었다. 사람들은 봉하마을에 도착하기 전부터 이미 눈이 충혈되어 있었다. 걸어 들어오는 추도객의 흐느낌은 마을이 가까워질수록 통곡으로 변해가고 있었다. 봉하마을 임시분향소에는 추도객들이 헌화하기 위해 꼬리에 꼬리를 물고 길게 줄을 섰다. 끝이 보이지 않았다. 슬픈 행렬이었다. 아는 얼굴만 봐도 서로 붙잡고 눈물부터 쏟아냈다. 자신의 처지와 '내 마음속 대통령'을 갑작스레 잃은 슬픔과 분노까지 더해 서럽게 울었다. 억장이 무너지는 슬픔과 거대한 분노의 물결이 봉하마을에 출렁이기 시작했다. 봉하는 눈물바다가 되었다. 통곡이 강물처럼 흘렀다.

전국에서 구름처럼 몰려드는 조문객을 맞이하기 위해 노사모 기록관까지 임시 분향소로 바꾸었다. 조문객이 늘어난 만큼 뒷받침해야 할 일이 해일처럼 밀려왔다. 김해 지역의 국화꽃은 금방 동이 났다. 밤을

전국에서 조문객들이 끊이지 않았다. 장례는 우여곡절 끝에 정부와 협의하여 국민장으로 결정되었다.

새워 봉하를 찾은 문상객들에게 컵라면이라도 대접해야 했다. 부족한 물품은 문상객들이 구해주고 갔다. 국화며 생수, 컵라면도 밀물처럼 들어왔다. 주차장에는 임시 식당이 차려지고 진영농협 여성회원들과 자원봉사자들이 식사를 대접하기 시작했다. 이제는 추도객을 지원하기 위한 자원봉사자가 필요했다. 주차관리와 물품관리, 자원봉사자를 관리하는 것도 새로운 일이 되었다.

나는 문상객을 맞고 장례를 준비하는 실무처리에 눈코 뜰 새가 없었다. 슬퍼할 짬도 없었다. 그저 대통령을 떠나보내는 의식과 절차를 맡아 무심하게 진행하는 장의사처럼 장례준비에 온 정신을 쏟았다. 부산민예총 이청산 회장, 김기영 사무처장과 미술인들이 달려와 만장과 현수막을 제작했다. 시인들은 추도시를 썼다. 봉하마을 입구에서부터 대통령을 추모하는 검은색 만장과 현수막이 드리워졌다. 추도객들은 자발적으로 노란색 리본에 추모의 글을 적어 마을 곳곳에 매달았다. 밤늦게까지 대통령을 뵙겠다고 전국에서 찾아오는 조문객들도 끊이질 않았다. 밤이면 '대통령을 지켜주지 못해 미안하다'는 종이컵 촛불이 마을 입구에서부터 도로경계석을 따라 줄지어 켜졌다. 돌아가는 추도객들이 하나씩 놓고 가면서 촛불의 행렬은 점점 길어졌다. 촛불은 날마다 켜졌고, 추도객들은 그 촛불을 따라 걸었다. 촛불행렬이 끝나는 지점에 분향소가 있었다. 그들은 그렇게 대통령을 만났다.

장의준비위 운영위원회가 구성되었다. 김원기 국회의장, 한명숙, 이해찬 국무총리, 문희상 비서실장 등을 고문으로 모시고 운영위원장은 문재인 비서실장이 맡았다. 간사는 전해철 전 민정수석, 실무는 양정철, 김경수 비서관이 뒷받침을 했다. 나는 총무팀을 맡았다. 장례 기간은 7일장으로 결정되었다. 이후 우여곡절 끝에 정부와 협의하여 국민장으로 결정하고 공동으로 '제16대 대통령 노무현 국민장 장의위원회'를 구성하기로 했다. 각 지역에도 자발적인 시민분향소가 차려지고 정부와 지자체별로 분향소도 설치되었다. 국민장 장의위원회는 지역별로 대표상주를 파견하고 어느 정도 체계가 잡혀나갔다.

미처 연락할 생각조차 못하고 있던 이호철 선배가 봉하에 나타났다. 대통령 귀향시 이 선배와 나는 순장조(殉葬組)였다. 그는 3개월 전, 대통령에게 1년 동안의 휴가를 얻어 아내와 함께 세계일주 배낭여행을 떠났다. 돌아오면 아예 봉하마을에 들어와서 집을 짓고 대통령과 함께 살겠다고 약속을 하고 떠났다. 이호철 선배는 이란 여행 중 암투병 중이었던 처조카 사망소식을 듣고 테헤란 공항에서 한국행 비행기에 올랐다가, 비행기 모니터에 '노무현 대통령 서거' 긴급 뉴스가 뜬 것을 우연히 보고 알게 되었다고 했다. 이미 이호철 선배는 반쯤 실성한 사람처럼 넋이 나가 있었다. 자기라도 있었으면 대통령이 덜 외로웠을 것이라며, 말벗이라도 해드렸으면 대통령의 결심을 막을 수도 있지 않았을까 후회했다.

그는 하염없이 울기만 했다. 말없이 술잔만 비웠다. 그러나 슬퍼하고만 있을 수 없었다. 대통령의 마지막 길이라도 잘 보내드려야 했다. 대통령이 사랑했던, 아니 대통령을 사랑했던 국민들 품으로 당신을 모시고 싶었다. 이호철 선배와 나는 경복궁 영결식과 서울 시청광장의 노제를 주장했다. 먼 길 떠나는 대통령을 국민들과 함께 배웅하는 것이 순장조의 마지막 소임이라 여겼다. 나는 자원봉사자들로 질서 유지대를 조직하고 실무준비에 집중했다.

5월 29일, 출상(出喪)이었다. 새벽, 발인제를 지내고 대통령의 운구는 마지막으로 사저를 한 바퀴 둘러보고 바람에 펄럭이는 검은 만장 깃발 사이로 처연하게 봉하마을을 떠났다. 차마 떠나보내지 못하는 사람들이 서럽게 울었다. 떠나는 운구차를 따라가며 국화꽃을 뿌렸다. 봉하 주민들에게 대통령은 언제나 다정다감한 이웃집 형님이었고 동네 아재였다. 반칙과 특권에는 결코 타협하지 않았던 '바보 노무현'을 사랑했던 시민들에겐 절망의 벽을 타고 넘는 담쟁이였고 희망이었다. 이제 그만 대통령을 국민들 품속으로 떠나보내야 했다. 대통령은 강물처럼 민중의 바다로 유유히 흘러갔다.

대통령의 국민장 영결식은 경복궁 앞마당에서 했다. 예정에 없었던 이명박 대통령이 영결식장에 나타났다. 잠시 술렁거림이 있었지만 이내 수그러들었다. 영결식장에 참석한 분들은 대통령을 떠나보내는 마당에 불미스러운 일이 없어야 한다는 장의위원회의 사전당부를 존중했다. 이명박 대통령 내외가 헌화를 하는 순서였다. 앞 열 상주석에 앉아 있던 백원우 의원이 벌떡 일어나 그들을 향해 울부짖었다.

"이명박, 여기가 어디라고…."

재빨리 경호원들이 달려들어 백원우 의원의 입을 틀어막고 끌어냈다. 순식간에 일어난 일이었다. 백 의원의 외침이 그때까지 힘겹게 슬픔과 분노를 참고 있던 추도객들의 마음에 불을 질렀다. 격앙된 시민들도 함께 고함을 쳤다.

"이명박은 사죄하라!"
"이명박은 물러가라!"

항의소동이 영결식장 전체로 확산되었다. 울부짖는 시민들을 제지하기 위해 경호원들이 분주했다. 헌화하려던 이명박 대통령이 국화꽃을 든 채, 힐끗 뒤를 돌아보았다. 표독스러운 눈초리였다. 공동장의위원장인 한명숙 전 총리가 대통령을 떠나보내는 조사(弔辭)를 했다.

"대통령님이 언젠가 말씀하셨듯이, 다음 세상에서는 부디 대통령하지 마십시오. 정치하지 마십시오. 또다시 '바보 노무현'으로 살지 마십시오. 그래서 다음 세상에서는 부디 더는 혼자 힘들어하시는 일이 없기를. 더는 혼자 그 무거운 짐 안고 가시는 길이 없기를 빌고 또 빕니다."

흐느낌이 마지막 구절에 이르러서는 다들 참지 못하고 통곡으로 번졌다. 오열의 바다였다. 몸이 불편했던 김대중 대통령이 힘겹게 헌화를 마치고 미망인께 위로 인사를 하다 그만 대성통곡을 했다. 당신도 해결하지 못했던 지역주의에 맞서 '바보 노무현'이 외롭게 싸우다 장렬

하게 산화한 것이었다. 당신의 절반이 무너지는 아픔이었다. 권양숙 여사도 같이 무너져 내렸다. 노건호 씨의 유족 인사를 끝으로 영결식을 마쳤다. 영결식장 뒤편에서 부산노사모 욕쟁이 할머니가 쪼그리고 앉아 울분을 삭히는 듯 연신 담배연기를 날리고 있었다. 하늘은 맑고 투명했다.

문재인 국민장의위원회 운영위원장은 조금 전 소란에 대해 이명박 대통령에게 '조문 온 분에게 예의가 아니었다'며 사과를 했다. 무겁게 목례를 하는 그의 얼굴은 처연했다. 친구이자 동지였던 대통령을 잃은 슬픈 아픔을 참아내고 있었다. 비열하게 정치적 보복을 자행했던 자들에 대한 끓어오르는 분노도 삭이고 있었다. 누구보다 고통스러웠을 텐데, 차라리 울부짖기라도 했으면 속이라도 후련하련만 참아내고 있는 그가 애처롭고 안타까웠다. 대통령을 정치적 타살로 몰아간 그들에 대한 그의 절제가 유난히 처절하게 슬퍼 보였다.

영결식을 마치고 봉하 장의위원회가 주최하는 시청광장 앞 노제를 위해 운구행렬이 서서히 이동했다. 광화문을 거쳐 세종문화회관을 지나자 대통령을 기다리고 있던 수많은 사람들이 운구대열에 합류했다. 이미 시청광장에는 수많은 국민들이 대통령을 기다리고 있었다. 광화문 대로에는 운구행렬이 지나갈 수조차 없었다. 질서유지대가 겨우 운구차의 길을 열어나갔다. 운구행렬은 문상객들에 휩싸여 한 걸음 한 걸음 시청 앞 광장으로 향했다. 광장에는 발 디딜 틈도 없었다. 추도객들은 노란 손수건을 목에 두르고, 노란 종이모자를 쓰고 있었다.

그들은 손에 손에 노란 풍선도 들고 있었다. 노란색 물결이 광장 가득 넘실대고 있었다. 하늘은 유난히 파랬다.

노제 식전행사로 시민 영결식이 진행되었다. 사회자는 뜻밖에 방송인 김제동 씨였다. 안치환, 윤도현의 조가에 이어 가수 양희은이 대통령이 평소 즐겨 불렀던 '상록수(常綠樹)'를 불렀다.

"서러움 모두 버리고 나 이제 가노라."

시민들은 "대통령님, 대통령님…"을 부르며 목 놓아 울었다. 이미 눈물의 바다였다. 김제동 씨가 조문 나온 국민들을 대표해서 대통령의 유언에 산자의 마음으로 화답을 했다.

'너무 많은 사람들에게 신세를 졌다'고 했는데
사실은 우리가 그분에게 너무 큰 신세를 졌습니다.

'나로 말미암아 여러 사람이 받은 고통이 너무 크다'고 했는데
그분으로부터 우리가 받은 사랑이 너무 컸습니다.

'앞으로 받을 고통도 헤아릴 수 없다'고 하셨는데
우리가 앞으로 그분으로 인해서 느낄 행복이 너무 클 것 같습니다.

'여생도 남에게 짐이 될 일밖에 없다'고 하셨는데

그 짐 기꺼이 우리가 오늘 나누어 질 것을 다짐합니다.

'너무 슬퍼하지 말라'고 하셨는데
죄송합니다. 오늘은 좀 슬퍼해야겠습니다.

'삶과 죽음이 모두 자연의 한 조각이 아니겠는가?'라고 말씀 하셨
는데 그래서 우리 가슴 속에 그분의 한 조각 한 조각을 퍼즐처럼
맞추어 심장이 뛸 때마다 당신을 잊지 않겠습니다.

'미안해하지 말라'고 하셨는데
죄송합니다. 오늘 좀 미안해하겠습니다. 지켜드리지 못해서…

'누구도 원망하지 말라'고 했는데
오늘 우리 스스로를 원망하겠습니다. 지켜드리지 못해서…

'운명이다'라고 하셨는데
그것만큼은 받아들이지 못하겠습니다. 다만 그분이 남기신 큰 짐
을 우리가 운명으로 안고 반드시 이뤄나가겠습니다.

'집 가까운 곳에 아주 작은 비석 하나만 남겨라'고 하셨는데
우리 가슴속에 영원토록 잊히지 않을 큰 비석 하나 잊지 않고 세우
겠습니다.

'화장해라'라고 말씀하셨는데

뜨거운 불이 아니라 우리 가슴 속에서 나오는 마음의 뜨거운 열정

으로 그 분을 우리 가슴속에 한 줌의 재가 아니라 영원토록 살아있

는 열정으로 남기겠습니다.

대통령의 절명시(絶命詩)는 그의 댓구가 마중물이 되어 시청광장을 슬
픔과 분노의 물결로 더욱 출렁이게 했다. 통곡(痛哭)의 강이었다. 회한
의 눈물이 넘쳤다.

도종환 시인의 사회로 노제가 시작되었다. 노제 총감독을 맡은 김명
곤 전 문화부장관이 초혼(招魂)의식을 이끌었다. 국립창극단원들이 하
얀 꽃상여에 향로를 매고 상두꾼의 상여소리에 따라 대통령을 모신
영구차를 한 바퀴 돌고 무대로 대통령의 넋을 모셨다. 국립무용단이
진혼무(鎭魂舞)를 췄다. 안도현, 김진경 시인이 추도시를 낭송했다. 애
절한 안숙선 명창의 조창에 모두들 어깨가 들먹거렸다. 이미 흐느낌
은 통곡의 합창이 되었다. 장시아 시인이 대통령의 유서를 낭독했다.
크레인에서 하얀 종이꽃가루가 바람에 흩날렸다. 사람들이 노란 종이
비행기와 노란 풍선을 파란 하늘로 날렸다. 풍선은 그의 넋을 향해 높
이 날아올랐다.

도종환 시인이 먼저 외치고 50만 시민이 따라 외쳤다. 거대한 함성이
시청광장에 메아리쳤다.

서울시청 앞 광장 노제.

"노무현, 당신을 사랑합니다."
"당신을 영원히 기억하겠습니다."

다시 눈물이 뜨거워졌다. 슬픔이 강물처럼 흘렀다. 노란 물결이 일렁
거렸다. 갑자기 사람들이 고개를 들어 일제히 하늘을 쳐다보았다. 파
란 하늘에 고운 빛깔의 채운(彩雲)이 무지개처럼 피어났다. 사람들이

탄성을 지르면서 채운을 바라보았다. 마치 대통령이 채운으로 부활한 듯 했다. 명계남 선배의 넋두리가 떠올랐다.

"나는 노무현이라는 역사의 섬광을 보았다. 그러나 그것이 섬광인 줄도 모르는 사람들이 많더라."

대통령이 불현듯 떠난 뒤에야 비로소 찢어진 구름장 사이로 파란 하늘이 보였다. 그제서야 사람들은 '역사의 섬광'을 보았다. 노무현은 죽어서 마침내 살아난 '역사의 신화'가 되었다. 대통령의 정신과 가치는 국민들 가슴속에 민들레 홀씨가 되었다. 수많은 '바보 노무현'으로 퍼질 것이다.

4대 종단의 지도자들이 종교의식으로 대통령의 혼을 위로하며 그를 떠나보냈다. 마지막으로 대통령의 애창곡 '사랑으로'가 대통령의 육성으로 흘러나왔다. 시민들이 모두 일어나 대통령과 함께 노래를 불렀다. 서로의 손을 잡았다. 그들은 서럽게 울었다. 운구행렬이 서울광장에서 서울역 방향으로 서서히 움직이기 시작했다. 그야말로 인산인해(人山人海)였다. 인파와 함께 운구차는 느릿느릿 남쪽으로 나아갔다. 노란 물결에 실려 대통령이 떠내려왔다. 시민들이 대통령의 마지막 길에 운구차라도 만져보겠다고 아우성이었다.

"대통령님, 사랑합니다. 대통령님, 존경합니다."
"노무현은 죽지 않았다."

울부짖는 시민들이 운구차를 붙잡았다. 서울역 광장까지 수많은 인파가 꼬리에 꼬리를 물고 당신의 마지막 길에 동행(同行)했다. 운구차가 서울 외곽을 벗어날 때까지 길가에는 대통령이 지나가길 기다리던 수많은 시민들이 마지막 길을 눈물로 환송했다. 더는 외롭지 않은 대통령이었다. 혼자가 아니었다.

수원 나들목에서부터 연화장까지 8킬로미터의 가로수마다 노란 풍선과 리본이 물결쳤다. 이곳에서도 수많은 사람들이 대통령의 마지막 길을 지켰다. 고별의식을 끝으로 영원한 국민의 대통령은 한 줌의 재가 되었다. 상주인 노건호 씨와 문재인 장의위 운영위원장이 유골을 수습하여 곱게 빻아 유골함에 모셨다. 태극기에 싸인 유골함이 고향을 향해 걸음을 재촉하자 시민들은 대통령이 떠나는 길에 노란 종이비행기를 띄워 올렸다. 종이비행기가 밤하늘을 수놓았다. 새벽 2시가 되어서야 봉하로 돌아왔다. 정토원 수광전에 유골함을 임시로 안치하고서야 국민장은 끝났다.

7일의 국민장이 치러지는 동안 대통령을 추모하는 분향소가 전국에 332개소가 설치되었다. 봉하마을 분향소에만 100만 명이 넘은 국민들이 조문을 다녀갔다. 서울시청 광장의 노제도 50만 명이 참석하였고 전국적으로 500만 명의 시민들이 임시분향소에 조문을 했다. 영결식 후 정토원에서는 매주 49재(齋)를 올렸다. 7월 10일, 안장식을 했다. 이때까지 작은 봉하마을에는 200만 명의 조문인파가 몰려왔다.

49재가 끝나고 본격적으로 묘역조성공사가 추진되었다. 유홍준 전 문화재청장이 위원장을 맡아 '아주 작은 비석' 건립위원회를 구성했다. 유홍준 비석건립위원장은 대통령의 유언과 국민의 뜻을 담아 비석과 무덤의 성격을 한마디로 정리했다.

'검이불루 화이불치(儉而不陋 華而不侈)'
검소하지만 누추하지 않고 화려하지만 사치스럽지 않다.

건축가 승효상 씨가 전례가 없는 역사적 조형물로 무덤과 비석을 설계했다. 집 가까이에 봉분 없이 작은 묘비 하나만 세웠다. 너럭바위에는 조계종 총무원장 지관 스님이 '대통령 노무현' 여섯 글자를 쓰고 새겼다. 비문을 대신한 1만 5천여 개의 국민참여 박석과 1천 년을 견디는 내후성 강판에 신영복 선생의 글씨로 대통령 어록 한 구절을 새겼다.

"민주주의 최후의 보루는 깨어 있는 시민의 조직된 힘입니다"

정치인 노무현의 30년은 지역주의와 권위주의를 타파하기 위해 자신의 모든 것을 걸었다. 대통령은 자신이 깨어지면서 시민과 함께 깨우쳐나갔다. 대통령은 자신의 아픔을 아랑곳하지 않고 시대의 아픔을 보듬어나갔다. 마지막 순간까지 자신의 몸을 던져 민주(民主)를 살렸다. 비록 육신은 죽었으되 영혼은 국민들의 마음에 살았다. 깨어 있는 시민의 힘, 그 원천이 되었다. 노무현의 30년은 멈출 수 없는 미래였다. 오고야 말 그날이었다.

대통령은 황망하게 우리 곁을 떠났지만 무심한 들판은 하루하루 초록이 짙어져만 갔다. 대통령과 함께했던 봉하마을에서의 15개월은 나에겐 찬란한 봄이었다. 대통령은 나에게 당신의 가치와 영혼을 불어넣어주었다. 대통령의 이상과 꿈으로 나를 이끌었다. 이제야 대통령의 말뜻도 알아채고 농사의 이치를 조금씩 깨닫고 요령도 알 듯한데, 밀짚모자와 장화만 남기고 대통령은 훌쩍 떠나버렸다.

대통령의 귀향과 함께 내 인생도 꼬였다. 봉하행 열차를 타고 내려올 때만 해도 농사는커녕 봉하마을에 사는 것조차 생각해본 적이 없었다. 나는 농사의 'ㄴ' 자도 몰랐다. 봉하마을에 오기 전까지 한 번도 논에 들어가본 적이 없었고 벼꽃이 있는 줄도 몰랐다. 벼농사는 꿈도 꾼 적이 없었고, 농촌은 그저 책 속에서 읽었을 뿐 미지(未知)의 세계였다. 그런 내가 농군이 되었다. 대통령과의 인연 때문이었다. 누군가 해야 했다. 나는 피하지 않았고 차라리 즐겼다. '월화수목금금금', 새벽부터 밤늦게까지 논에서, 현장에서 마을 주민들과 뒹굴었다. 쏟아지는 졸음을 쫓아내며 주경야독을 했다. 대통령의 꿈과 가치를 좇아, 대통령이 물꼬를 튼 생태농업을 실현하기 위해 미친 듯이 매달렸다.

대통령과 엮인 내 인생은 이미 새들의 보금자리가 된 봉화산 숲이 되었고, 온갖 폐수를 정화시키는 화포천 물이 되었다. 기운찬 봉하쌀을 키워내는 봉하들판의 논이 되었다. 먼 길을 떠난 '바보 농부 노무현'은 내게 운명이었다. 나는 그 운명을 거부하지 않았다.

4부

유업 遺業

– 농부는 밭을 탓하지 않습니다

20

유업遺業

2009년 5월 31일. 대통령 장례식이 끝났다. 내 마음은 온전히 대통령을 떠나보내지 못하고 갈팡질팡 수습을 못하고 있었다. 그러나 뒤를 돌아볼 새도 없이 농사일이 한꺼번에 몰려왔다. 영결식까지 1주일 동안 마을 주민들도 대통령을 잃은 충격과 슬픔 속에 농사를 전면 중단했다. 나도 마을 주민들도 제대로 슬퍼할 짬도 없이 장례를 치루고 밀려드는 문상객 뒤치다꺼리한다고 정신없이 바빴다. 그동안 못자리에 일찍 키운 모가 웃자라서 더 늦어지면 모판을 버려야 할 지경이 되었다.

자연농업연구원의 조한규 원장 부녀가 봉하마을을 찾았다. 대통령을 잃은 슬픔에 빠져 농사 때를 놓칠까 봐 걱정이 되었나 보다. 70대 중반인 조한규 원장이 어렵게 내게 말문을 열었다.

"김정호 비서관, 마음 독하게 먹어야 합니다. 대통령의 유업이 차질 없도록 하려면 김 비서관이 흔들리면 안 됩니다. 친환경 농사를 지켜내야지요."

조한규 원장은 나를 이끌고 마을 주민들의 못자리마다 육묘 상태를 점검하고 이후 농사를 다그쳤다. 일찍 논 준비를 해두었던 주민은 모판을 못자리에서 논으로 이동하고 모심기에 돌입했다. 미처 논 준비를 못한 주민들은 서둘러 써레질을 하고 논 평탄작업에 들어갔다.

장례식 때문에 첫해에 비해 1주일 늦은 6월 1일부터 본격적인 모심기에 들어갔다. 아침 일찍, 올해 처음으로 도입한 점파식 이앙현장으로 나갔다. 오늘 같은 날이면 대통령도 밀짚모자를 쓰고 전기자전거를 타고 나타났을 것이다. 현장에 나와서 일꾼들을 격려하고 새로 도입한 농기계를 들여다보며 이것저것 물어보기도 했을 것이다. 이제는 대통령이 없다. 갑자기 눈앞이 흐려지고 가슴이 먹먹해졌다. 대통령 서거 이후 시도 때도 없이 나타나는 현상이다. 애써 슬픔을 삼키고 들판에서 대통령 추모의 시간을 가졌다. "대통령님께 일동 묵념!" 이를 앙다물고 머리를 숙였다.

친환경 농사의 원칙은 무엇보다 작물이 병들지 않고 잘 자랄 수 있도록 생육환경을 좋게 해주는 것이었다. 2009년부터 모심기 요령을 점파식(點播式)으로 바꾸었다. 기존의 산파식(散播式)에 비해서 훨씬 넓게 심었다. 모의 줄 간격은 33센티미터, 포기 간격은 20센티미터로 1평당

50주 정도 심었다. 산파식 모심기는 보통 평당 70~80주였다. 그 전에는 100주 넘게 심기도 했었다. 포기 간격과 줄 간격이 좁았다. 벼가 커 갈수록 빽빽해져서 바람도 잘 통하지 않고 햇볕도 고루 들지 못해 벼가 문고병(紋枯病)이나 도열병(稻熱病)에 많이 걸렸다.

자연농업 방식으로 한방영양제, 천혜녹즙 등 자가제조한 생물액비를 물에 타서 광역살포기로 뿌렸다. 마을 작목반 회원들과 농업기술센터의 담당 공무원도 살포현장에 나왔다. 다들 이런 방식을 처음으로 도입할 뿐만 아니라 대통령까지 안 계셔서 '친환경 농사에 차질이 생기지 않을까' 걱정하는 눈치였다. 분무기에 시동을 걸자 엄청난 굉음이 울리고 수십 개의 노즐에서 물안개처럼 '영양액비'가 뿜어져 나갔다. 광역살포기는 일꾼 한 사람이 논 6천 평에, 액비 3톤을 뿌리는 데 불과 10여 분밖에 걸리지 않았다. 예전처럼 고압분무기로 농부가 직접 뿌렸다면 900평 한 구역에 500리터를 뿌리는 데 30분은 족히 걸렸을 것이다. 게다가 두 사람의 일손이 필요하다. 한 사람은 약대를 잡고 약액을 뿌리고 한 사람은 줄을 당겨주고 풀어줘야 한다. 그러나 광역살포기 덕분에 이제는 일손도, 시간도 훨씬 줄어들게 되었다.

대통령의 바람이었다. 농촌의 젊은이들은 도시로 일자리 찾아 떠나가고 농촌엔 대부분 노인들만 남았다. 친환경 벼농사는 관행농사보다 노동력이 더 많이 필요했다. 대통령은 어떻게든 친환경 농사도 노동력을 절감시킬 수 있는 효율적인 방법을 모색했다. 고성군 생명환경농업단지에서 이미 사용하고 있던 광역살포기도 그 대안 중 하나

였다. 무심한 광역살포기의 소리가 하늘을 가르며 물보라가 자욱하게
일었다.

2009년부터 봉하들판 전체에 화학농약을 치지 않았다. 전체가 친환경
농사를 짓게 되니 농수로의 물도 농약오염 걱정에서 벗어날 수 있었
다. 논에 물을 대주자 첫해에는 잘 보이지 않았던 풍년새우, 조개새우
는 물론 살아 있는 화석이라 불리는 투구새우까지 나타났다. 논물을
먼저 대준 보온못자리에는 모 상자를 들어내니 미꾸라지와 드렁허리
새끼들이 자리를 잡고 있었다. 모를 심고 논물을 깊게 대주자 물방개,
물땅땅이, 물자라, 장구아재비, 게아재비, 잠자리 유충도 많이 불어났
다. 수로마다 물 위를 미끄러지듯 기어 다니는 소금쟁이가 버글거렸

자연농업 방식으로 한방영양제, 천혜녹즙 등 자가제조한 생물액비를 물에 타서 광역살포기로 뿌
렸다.

다. 시간이 흐를수록 논마다 거미, 잠자리, 메뚜기들도 폭발적으로 늘었다. 대통령이 그리도 바라던 것들이 이리도 빨리 되돌아오다니! 자연의 복원력이 놀라웠다.

대통령의 빈자리를 메우는 것은 논에 사는 곤충과 물고기들만이 아니었다. 논을 갈아엎기 시작한 이른 봄부터 황로와 백로, 왜가리들이 들판의 주인행세를 시작하더니 이내 제비들이 활개를 쳤다. 들판에 먹이가 풍부해서 그런지 제비들이 유난히 많이 늘었다. 흐린 날은 낮게 날면서 먹이를 낚아채는 공중제비를 실컷 볼 수 있었다. 육묘장 옆 전봇대 전깃줄에 나란히 앉아 있는 제비들 모습이 마치 참새 떼로 착각할 정도였다. 내가 사는 봉하빌라 주차장 천정에도 제비집이 생겼다. 테마식당에도 두 군데, 집집마다 처마 밑에는 제비집이 들어앉았다. 이호희 할배네 처마에 둥지를 튼 제비 가족은 벌써 두 번이나 새끼를 키워냈다.

한여름 땡볕이 기승을 부리자 제비들이 슬슬 자취를 감추기 시작했다. 그동안 눈길도 주지 않았던 붉은머리오목눈이, 참새, 비둘기, 까치 같은 텃새들이 눈에 확 들어왔다. 여름 들판에는 실잠자리, 먹잠자리, 나비잠자리가 누비더니 가을이 되자 고추잠자리가 떼를 지어 날았다. 눈이 크고 녹색을 띠는 왕잠자리도 심심치 않게 보였다. 뱀산 쪽 단감 과수원에 햇볕을 잘 받은 단감도 노르스름하게 색이 들어가고 있었다. 대통령을 잃은 봉하마을에도 가을이 무심하게 깊어갔다.

9월 중순, 그전에 벼의 상태를 점검하기 위해 조한규 원장이 봉하를 찾았다. 일부 논에 흰잎마름병 피해가 있지만 이 정도면 이삭이 여무는 데는 별 지장이 없겠다고 했다. 나를 데리고 이 논, 저 논 옮겨 다니며 벼 상태를 꼼꼼히 살펴보고 진단과 그에 맞는 처방을 일러주었다. 노(老)스승이 늦깎이 제자를 키우는 모습이었다.

자연농업의 병충해 대처는 사후치료보다 사전예방을 중시했다. 벼의 체질, 체력을 강화시켜주고 작물의 저항력과 면역력을 높여주는 데 역점을 두었다. 또 하나는 자연생태계의 먹이사슬, 천적관계를 이용했다. 당연히 독성이 강한 제초제, 살충제, 살균제를 치지 않는 것은 기본이었다. 화학농약은 병원성 세균과 해로운 벌레나 곤충뿐만 아니라 유익한 미생물과 이로운 벌레, 곤충까지 모두 죽여버렸다. 자연농업은 화학농약을 치지 않아서 자연스레 되살아나는 먹이사슬, 천적관계를 적극적으로 활용했다. 벼 작물에 해로운 병원성 세균은 이것을 잡아먹고 사는 더 큰 미생물들이 견제를 하고, 해로운 벌레는 그것을 잡아먹고 사는 또 다른 곤충이나 새들의 먹이었다. 서로 잡아먹고 먹히는 먹이사슬이 유지되도록 인간은 쓸데없이 간섭하지 않고 파괴하지 않는 것이 비결이었다. 자연생태계가 스스로 상호견제와 균형을 유지하도록 그냥 놔두는 것이 병충해 방제요령이었다.

수확기를 한 달여 앞두고 벼가 잘 익도록 영양액비를 뿌렸다. 논물을 떼고 논 말리기에 들어갔다. 가을로 접어들면서 잡초는 더 이상 논에 힘을 쓰지 못했다. 병충해도 점차 약화되었다. 마지막으로 잡초가 씨앗을 퍼뜨리지 못하도록 피 이삭을 잘라주는 일이 남았다. 이쯤이면 농부가 인위적으로 할 수 있는 노력은 다한 셈이다. 남은 건 가을태풍인데 이미 머리가 무거워진 벼 이삭이 강한 비바람에 쓰러질까 봐 걱정이었다. 하늘에 맡길 수밖에 없다. 그래서 농업은 하늘과 동업(同業)이라 했다.

따사로운 가을햇볕이 벼 톨을 더욱 영글게 했다. 아침저녁으로 제법 쌀쌀해졌다. 일교차가 커질수록 쌀 맛도 깊어질 것이다. 산들산들 가을바람에 들판이 황금물결로 넘실댔다. 대통령은 이 풍경이 가장 아름답다고 했다. 대통령의 색깔은 잘 익은 누런 벼 색깔이다. 들판의 황금색이다. 노사모의 노란 풍선과 노란 손수건, 노란 리본도 그렇다. 대통령의 향기는 햇볕에 익어가며 가을바람에 은근하게 퍼지는 구수한 벼 향기다. 장작불 가마솥에 지어 김이 솔솔 피어오르는 쌀밥의 향기다. 적당히 눌어붙은 누룽지의 구수한 향과 그 숭늉 맛이다. 오뉴월 땡볕에 기꺼이 소금 땀 흘리는 정직한 농부의 땀 냄새였다.

대통령이 안 계시지만 풍년 대동제(大同際)를 하기로 했다. 벼 베기가 먼저 끝난 논바닥에 가설무대를 설치하고 볏짚을 압축시킨 볏단으로 의자를 삼았다. 논 한 켠에는 아이들을 위해 벼 수확 체험장을 설치했다. 한림민속박물관에서 옛날 탈곡도구인 홀태와 풍구를 빌려왔다. 마상태 관장이 직접 탈곡시범을 보여주었다. 문재인 실장이 아이들과 함께 낫으로 벼 베기 체험활동을 이끌어주었다. 홀태나 탈곡기로 나락을 털어내고 풍구를 돌려 지푸라기를 날리는 탈곡체험도 했다. 농로에서는 떡메를 쳐서 찰떡을 만들어 나누어 먹었다. 체험이 끝나고 논 마당에서는 풍악소리에 맞춰 대동놀이도 했다. 민요를 따라 부르고 몸줄당기기, 기마전도 했다. 문재인 실장이 대통령의 빈자리를 메우기 위해 안간힘을 썼다. 그러나 왠지 허전함이 채워지지 않았다. 기쁘나 즐겁지 않았고 떠들썩하였으나 내겐 아무 소리가 들리지 않았다. 시대의 '말뚝이' 같았던 대통령의 한(恨)과 그 신명이 그리웠다. 주인공이 빠진 유업(遺業)은 소리 없는 무성영화처럼 빈 슬픔의 행렬만이 흘렀다.

21

오리농군과 우렁각시

대통령이 어렸을 적에는 논마다 여러 물풀들이 많았다. 피, 물달개비, 가막사리, 여뀌, 둑새풀, 벗풀 등이 해마다 발생했다. 올방개, 올미, 방동사니, 사초 등은 뿌리번식을 하는 여러해살이 잡초다. 제초제가 없던 시절 농부들은 손으로 잡초를 뽑았다. 논두렁의 풀도 낫으로 베어주었다. 고단한 노동이었다. 예나 지금이나 농사는 풀과의 전쟁이었다. 지금은 논이나 논두렁에 화학제초제를 뿌려 한 번에 말려 죽인다. 제초효과는 탁월하지만 그만큼 부작용도 컸다. 독성이 워낙 강하고 약효가 오래 남아서 벼에게도 좋지 않았고, 제초제가 뿌려진 논물은 이차적으로 수로와 하천의 수질도 오염시켰다. 잡풀들이 농약에 말라 죽으면 논두렁이 약해지고, 농부가 밟으면 흙이 흘러내렸다. 논두렁에 사는 다양한 곤충들도 삶의 터전이 파괴되니 점차 사라졌다.

친환경 벼농사는 잡초를 억제하기 위해서 부작용이 많은 화학제초제 대신에 오리와 우렁이를 활용했다. 농부는 모심기 전부터 잡초가 많아지지 않도록 정지작업을 한다. 먼저 논을 갈고 물을 댄 뒤 논흙을 고른다. 써레질하고 3일에서 5일 정도 흙탕물이 완전히 가라앉기를 기다리는 동안 잡초씨앗은 싹이 나고 자라기 시작한다. 이때 한 번 더 써레질을 해서 싹이 난 잡초들을 흙탕물에 묻어버린다. 그래도 잡초가 또 발생하는 논은 한 번 더 써레질을 해준다. 이렇게 잡초씨앗을 싹 틔워 자라기 전에 갈아엎어서 잡초 발아를 최소화시켰다.

모내기 이후에 자라는 잡초는 오리와 우렁이들의 몫이다. 오리는 논물에 뜬 풀씨를 진공청소기처럼 흡입한다. 물갈퀴로 휘저어 논물에 흙탕물이 일어나면 햇빛이 차단되어 풀씨가 싹을 틔울 수가 없다. 왕우렁이는 물속의 부드러운 잡초를 갉아먹는다. 그러면 잡초의 90퍼센트 이상을 막아낼 수 있다. 그래도 살아남은 녀석들은 오롯이 농부의 몫이다. 농부들은 해뜨기 전까지 빠진 못자리를 찾아 모를 다시 심어주며 남은 잡초를 뽑아준다. 이렇게 초기에 잡초를 잡아야 효과적이다.

2009년 6월 10일. 5만여 평 논에 오리막사와 그물망을 설치한다고 봉하들판이 분주했다. 모를 일찍 심은 논은 잡초가 더 자라기 전에 일꾼오리를 먼저 분양받았다. 지난해에는 조류독감 때문에 새끼 오리를 구하기 어려워 경기도 용인까지 가야 했다. 이번엔 경남 창녕의 엘림농장에서 무항생제 인증을 받은 청둥오리 새끼를 사전에 준비했다. 4일 뒤, 일꾼오리들이 봉하마을에 도착했다. 새끼 오리들이 난생처음

나들이에 지치고 잔뜩 긴장을 했다. 물에 피로회복제를 타서 먹이고 하루 동안 오리막사에서 쉬게 했다. 이튿날 아침, 오리입식 행사를 위해 문재인, 이병완 비서실장, 유시민 장관 등이 봉하마을로 오셨다. 대통령의 빈자리를 대신해서 자원봉사자들과 새끼 오리를 논에 풀었다.

2009년의 생태농업단지 재배면적은 24만 평, 첫해에 비해 열 배로 늘었다. 오리농법도 5만 평, 두 배로 늘렸지만 감당이 어려워 나머지는 우렁이농법으로 하기로 했다. 우렁이는 300평당 5킬로그램 정도 넣어주었다. 제초용 우렁이나 오리는 모를 심은 지 1주일 정도 지난 후에 논에 넣는다. 이들을 너무 일찍 넣으면 모가 다치고, 너무 늦게 넣으면 잡초가 왕성해서 때를 맞추는 것이 쉽지 않았다.

김해우렁이작목반에 사전 주문을 했던 우렁이가 도착했다. 우렁이를 받아가던 박영철 씨가 걱정을 했다.

"백로가 논고동을 다 주어 무거뻐면 우짜노?"
"왜가리, 백로들이 우렁이를 먹기도 하지만 우렁이는 번식력이 좋아 금방 새끼들이 늘어나서 제초작업에는 큰 지장이 없을 겁니다."

나는 그를 안심시켜 보냈다. 그렇지 않아도 우렁이와 함께 미꾸라지를 넣어주기로 했다. 우렁이는 잡초를 갉아먹고 미꾸라지는 장구벌레, 물바구미 들을 잡아먹는다. 미꾸라지는 다시 왜가리, 중대백로의 먹이가 된다. 미꾸라지는 잡아먹히지 않으려고 흙탕물을 일으키며 논 흙 속에 몸을 숨기고, 이 흙탕물이 햇빛을 차단시켜 잡초의 발아를 억제한다. 논생태계의 선순환이야말로 대통령의 작은 바람이었다. 미꾸라지 덕분에 잡초가 적게 발생해서 벼와 양분 다툼이 줄고, 미꾸라지가 해충을 잡아먹으니 벼의 생장에도 도움이 되었다. 논 생물들은 서로 의존하면서 적절한 견제와 균형을 이루었다. 봉하 생태농업은 단지 화학농약을 치지 않을 뿐만 아니라 논에 사는 생물을 다양하게 살려내고 함께 살아가는 것이었다.

환경단체에서는 왕우렁이가 외래종인 데다 천적이 없어 생태계를 교란시킬 우려가 있다고 지적했다. 하지만 이미 백로나 왜가리가 작은 우렁이들을 잡아먹어 천적관계가 형성되었다. 겨울철 날씨가 영하권으로 떨어지면 우렁이들이 얼어 죽기 때문에 그리 걱정하지 않아도 될 것 같았다. 오히려 우렁이의 먹성이 왕성해서 잡초를 싹쓸이하여 논에 수생식물이 빈약해지는 것이 걱정될 정도였다. 우렁이는 농부의 논에 밤마다 찾아와 귀찮은 잡초를 제거해주는 우렁각시였다.

7월 초가 되니 오리와 우렁이가 미처 잡지 못한 잡초들이 벼와 함께 쑥쑥 자랐다. 농부들이 본격적으로 잡초와 전쟁을 벌였다. 그나마 오리농군들이 헤집고 다니는 논은 괜찮은데 우렁이 농군들은 물위로 올라온 풀들은 못 잡았다. 관행농사를 지을 때는 화학제초제를 쳐서 쉽게 잡초를 없애버렸는데 친환경 농사는 농부가 땀을 더 흘려야했다. 풀은 자라는데 제초제는 못 치게 하지, 피사리는 귀찮지, 농부들의 마음은 여전히 화학농약에 미련을 버리지 못했다. 병충해가 발생하기라도 하면 그 유혹은 더욱 심해질 것이다. 어쩔 수 없이 대통령과 약속을 지켜내기 위해서 농부들을 달래가며 일손을 도와야 했다. 나는 대통령의 유업을 실천하는 친환경 농사꾼이자 매서운 파수꾼이 되어야 했다.

피사리가 가장 필요한 시기는 벼가 새끼치기를 하며 포기 수를 한창 불릴 때다. 벼가 사람 무릎까지 크면 잡초들이 잘 보이질 않는다. 이 시기를 놓치면 잡초가 뿌리를 깊게 내려, 벼가 충분한 양분을 흡수하지 못해 성장이 부실해진다. 이후에는 피가 뽑히지도 않아 낫으로 잘라내야 한다. 점점 호미로 막을 것을 가래로도 막을 수가 없게 되었다.

주말이면 자원봉사자들과 함께 잡초와 한판 승부, 피사리를 했다. 그

주말이면 자원봉사자들과 함께 잡초와 한판 승부, 피사리를 했다. 초보 농군들에게는 오랜만에 치르는 체력장 시험 같았다.

들 역시 농사 경험이 없었다. 열의는 농부 못지않았지만 몸은 마음 같지 않았다. 몸의 균형을 잃지 않고 한 발씩 나가는 것이 힘들었다. 피사리는 오랜만에 치르는 체력장 시험 같았다. 다음 날이면 팔다리가 쑤셔 앓는 소리를 내다가도 다시 손발을 걷어붙이는 자원봉사자들이 마냥 고맙고 예뻐 보였다. 피사리 하나도 이렇게 힘든데 농부들은 여든여덟 번씩이나 손길을 주고 소금 땀을 흘려 농사를 짓는다는 것을 조금이나마 알게 된 것이 그들의 수확이었다. 농부의 정직한 땀, 자연의 햇살과 바람이 벼를 키웠다. 쌀이 밥이 되고, 나에게 피와 살이 되고, 생명이 된다는 것을 느끼는 소중한 체험, 그 자체가 품값이었다.

자원봉사자들 중에는 남의 논에 피사리를 달갑지 않게 생각하는 이도 있었다. 주민들 일부가 자원봉사를 당연시하고 막 부려먹는 게 속이 상했다. 그렇지만 대다수 자원봉사자들은 기꺼이 논 뻘에 맨발을 맡겼다. 대통령을 지켜주지 못해 미안한 마음에, 비록 대통령은 계시지 않지만 친환경 벼농사가 흔들리지 않길 바랐다. 서툰 노동에 땀투성이가 되고 질척거리는 진흙탕에 넘어지기도 했다. 손가락 끝이 아리고 종아리가 뭉치고 허리는 쑤셨지만 그들은 피사리를 포기하지 않았다. 마치 잡초가 대통령을 사지(死地)로 몰아넣었던 정치검사와 언론나팔수라도 되는 양 하나씩 하나씩 뽑아내었다. 그들은 대통령을 잃은 슬픔과 분노를 그렇게 삭혀냈다. '바보 노무현'의 꿈을 지켜내는 수호천사였다. '사람사는세상'을 앞당기고자 하는 숨은 일꾼들이었다. 대통령도 우리가 흘린 소금 땀을 대견해할 것이다. 우리가 흘린 땀만큼 세상은 변할 것이라고 믿었다.

그해 여름은 유난히 비가 많았다. 하늘도 서럽고 슬펐던지 7월 중순, 폭우가 내렸다. 며칠간 쉬엄쉬엄 내리던 장맛비가 새벽부터 장대비로 변했다. 봉화산 자락의 빗물이 부엉이바위 옆으로 큰 폭포수가 되어 떨어졌다. 집중호우에 대통령 묘역 중간을 관통하는 수로에 물이 넘쳤다. 북제방 수로도 급격히 수위가 높아졌다. 묘역이 물에 잠길 수도 있는 위기였다. 묘역이 잠기지 않게 하려면 북제방 수로의 수위부터 낮춰야 했다. 부리나케 배수펌프장으로 1톤 트럭을 몰았다. 이미 화포천 수위도 높아져서 북제방 수로의 빗물이 빠져나가지 못하고 있었다. 배수장에서 강제로 퍼내기 위해 북제방 수로의 비상용 수문을 재빨리 열었다. 배수장 펌프를 모두 가동시키고 가능한 조치를 다했지만 이미 감당이 안 되는 상황이었다.

배수장의 응급조치를 마치고 이번에는 마을 입구 소류지 쪽으로 거슬러 순찰을 돌았다. 마을 입구 작은 저수지도 이미 물이 넘치고 있었다. 삼거리 도로가 잠겨서 차량통행을 못할 정도로 물바다가 되어 있었다. 마을을 관통하는 북제방 수로에 물이 더욱 차올랐다. 3번지 약수암 쪽부터 화포천까지는 흙으로 된 자연제방이었다. 수로폭도 좁았다. 거기서부터 병목현상이 생기면서 제방물이 들판으로 넘쳐났다. 벌써 제방 뒤편의 경사면에는 흙이 패이고 있었다. 방치하면 제방이 붕괴될 수도 있었다. 북제방이 터지지 않으려면 어떻게든 수량을 분산시키고 수위를 낮추는 것이 급선무였다. 승구봉 씨가 마을 입구 두집메 쪽에 있는 북제방 수로에서 들판으로 향하는 수문도 열자고 했다. 들판이 물에 잠기더라도 제방이 무너지는 것을 막아내려면 마지막 수단이었다. 수문을 열자 물이 솟구치며 들판으로 빠져나갔다. 북제방 수로의 수위는 서서히 낮아졌지만 들판은 그만큼 물에 잠겨들었다. 처음엔 논두렁이 잠기는가 싶더니 이내 벼의 잎 끝이 보이지 않을 정도로 물이 불어 올랐다. 봉하들판은 물바다가 되었다.

엎친 데 덮친 격으로 미처 예기치 못한 상황이 또 발생했다. 북제방이 터지는 것은 가까스로 막았지만 이번에는 들판에 물이 차오르면서 오리막사 안에 갇혀 있던 오리들이 물에 빠져 죽게 생긴 것이다. 승구봉 단장과 진영지기, 반디와 함께 이미 잠겨버린 농로를 따라 물길을 헤치고 오리막사 문을 모두 열어 오리들을 탈출시켰다. 천만다행으로 서서히 빗줄기가 약해졌다. 북제방 수로의 물길을 들판으로 분산시켰기에 망정이지 대처가 늦었거나 비가 더 왔다면 결국 제방이 무너지고 들판은 처참하게 휩쓸릴 뻔했다. 발 빠른 대응으로 대형 참사는 피할 수 있었다. 대통령 묘역이 물에 잠기는 최악의 사태도 막았다. 오리들도 무사히 구출했다. 자연의 위력 앞에 인간이 미미한 존재라는 것을 실감하지 않을 수 없었다. 한편으로 초기대처만 잘하면 천재지변도 어느 정도 막을 수 있겠다는 교만한 생각도 들었다.

점심때가 되자 언제 그랬냐는 듯 하늘이 개고 햇볕까지 쨍쨍 내리쬐었다. 마을 주민들과 함께 힘을 모아 긴급복구에 나섰다. 침수된 논에 물을 빼기 위해 배수장을 풀가동하고 익사한 일꾼오리들은 치웠다. 진영읍사무소에서 담당공무원이 나와서 피해상황을 조사하고 허약해진 제방은 임시로 보강을 했다.

물이 빠지자 흉측하게 변한 논이 드러나기 시작했다. 온 들판의 벼가 흙탕물을 흠뻑 뒤집어썼고, 일부 논은 벼가 통째로 쓰러져 있었다. 걱정했던 대로 수인성 세균 전염병인 '흰잎마름병'이 발생했다. 잎 끝이나 가장자리가 하얗게 마르면서 말려들었다. 이게 번지면 잎이 광합성 작용을 못해서 벼가 잘 자라지 못하고 이삭도 부실해진다. 현재로선 화학농약으로도 치료가 어렵고 생물농약도 단지 억제하는 수준이었다. 봉하들판이 저습지 상습침수지역이라 병충해 중에서도 농민들이 제일 걱정하는 놈이었다. 혹명나방도 한두 마리가 보이기 시작했다. 벼 잎에 반점이 생기면서 점점 타들어가는 잎도열병도 나타났다. 예전에는 장마 뒤에 병충해를 예방하기 위해 농약을 뿌리면 됐는데, 이제는 그럴 수도 없으니 봉하들판의 작목반 회원들이 슬슬 걱정하는 눈치였다.

"대통령님도 안 계시는데 병충해가 확산되면 우짜노? 자연농업 방식으로 막을 수 있겠나?"

지난 7월 10일경 중간 물떼기 전에 예방 방제를 하려 했으나 대통령의 49재와 안장식과 겹쳐서 미루었다. 그러다 장마철을 맞고 말았다. 계속되는 장맛비에 병충해 방제가 일주일이나 늦어졌다. 나는 서둘러 자연농업방식의 처방에 따라 벼의 필수 영양소이자 면역력을 높여주는 생물액비와 천연농약을 준비했다. 7월 18일 새벽부터 겨우 광역살포기를 가동했다. 그나마 장마가 소강상태일 때를 골라 찔끔찔끔 게릴라전 하듯 살포했다. 벼의 뿌리와 줄기, 잎을 튼튼하게 하는 한방영양제는 기본이고, 특별히 이삭을 잘 잉태하게 하는 벼 동자액과 아카시 꽃 발효액도 넣었다.

장마가 끝나자 이번에는 폭염과 열대야가 계속 되었다. 문고병, 도열병이 발생했고, 혹명나방과 이화명충나방의 애벌레가 벼 잎을 갉아먹었다. 7월 말 조한규 원장이 다녀갔다. 농민들이 벼가 빨리 자라고 새끼를 많이 치게 하려고 질소비료를 많이 준 것이 병충해의 한 원인이라고 했다. 벼가 영양의 균형을 잃고 비만해지며 각종 병충해에 몸살을 앓고 있었다. 조 원장과 함께 폭우로 물에 잠겼던 논과 그렇지 않은 논을 구분해서 병충해 대책을 세웠다.

지난 폭우에 들판이 물에 잠겨 흰잎마름병이 발생했고 많이 퍼진 상태였다. 8월 초순부터 전체 농장을 대상으로 천연약제를 살포했다. '벼의 에이즈'라고 불리는 흰잎마름병은 물과 바람, 접촉에 의해 전염되고 아직까지 치료약이 없었다. 자연농업 방식으로 치료를 시도했다. 이 병은 세균성 전염병이라 또 다른 천적미생물을 활용해서 방제를 해보기로 했다. 유산균과 효모균, 토착미생물배양액, 발효해수 등을 준비했다. 마을 주민들은 물론 자원봉사자들까지 나서 아침부터 저녁까지 필사적으로 흰잎마름병 방제에 나섰다. 그러나 애써 노력을 기울인 것에 비해 방제효과는 그다지 보지 못했다. 흰잎마름병을 치료하고 확산을 막아내기까지는 더 많은 연구와 시행착오를 겪어야 했다. 초보 농군에겐 쉬운 일이 없었다. 대통령이 계셨다면 또 어떻게 했을까? 시련이 닥칠 때마다 대통령의 빈자리가 커 보였다.

22

친환경 무농약 인증서와 '누드방앗간'

2009년 8월 중순, 국립농산물품질관리원 직원들이 봉하마을로 출장을 나왔다. 친환경 인증심사를 위해 봉하들판의 논흙을 조금씩 퍼갔다. 그들도 대통령의 죽음으로 친환경 농사가 차질을 빚을까 걱정을 했다. 봉하들판의 24만 평 논 전체를 대상으로 '친환경 무(無)농약 인증'을 신청했었다. 지난 6월에 수질검사를 받아 농업용수로 적합하다는 판정은 이미 받았다. 이번에는 논흙의 중금속 오염 여부를 조사할 차례였다. 봉하들판을 열두 개 구역으로 나누어 구역별로 각 1킬로그램씩 흙 샘플을 채취하여 토양분석연구소에 검사를 의뢰했다.

'무농약 인증'을 받으려면 여러 가지 까다로운 조건을 통과해야 한다. 귀향 첫해는 화학농약을 쓰지 않고 친환경으로 농사를 지었지만 사전 준비가 늦었고 인증요건을 갖추지 못해 친환경 인증서를 받지 못했다.

2009년에는 꼭 인증을 받아내리라 마음먹고 작년 가을부터 작목반 회원들을 대상으로 이미 여러 차례 교육을 시키고 체계적인 준비를 해왔다. 가을걷이 이후에는 자운영과 호밀 등 녹비작물을 심어 지력을 높이는 데도 힘썼다. 봄에는 논갈이부터 제초제나 살충제, 살균제 따위는 아예 치지 않았고 종자도 친환경 소독을 했다.

8월 25일, 드디어 기다리던 소식이 날아들었다. 친환경 농산물 검정증명과 친환경 무농약 인증서가 나왔다. 봉하마을 친환경쌀 작목반에서 경작하고 있는 451필지 전체의 토양을 검사한 결과, 모두가 무농약 기준치 이하로 판명이 났다. 이제 마지막 절차, 추수한 벼 이삭을 도정해 쌀에 농약성분이 있는지 보는 잔류검사가 남았다. 농약잔류검사는 논 900평 1구역 당 여섯 군데에서 벼를 베어 1.5~2킬로그램의 나락을 샘플로 채취해서 검사를 한다. 여기서 불합격 판정을 받으면 이미 받은 무농약 인증도 취소다. 행여 도정할 때 다른 쌀이 섞인다거나, 포장지 표시사항을 잘 지키고 있는지도 관리 대상이었다.

봉하들판이 무농약 인증을 받을 만하다는 것은, 농민들은 물론 자원봉사를 통해 들판의 생태환경을 직접 목격하고 체험한 이들이라면 잘 알고 있었다. 게다가 나와 영농법인 직원들이 매일매일 들판을 둘러보면서 감시활동을 하고 있기 때문에 작목반 회원들이 반칙을 할 수도 없었다. 내가 굳이 귀찮고 까다로운 친환경 농산물 인증절차를 밟고 있는 이유는 '원칙과 신뢰'를 지키라 했던 대통령과 나 자신의 약속 때문이었다. 대통령이 안 계신 지금, 그 약속을 더 마음에 새기고 더 철저하게 지켜야 했다. 대통령은 '친환경 농사는 현장에서 그때그때 과정의 관리가 필요하지만 결과에 대한 검증, 농산물에 대한 국가기관의 공인도 중요하다'고 강조했다.

"친환경 농산물은 농부들이 정직하게 농사를 짓는 과정을 투명하게 공개함으로써 소비자의 신뢰를 얻는 것이 필요조건이다."
"뿐만 아니라 그 농산물을 객관적으로 검증, 공인 받는 것은 충분조건이다."
"'노무현'이란 이름을 걸게 되는 친환경 봉하오리쌀은 더욱 '신뢰의 검증'이 제일 중요하다."

2010년 10월 말에는 봉하마을 친환경쌀 방앗간이 경상남도 최초 '농산물관리우수시설'로 GAP인증을 받았다. 생산에서부터 가공, 유통, 소비에 이르는 전 과정이 안전하고 깨끗하게 이뤄지고 있다는 것을 증명하는 국가인증제도이다. 생산이력을 논에서부터 관리하기 위해 톤백을 새로 제작하고 수매할 때부터 논마다, 품종마다, 친환경 인증등급마다 구분해서 건조-저장-도정까지 생산이력을 포장지에 표시해야 한다. 시설도 먼지가 쌓이거나 벌레가 살 수 없도록 청소와 위생관리를 철저히 해야 한다. 생산 및 가공기록의 관리도 매우 번거로운 일이었지만 봉하쌀의 미질관리와 신뢰를 검증받기 위해 기꺼이 감수했다.

농민들에게 벼를 수매할 때도 쌀의 성분과 상태를 정밀분석해서 품질에 따라 수매가를 차등지급하기로 했다. 이를 위해 FOSS사의 품위 및 성분 분석기를 도입했다. 대통령이 계실 때는 대통령 후광효과를 톡톡히 보았다. 쌀이 없어서 못 팔았다. 그러나 대통령이 안 계신 지금은 상황이 다르다. 대통령 추모하는 마음에 봉하쌀이 비싸더라도 한두 번이야 구입해주었겠지만 미질과 밥맛이 만족스럽지 못하면 결국 관심에서 멀어질 게 뻔했다. 대통령 이름으로 봉하쌀을 팔아먹는다는 말도 듣고 싶지 않았다. 각별히 봉하쌀의 품질을 높이고 미질관리에 지속적인 노력을 기울인 이유다.

성분 분석기는 쌀의 품질을 분석하는 장비다. 500그램 정도의 현미 샘플을 50그램씩 열 번 나누어서 적외선을 쬐어 단백질, 아밀로스, 수분율 등 각 성분을 측정한다. 품위 분석기는 1천 개의 현미 낱알을 카메라로 고속촬영해서 정상립과 비정상립을 구분해낸다. 금이 가거나 깨진 쌀, 병이 들거나 미숙한 쌀, 색깔이 다른 쌀 등이 비정상립에 해당된다. 이 분석장비를 통해 봉하쌀의 미질을 자체분석하고 쌀의 등급을 매겼다. 미질이 좋은 쌀은 밥쌀로, 조금 떨어지는 쌀은 가공용으로 분리하기 위해서였다.

지금까지 벼를 수매하는 방식은 무게와 수분을 기계로 측정한 뒤, 나락에서 현미로 되는 비율인 '제현율'을 육안으로 살펴 형식적으로 대충 등급을 매겼다. 영농법인 (주)봉하마을은 2010년부터 수매할 때 벼의 품위와 성분까지 분석해서 수매등급을 매기기 시작했다. 안전하고 밥맛이 좋은 쌀을 생산하려면 수매단계에서도 품질을 중심으로 등급을 매기고, 이에 맞게 쌀값을 주는 것도 필요하다. 우리는 성분분석 결과를 수매가에 반영함으로써 재배단계에서 질소질 비료를 줄이고 유기질 퇴비를 사용하도록 유도해왔다. 미질이 좋은 벼, 단백질 함유율이 낮은 벼는 높은 가격으로 수매해주었다. 이는 쌀의 품질을 높여나가는 데 농민들의 자발적인 참여와 노력을 유도하기 위한 보상책이었다. 그 결과, 유기농 봉하쌀은 질소비료를 전혀 사용하지 않고 축분발효퇴비를 밑거름으로 사용하여 생산수량은 적지만 쌀의 단백질 함유율이 낮아 밥맛이 좋다.

정부는 2014년 외국산 쌀의 전면적인 시장개방을 앞두고 국산 쌀의 품질경쟁력을 높이도록 유도하는 한편, 소비자가 쌀을 살 때 품질을 객관적으로 비교하고 선택할 수 있게 포장지에 쌀의 품질과 품위를 의무적으로 표시하도록 예고했었다. 영농법인은 그보다 앞서 봉하쌀의 품질과 품위를 자체 분석해 수매가에 반영했다. 값비싼 성분분석기를 도입한 것도 농가들이 미질을 높일 수 있게 재배기술과 방법 등을 개선하도록 유도하기 위해서였다. 하지만 도정공장과 쌀 유통업체들의 반발에 부딪혀, 결국 그들의 이익을 보호하느라 포기하고 말았다. 국가기관은 하루빨리 친환경인증 관리를 적극 강화하고 품질 표시제를 실행해야 한다. 그래야 친환경 농업을 활성화시키고 소비자들에겐 안전하고 맛있는 미질을 제공할 수 있다.

대통령이 떠난 가을이었다. 그동안 준비해왔던 친환경쌀 RPC 공사를 시작했다. 마을 주민 일부가 방앗간의 새 주주로 참여하고, 기존 주주인 우리 비서진들이 증자한 출자금으로 정미소 부지를 추가로 확보해 첫 삽을 뜨게 되었다. 전체 1천250여 평 부지에 건물평수는 240평이었다. 예산이나 부지확보 등 어려움이 많아 당초 계획보다 늦어지기는 했지만 10월 하순경, 수확기에 맞춰 가동할 수 있도록 서둘렀다. 대통령이 나에게 남긴 유업(遺業)이었다.

2008년, 봉하 친환경 논농사 첫해에는 봉하쌀을 도정할 곳이 없어 이웃마을의 한림RPC에서 위탁가공을 했다. 이때는 도정을 잘하는지 못하는지 분별력이 없었고 그저 도정을 해주는 것만으로도 고마웠다. 7일간 밤낮으로 부대끼면서 일머리를 배우다 보니 RPC 사정을 어느 정도 알게 되었다. 걱정이 하나 생겼다. 첫해 겨우 2만 4천 평에서 생산된 나락, 55톤을 도정하는데 7일이 걸렸다. 나중에 20만 평 이상 농사를 지으면 생산량이 500톤으로 열 배가 늘어난다. 도정하는 데만 70일, 못해도 두 달은 꼬박 걸린다. 아무리 대통령의 부탁이라 해도 이바쁜 철에 누가 두 달씩이나 우리 봉하쌀만 도정해주겠는가? 도정 시기와 수량도 문제였지만 '친환경 봉하쌀'은 무엇보다도 품질을 더 높여야 했다. 대부분의 RPC에서는 납품가격을 맞추기 위해, 미숙하거나 깨진 쌀을 잘 골라내지 않는 곳이 많았다. 당연히 품질이 떨어질 수밖에 없었다. 아무리 계산을 해봐도 독자적인 브랜드를 키워나가려면 DSC(건조와 저장시설)가 급한 게 아니라 독자적인 RPC(미곡종합처리시설) 확보가 필수였다.

대통령이 살아 계실 때, 체험형 '누드방앗간' 개념을 잡고 이름도 '봉하마을 친환경쌀 방앗간'으로 직접 지었다. 누구라도 방앗간을 방문하

2009년 10월 31일 봉하마을 친환경쌀 방앗간이 준공되고, 첫 가동되었다. '누드방앗간', 대통령이 남긴 숙제였다.

면 나락에서 쌀이 되는 모든 과정을 투명하게 보여주기로 했다. 친환경 생태농업과 봉하쌀에 대한 자신감의 표현이었다. 고객들이 과정을 검증할 수 있도록 개방하기로 했다. 국내 방앗간 설비업체 다섯 곳에 사업제안서와 설계도, 견적서 등을 의뢰해 내용을 정밀하게 검토했다. 이 업체들이 최근에 시공한 RPC 두 곳씩 열 곳을 추천받아 현장견학도 하면서 실제 어떻게 돌아가고 있는지도 살펴보았다. 방앗간 대표들로부터 설비운영결과, 장단점을 들어보고 비교평가한 후에 우선협상 대상 업체를 두 곳으로 압축했다. 다시 최종 견적서를 검토한 뒤 예산범위 안에서 고품질의 완전미를 가공할 수 있는 기술과 조건을 제시한 미앤미(대표 홍영표)를 설비업체로 선정했다.

대통령 생전부터 치밀한 사전 준비과정을 거쳐 9월에야 본격적으로 방앗간 부지에 터를 파고 기초공사를 시작했다. 바닥은 통으로 콘크리트를 두껍게 부었다. H빔 뼈대가 세워지고 골격이 갖추어지자 공장의 외벽에 판넬을 붙여나갔다. 동시에 미리 발주한 건조기와 도정기계들이 설치되었다. 공사기간을 줄이기 위해 밤늦게까지 인력과 장비가 투입되었다.

드디어 건조기가 가동되고 도정기계들도 시험가동을 시작했다. 이미 봉하들판에서는 추수가 한창이었다. 하루 종일 콤바인 돌아가는 소리가 멈추질 않았다. 이미 완공된 건조실 쪽은 추수가 끝난 산물벼들이 트럭과 트랙터 츄레라에 실려 방앗간으로 몰려들고 있었다. 1개월이 채 되지 않는 짧은 기간에 그야말로 한 치의 오차 없이 공사가 착착 진행되었다. 솔직히 나부터 '과연 수확기에 맞추어 가동될 수 있을까' 하는 불안감이 없지 않았다. 그렇다고 마을 주민들에게 흔들리는 모습을 보일 수는 없었다. 나는 불철주야 공사에 집중했다. 마침내 해냈다. 불광불급(不狂不及), 미치지 않으면 해낼 수 없는 일이었다.

10월 31일, 봉하마을 친환경쌀 방앗간이 본격 가동되었다. 그동안 이미 정선하고 건조해 놓은 봉하쌀 나락을 한 번 더 정밀하게 정선하고 쇳가루를 제거하는 단계를 거쳐 도정실, 원료탱크로 보냈다. 제일 먼저 현미도정기에서 왕겨를 벗겨냈다. 두 단계의 등외현미선별기에서 규격에 벗어난 부실한 현미는 제외하고 때깔 좋은 현미만 골라냈다. 다음으로 석발기에서 혹시나 있을지 모르는 돌을 골라내면 승강기를 타고 현미탱크로 옮겨진다. 자, 이제 현미가 백미로 다시 탈바꿈하는 도정단계다. 연삭기로 현미의 쌀눈과 쌀겨를 깎아내고, 연마기로 갈아내어 10분도의 백미가 되었다. 도정과정에서 깨진 싸라기를 선별하고 색채선별기를 통과하면서 병들어 피해를 입은 쌀, 미숙한 쌀과 깨진 쌀, 다른 품종 등 색깔이 다른 것을 정밀하게 또 골라냈다. 마지막으로 연미기에서 쌀겨 등을 닦아내고 싸라기 선별기를 한 번 더 거쳐 96퍼센트 이상 완전미 상태로 승강기를 타고 포장실로 옮겨졌다. 포장실에서는 쌀을 봉지에 자동으로 포장했다.

RPC 착공 당시만 해도 주변사람들은 허허벌판에서 어떻게 한 달 만에 RPC를 완공시킬 수 있겠냐고 입방아부터 찧어댔다. 주민들도 고개를 갸우뚱했다.

"1개월 동안, 짧은 공사기간으로 수확기까지 방앗간을 완성할 수
있겠나?"
"대통령도 안 계신 데다 농사일도 잘 모르는 초보들이 과연 방앗간
을 운영할 수 있겠나?"

그러나 우리는 해냈다. 우려와 달리 자체 방앗간이 완성되고, 정미기
가 돌아가고 첫 봉하쌀이 쏟아져 나왔다. 마을 주민도 놀람을 감추지
못했다. 나 또한 감개무량했다. 대통령 장례를 마치자마자 슬퍼할 겨
를도 없이 새로운 자연농업 방식으로 모심고 오리와 우렁이를 넣고,
피사리하고 병충해 방제까지 하느라 정신이 없었다. 이 와중에 밤늦
게까지 방앗간 설계를 검토하고 짬짬이 RPC 견학을 다니고, 시공업
체를 선정해서 공사를 감독하고…. 돌이켜 생각해보니 정말 아찔한
일정들이었다.

'누드방앗간', 이것은 대통령이 내게 남긴 숙제였다. 내가 미친 사람처
럼 이 일에 매달린 것은 어쩌면 대통령을 지켜내지 못한 스스로의 한
풀이였다. 이것이라도 해야 그나마 슬픔을 이겨낼 수 있었다. 처음 하
는 일이라 크고 작은 시행착오가 있긴 했지만 대통령의 바람대로 이
루어내었다. 대통령의 유업은 내 삶의 방향과 목표가 되었다.

23

'꽃 대신 쌀', 나만의 영결식

대통령은 먼 길을 떠났다. 슬퍼하지 말라고 했으나 슬픔이 샘솟았다. 미안해하지 말라고 했으나 죄책감에 시달렸다. 원망하지 말라고 했으나 분노가 자라났다. 대통령의 빈자리는 컸다. 슬픔과 분노를 이겨내기 위해 억척스레 친환경 농사를 짓고 죄책감을 씻기 위해 방앗간 건립에 전념했다. 정신없이 앞만 보고 달렸다. 마침내 대통령 없이 지은 첫 번째 '봉하오리쌀'이 나왔다. 벅찬 마음으로 첫 봉하쌀을 받아 안고 대통령이 잠들어 있는 묘역을 향해 걸었다. 봉하쌀 포장지에 당신의 캐릭터를 사용하라면서 했던 말이 떠올랐다.

"신뢰를 지킬 자신이 있으면 나까지 팔아라."

대통령의 정신과 가치를 지키지 못할 거라면 농사를 짓지 말아야 했다. 대통령의 이름과 얼굴을 팔아먹을 수는 더욱 없었다. 감당키 어려운 슬픔을 딛고 눈물로 지은 쌀농사였고, 분노를 삭혀내기 위한 방앗간 공사였다. 자존심 하나로 살아온 대통령이 김태호 경남도지사에게 자존심을 굽혀가며 예산지원을 부탁해서 어렵게 지은 방앗간이었다. 대통령의 혼이 깃든 친환경 방앗간에서 처음으로 도정한 첫 작품이 탄생했다. 그 '친환경 봉하쌀'을 대통령 영전에 올리게 되었다. 작목반 반장들과 함께 묘역으로 향했다. 봉하쌀 봉지를 마치 영정사진처럼 두 손으로 받쳐 들었다. 저만치 묘역이 보이자 벌써부터 눈앞이 흐려지기 시작했다.

명계남 선배는 대통령 생가 쪽에서 터벅터벅 걸어오고 있었다. 그도 '사랑하는 님'을 잃고 상처받은 영혼이었다. 눈이 마주쳤다. 대통령께 봉하오리쌀 바치려고 하니 같이 가자고 했다. 그는 말없이 동행해주었다. 2002년 민주당 국민경선시 문성근 선배와 함께 노풍(盧風)의 핵(核)이었던 사람. 노사모 초대 회장을 지내기도 했다. 노사모는 국민경선 선거인단을 모으고 희망돼지저금통을 분양하여 후원금을 모았다. 바보 노무현을 다시 일으켜 세웠다. 노무현을 대통령으로 만든 1등 공신이었다. 그는 참여정부 시절 대통령의 부담을 덜어주기 위해 노사모를 해산하자고 했다가 노사모에서 쫓겨나다시피 했다. 배우 활동도 중단했다. 영화제작 일도 접어야 했다. 그는 조용히 서울을 떠났다. 주변 사람들에게 부담을 주기 싫어 강원도 홍천에 은둔했다.

대통령은 그런 그가 늘 마음의 빚이었다. 대통령은 명계남 선배를 봉

하마을로 불러들이고자 했다. 밥상에 숟가락 하나 더 놓으면 되지 않
겠냐고 했다. 명계남 선배는 대통령이 자신을 챙겨주고 불러주는 것
이 고마웠다. 빨리 오고 싶었으나 주변 정리가 발목을 잡았다. 대통령
이 돌아올 수 없는 길을 떠나가고서야 그는 허겁지겁 봉하로 왔다. '조
금만 일찍 왔더라면, 나라도 말벗이 되어주었더라면, 당신의 짐을 조
금이라도 나누어질 수 있었을 텐데…' 한(恨)이 맺혔다. 혼자서 3년상
(喪)을 치르는 상주가 되었다.

그는 대통령을 잃은 슬픔과 분노를 삭혀내기 위해 안간힘을 썼다. 매
일 밤 대통령의 어록을 한 자 한 자 붓글씨로 썼다. 매끼 먹는 밥처럼
대통령이 우리에게 했던 말과 글을 곱씹었다. 그는 혼자서 대통령과
대화(對話)를 나누었다. 혼신의 힘을 다해 대통령의 마음을 읽었다. 그
의 눈은 늘 적개심이 불타는 듯 번득였다. 얼굴은 슬픔과 분노로 일그
러져 있었다. 그런 그가 나에게 글을 써주었다.

당신이 노무현입니다

민정보자를 눈며쓰고
아무리 자전거 페달을 밟고 달려보아도
그 사람은 없다.
뺄밭에 넘어지며 수렁을 찾아보아도
그 사람의 웃음소리가 들리지 않는다.
밤 낮나는 오리 떼의 웃음소리가 가득한 밀밭에

빈 슬픔의 행렬만이 무성영화처럼 흐른다.

김정호 님! 그대는 어떻게 우는가?

장화의 흙탕물은 씻어낼 수 있지만,

그대 가슴에 이 슬픔과 분노는 어쩌리오.

그러나 분명한 것은

정호 님!

당신이 바로 노무현이다.

바보 노무현.

김정호.

명계남 선배가 '봉하쌀' 헌정식을 인도했다. 그가 있는 곳은 어디나 무대였고 그가 하는 말은 무엇이나 명대사였다. 그의 말은 한 마디 한 마디가 그대로 운율이 있는 시(詩)였고, 가락이 있는 노래였다. 대통령의 혼백을 불러내었다. 나와 황봉호, 최병기, 최정근, 승구봉 작목반장과 박성민 공장장이 헌화대에 국화꽃 대신 봉하쌀을 올리고 분향을 했다. 참숯불에 향을 사르자 연기가 피어올랐다. 마치 연기와 함께 그 속에서 대통령이 살아나오는 듯했다. 금방이라도 손을 잡아줄 것 같았다. 눈을 감고 향내를 맡으며 길게 묵념을 했다. 헌미(獻米)를 마치고 너럭바위로 걸음을 옮겼다. 너럭바위, 대통령의 묘비에 봉하쌀을 기대어 놓았다. 우리는 묘역에서 처음으로 대통령께 큰 절을 올렸다. 나는 무릎을 꿇었다. 대통령께 봉하쌀이 당신의 방앗간에서 마침내 도정되었다고 보고를 했다.

"당신이 없는 봉하가 무슨 의미가 있다고, 우리 더러 어쩌라고 홀로 떠나셨습니까? 당신의 빈자리가 너무도 큽니다. 당신의 빈자리를 메우는 것이 너무 힘듭니다. 그러나 당신의 꿈과 가치를 결코 포기하지 않겠습니다. 저희에게 힘을 주십시오."

하염없는 눈물은 이미 소리 없는 통곡이 되었다. 명계남 선배가 묘역 주변에 쇠사슬로 된 울타리를 거두어 너럭바위 곁을 열어주었다. 그동안 나는 일부러 묘역에 가지 않았다. 부엉이바위 쪽은 눈길을 주기 어려웠다. 대통령의 죽음을 아직도 받아들이지 못했기에, 내 마음속에서 차마 떠나보낼 수 없었기에 그냥 외면하고 있었다. 그러나 나의 의

대통령 서거 후 첫 번째 수확한 봉하쌀 헌정식. 이때만큼은 오롯이 대통령을 독차지한 나만의 영결식이었다.

식세계에서만 그랬을 뿐, 일상생활 속에서는 대통령의 죽음을, 당신의 삶을 매일 매순간 맞닥뜨리고 함께 살고 있었다.

차가운 너럭바위를 쓰다듬고 어루만졌다. 차디찬 바위가 마치 대통령 육신 같았다. 흐느낌이 마침내 통곡으로 터져 나왔다. 아직 당신을 떠나보낼 수 없었던 지라 그동안 울지 않았다. 아니 국민들 품으로 떠나보내기 위해 조문객들에게 자리를 내주어야 했다. 당신의 빈자리를 대신해서 농사를 짓고 방앗간 공사한다고 너무 바빠서 울 짬도 없었다. 회한이 물밀듯이 몰려왔다. 대통령을 지키지 못한 나는 죄인이었다. 당신 뜻대로 당신과 함께 살고 있는데 어찌 당신을 떠나보낼 수 있겠는가. 누가 보든 말든 아랑곳하지 않고 울었다. 대통령의 봉분, 너럭바위를 꼭 부여안았다. 받아들일 수 없었던, 받아들이고 싶지 않은 대통령의 부재, 대통령의 죽음이었다. 목 놓아 울었다.

속 깊이 감춰두었던 원망도 터져 나왔다. 그동안 대통령의 빈자리를 메우느라 기를 쓰고 오리농사를 지었다. 방앗간을 짓는다고 밤낮없이 매달렸다. 봉하쌀을 만들어내기까지는 멈출 수도, 흔들릴 수도 없었다. 그러나 대통령의 빈자리는 크고 넓었다. 대통령이 남긴 정신과 가치는 깊었다. 내겐 너무 벅찼다. 그것을 실행하기는 더욱 힘들었다. 아무리 빈자리를 채워도 채워지지 않았기에 제대로 울 겨를조차 없었다. 참았던 슬픔이 터져 나왔다. 설움도 북받쳐 올랐다. 이때만큼은 오롯이 대통령을 독차지한 나만의 영결식이었다.

24

'땅심地力과 천적天敵', 농사의 기본

2017년. 대통령이 물꼬를 튼 생태농업이 어느새 10년째 되었다. 해를 거듭할수록 생태농업은 체계가 잡히고 재배방법도 안정되었다. 영농 규모가 해마다 늘었고 기술 수준도 높아졌다. 나는 그럴수록 대통령이 생전에 강조했던 친환경 농사의 기본과 원칙을 충실히 지켰다. 무엇보다 흙과 물을 살리고 땅심을 돋우는 것에 역점을 두었다. 유기전환기 이상의 논에는 밑거름으로 축분발효 퇴비를 뿌리도록 의무화했다. 이를 이행하지 않을 경우는 수매등급을 낮추었다. 크든 작든 반칙하는 것은 누구도 용납하지 않았다.

친환경 농사로 바꾸기 전에는 다수확을 위해 화학비료를 듬뿍 치고 병충해가 발생하면 화학농약도 팍팍 쳤다. 땅은 질소 성분이 지나치게 많고 염분도 쌓여왔다. 또 이런 논흙에는 유기물이 적어 농사에 유익한 미생물도 적었다. 지력이 약해지고 토양환경이 거칠어지면서 작물의 면역력이 떨어져 농사도 잘 되지 않았다. 지치고 쇠약하기는 농부들의 마음도 마찬가지였다. 생명과 자연환경을 살리고 안전한 먹거리를 생산하는 데는 뒷전이고, 그저 돈이 되도록 얄팍하게 농사를 지었다. 퇴비는 비싸다고 아예 사용할 생각조차 않고, 녹비작물도 일부 축산농가에서 사료용으로나 심었지 일반농가는 귀찮아서 재배하지도 않았다. 게다가 벼에 필요한 영양분이 많은 볏짚마저 논에 되돌려주지 않고, 당장 몇 푼이라도 더 손에 쥐겠다고 축산농가에 사료로 팔았다. 지력이 더욱 약해질 수밖에 없었다. 당장 수확량을 늘릴 욕심에 이삭거름은 물론 밑거름도 값이 싼 속효성 화학비료를 많이 넣고 있었다. 약탈농업이 악순환 되었다.

유기물이 없는 화학비료만 잔뜩 뿌린, 땅심(地力)이 약해진 논에서 자라는 벼는 영양불균형으로 체구만 클 뿐 체질이 약하고 병에 대한 저항력이 떨어진다. 병균과 벌레들은 이런 논부터 먼저 달려들었다. 봉하 생태농업 단지에서도 비료 욕심을 부린 농가의 논들은 여지없이 청벌레 피해가 있었다. 그러나 정직하게 제대로 친환경 농사를 지은 분들은 상대적으로 피해가 적었다. 벼 잎이 거칠고 튼튼하기 때문에 청벌레가 벼 잎을 말아서 번데기 집을 지을 수 없었기 때문이었다.

대통령 캐릭터를 새겨 넣은 논, '노짱 캐릭터논'은 영농법인이 직접 농사를 지었다. 이 논은 다른 논에 비해 밑거름으로 축분발효 퇴비를 두 배 정도 더 넣고 이삭거름은 아무것도 하지 않았다. 벼 잎이 빳빳

하고 억셌다. 그래서 이화명충나방이나 혹명나방 등이 알을 낳지 않았는지 애벌레가 거의 발생하지 않았다. 영농법인의 벼가 봉하들판에서 가장 깨끗하고 병충해도 전혀 없었다. 욕심을 내려놓았더니 병충해도 없었다.

반면에 화학비료와 화학농약을 쓰는 관행논의 경우, 수확량만 생각해 모를 빽빽하게 심고 비료를 많이 주니 오히려 병충해가 더 많이 발생하고, 번지는 속도도 사나웠다. '욕심의 역설(逆說)'이었다. 사람이 세상을 살아가는 것도 같은 이치다. 사람도, 사람들이 모여 사는 사회도, 자연의 일부이기 때문에 자연에 순응하며 조화와 균형을 이루는 게 필요하다.

대통령이 청년기였던 1960~70년대까지만 해도 농촌에는 농가마다 소 한두 마리, 돼지 대여섯 마리, 닭은 여남은 마리를 함께 키웠다. 자연스레 가축의 똥오줌 등으로 자기 농사에 필요한 퇴비를 직접 만들어 논밭에 밑거름으로 재활용했다. 그러나 지금은 자급자족적이었던 복합농업 체계와 방법이 무너진 지 오래되었다. 집에서 가축을 키우는 대신 대규모 공장형 축산으로 바뀌었다. 대량으로 발생하는 가축 분뇨는 수질오염을 일으키는 주범 중 하나다.

대통령은 귀향초기에 봉하마을 주변지역을 하나의 권역으로 묶어 순환농업을 추진했다. 자체 퇴비공장을 지으려고 했으나 쉽지 않았다. 대통령 서거 이후에 나는 퇴비공장 건립을 포기했다. 대신에 주변의 축산농가와 축분발효 퇴비공장의 대표들과 협의하여 지역 내 퇴비공장을 활용하는 방향으로 바꾸었다.

기압이 낮고 화포천에서 봉하들판 쪽으로 바람이 불어오는 날이면 마을에 어김없이 가축분뇨퇴비 냄새가 심하게 났다. 화포천 건너편에 큰 퇴비공장이 두 곳이나 있었기 때문이었다. 귀향 초기에는 냄새가 심해 환경감시단이 출동해서 퇴비공장을 대상으로 집중적인 감시활동을 벌이기도 했다. 김해시에 혐오시설 단속과 이전을 요구하는 민원을 넣기도 했다. 그러나 시간이 지나고 경험이 쌓이면서 생각을 바꾸게 되었다. 친환경 농업을 위해서나 축산을 위해서나 퇴비공장은 더 이상 없어져야 할 '혐오시설'이 아니었다. 어떻게든 축사와 퇴비공장의 악취를 제거하고 좋은 퇴비를 만들어 농사에 재활용할 수 있게 바꿔야 했다. 상생과 협력이 살길이었다. 사회 전체적으로도 가축분뇨를 재활용하여 환경부담을 줄이지 않는다면 달리 처리할 방안도 없었다.

봉하마을 주변의 몇몇 축산 농가들은 이미 봉하들판 논에서 무농약으로 벼농사를 짓고 여기서 나오는 볏짚과 쌀겨를 가축의 사료로 활용했다. 왕겨도 모았다가 축사 바닥에 깔아주고 있었다. 유기질 퇴비공장은 봉하마을 주변 축사에서 나오는 가축분뇨를 수거해 축분발효 퇴비의 원료로 사용하기로 했다. 봉하마을 작목반에서는 봉하들판의 논에 지력을 높이기 위해 그 축분발효 퇴비를 밑거름으로 사용하기로 했다.

마침내 봉하 생태농업을 매개로 친환경 벼농사의 부산물과 가축분뇨로 축분발효 퇴비를 만들고, 이를 다시 논에 되돌려주는 '순환농업'의 고리가 연결되었다. 생태농업단지를 주축으로 인근지역 안에서 생태와 환경을 유기적으로 살려내는 복합영농의 선순환이 시작된 것이다. 그 결과, 논에는 유기물이 풍부하게 되었고 토양미생물의 종류와 개체수도 크게 늘었다. 지력도 되살아났다. 토양이 비옥해지니 당연히 쌀의 품질도 좋아졌다. 가축분뇨를 버리지 않고 제대로 발효시켜 재활용한 덕분에 수질환경도 점점 좋아지고 있다. 대통령의 뜻대로 농사의 기본에 충실하니 땅이 살고 작물도 튼튼해졌다. 수질도 좋아지니 온갖 수생생물들이 되돌아오고 농촌도 되살아나기 시작했다. 지역내 축산과 벼농사의 순환농업은 생명과 환경을 통째로 살리는 생태농업과 함께 대통령이 우리에게 남긴 생명환경농업의 핵심가치였다.

대통령 서거 이후 2010년까지 충북괴산에 있는 자연농업연구원에서 생태농업 지도를 받았다. 조한규 원장이 뇌졸중으로 쓰러진 뒤 거동이 불편해져 더 이상 현장지도가 어렵게 되었다. 2011년부터 '자연을 닮은사람들(자닮)' 조영상 대표의 지도와 자문을 받기로 했다. 조영상 대표는 조한규 원장의 아들로서 자연농업의 원리와 방법론을 더욱 발전시키고 기술적으로 완성시켰다. 나는 조 대표의 쉽고 간편한 초저비용 농업의 재배기술과 방법을 적극적으로 받아들였다. 나와 영농법인 직원들이 먼저 하동에 있는 자닮 연구소를 견학하고, 별도로 초저비용 재배기술의 전문가 교육도 받았다.

조영상 대표를 봉하마을로 초대해 전체 작목반 회원들을 대상으로 자연농업 원리와 천연농약과 생물액비 제조기술교육도 실시했다. '자닭유황'은 유황가루에 가성소다와 황토, 천매암가루, 천일염을 섞어 가열하지 않고 액체로 만들어 살충제나 살균제로 사용했다. '자닭오일'은 식물이나 곤충의 표면에 천연농약이 잘 퍼지게 하고 살충, 살균효과를 지속시켜 주었다. 유채씨 기름에 가성칼리(苛性 kali)를 더해 숙성시킨 후 물에 섞어 사용했다. 돼지감자, 은행잎, 장목, 할미꽃뿌리 등 독초와 약초도 우려내었다. 봉하 생태농업 단지에서는 생물농약을 구입해서 사용하는 것보다 훨씬 적은 비용으로 필요한 천연농약을 직접 제조하고 공동으로 살포했다. 영농비용도 크게 낮추었을 뿐 아니라 생태농업의 재배기술도 한 단계 발전시켰다.

2011년에는 비가 많이 왔다. 봉하들판을 비롯해서 퇴래, 장방마을 들판까지 태풍이 몰고 온 집중호우에 논이 잠겼다. 물에 잠겼던 벼에 흰잎마름병이 발병했다. 흰잎마름병은 수인성 전염병이다. 원인균을 아직도 정확히 규명하지 못했다. 병원성 세균이 물과 바람에 의해 감염되면 벼 끝이나 가장자리가 말라가는 증상이 나타난다. 벼 잎이 마르니 정상적인 광합성 작용을 할 수 없어 벼의 생육이 부실해지고 결과적으로 수확량이 감소하고 미질도 떨어질 수밖에 없었다. 문제는 친환경 천연농약은 물론 화학농약도 치료약이 없었다.

나는 지난 2년 동안 자연농업 방식으로 흰잎마름병을 치유하기 위해 유산균과 고초균을 배양, 친환경 미생물 농약을 만들고, 심지어 바닷

물까지 떠 와서 광역살포기로 몇 번이고 방제를 했다. 하지만 치료는 커녕 확산을 막지 못했다. 관행논의 경우 흰잎마름병이 오면 여러 가지 화학농약을 섞어서 고압살포기로 농약을 쳤다. 흰잎마름병의 확산을 막으려고 화학농약을 치는데 역설적으로 농약 치는 사람이 지나간 곳부터 먼저 감염되고 증상도 더욱 심해졌다. 봉하마을엔 야생 고라니가 많다. 밤이 되면 들판에 내려와 벼가 무성한 논을 거닌다. 고라니가 지나간 자리에 마치 표시라도 한 것처럼 흰잎마름병이 발생하고 띠를 이루고 있었다. 물과 바람뿐 아니라 짐승이나 사람의 몸에 붙은 병원균이 이동경로를 따라 병을 전염시켰고 확산되었다. 몇 년간 흰잎마름병의 방제에 실패하면서 터득한 귀한 정보였다.

2010년까지 흰잎마름병 예방과 치료에 무지 애를 썼으나 실패했다. 농촌진흥청에서 흰잎마름병에 면역력이 강한 품종을 개발했다는 정보가 있었다. 귀가 솔깃했다. 전북도농업기술원 소순영 연구관이 '진백벼'를 추천했다. 병충해에 강한 품종을 개량하기 위해 묵묵히 연구에 힘써온 농촌진흥청 연구사들의 성과였다. 봉하마을도 2010년도에 시험재배를 추진했으나 육묘를 실패하여 직접 검증하지는 못했다. 하지만 국립식량과학원의 시험재배 결과를 믿고 과감하게 2011년부터 봉하단지 전체에 품종 교체를 추진했다. 다소의 우려와 반발도 있었지만 2년간 계속되어 온 흰잎마름병 발생과 그 피해에 더 이상 두고 볼 수가 없었다. 농민들에게 모든 책임은 영농법인이 질 테니 품종을 일단 바꾸자고 설득했다. 또 "진백벼가 아니면 수매를 받지 않겠다"고 엄포를 놓았다.

품종을 일거에 바꾸는 것은 위험부담이 많았다. 무리해서 진백벼로 품종을 바꾼 만큼 걱정도 되었다. 우려가 현실이 되었다. 2011년에도 침수된 논마다 여지없이 흰잎마름병 증상이 나타났다. 진백벼마저 실패인가? 달리 방법이 없단 말인가? 한숨이 절로 나왔다. 2010년까지만 해도 흰잎마름병이 발생하면 부랴부랴 미생물을 배양하고 천연농약을 광역방제기로 뿌렸다. 그러나 이런 노력이 효과가 없었고 오히려 병을 확산시킨다는 것을 알았다. 그래서 2011년부터는 아예 방제를 하지 않았다.

며칠이 지났다. 기적 같은 일이 일어났다. 생태농업 단지의 논은 더 이상 흰잎마름병이 진행되거나 확산되지 않았다. 반면에 주변에 화학농약을 쳤던 관행논은 흰잎마름병이 더욱 거세게 번져나갔다. 시간이 지나자 친환경 단지의 논들과 관행논들이 마치 경계를 지은 것처럼 뚜렷하게 대비가 되었다. 거짓말 같은 현상이었다. 흰잎마름병에 내병성 있는 품종의 위력이었다. 평소 우리는 꾸준히 지력을 높여주고 벼의 면역력을 강화시켰다. 그런 뒤에는 자연치유력을 믿고 아무것도 하지 않은 것이 확산을 막아주었다.

나는 어깨가 으쓱해졌다. 작목반 회원들도 생태농업에 대해 자부심과 자신감이 커졌다. "영농법인 말대로 따라 했더니 흰잎마름병을 이겨 내었다"며 마을 주민들이 자랑까지 하고 다녔다. 우리의 권유를 뿌리치고 고집스럽게 관행농업을 하던 농부들도 무슨 효과적인 천연농약이라도 있는지 그 비결을 가르쳐달라고 찾아왔다. 봉하에서 친환경은

2013년 전국적인 벼멸구 피해에도 불구하고 친환경 생태농업을 하는 봉하들판은 거뜬히 이겨 냈다.

빌어먹을 짓이라고, 거들떠보지도 않았던 자칭 '박사급' 농부들이나, 친환경 농업이 실패하기를 바라는 부재지주들의 기가 팍 죽었다.

2013년, 가을이 깊어가면서 들판에는 점차 황금물결이 넘실대고 있었다. 시원한 가을바람과 따사로운 햇볕에 익어가는 벼들이 농부의 시름을 잊게 해주었다. 누렇게 벼가 익어가는 구수한 냄새가 코끝을 기분 좋게 자극했다. 메뚜기도 한철이라고 한창 짝짓기에 여념이 없었다.

이즈음 김해시는 물론 전국적으로 벼멸구가 발생했다. 벼멸구는 사납게 퍼져나가 수확기 벼들에게 치명적인 피해를 주었다. 기존 방식대로 화학비료와 화학농약을 듬뿍 치고 벼농사를 지은 일반 논들이 벼멸구 피해를 받아 흉물스럽게 변해가고 있었다. 피해의 속도가 폭발적으로 빨라졌기 때문에 아직 이삭이 여물지 않은 10월 초순인데도 수확을 서둘렀다. 수확하기엔 때가 이른데도 여기저기 벌써 벼 수확을 마치고 맨땅을 드러낸 논들이 많았다. 이런 논의 벼들은 당연히 미질도 떨어지고 수량도 줄 수밖에 없었다.

그런데 봉하 생태농업단지만은 벼멸구의 피해 없이 거뜬히 이겨냈다. 그해만큼 생태농업의 성과와 보람을 극적으로 느꼈던 적이 없었다. 유독 생태농업을 하는 봉하들판은 벼멸구가 침범한 논이 없었다. 오히려 벼 잎이 쌩쌩하고 가을 햇볕에 한창 이삭이 통통하게 여물고 있었다. 그러니 10월 하순부터 벼 이삭이 충분히 여문 다음에 수확을 해도 늦지 않았다.

대부분 농민들은 벼에 병충해가 발생하면 관행논보다 화학농약을 치지 않는 친환경 논에 피해가 많을 것이라고 알고 있었다. 농업기술직 공무원도 여전히 그리 생각하는 분들이 많다. 하지만 실제는 정반대였다. 2013년도 봉하들판을 비롯한 생태농업단지의 벼멸구 발생 사례가 그 증거였다.

벼멸구는 6~7월경에 중국 등에서 바람을 타고 날아온다. 벼멸구는 태어나서 죽을 때까지 한 달이 걸린다. 생의 주기가 무척 짧다. 한 마리가 약 450여 개의 알을 낳는데, 천적이 없는 상태라면 두 달 만에 20만 마리, 석 달째가 되는 9월 이후에는 9천만 마리가 된다. 폭발적으로 증가한다. 벼멸구는 벼 밑동의 즙액을 마음껏 빨아먹고 벼를 고사시킨다. 벼멸구가 피해를 입힌 논은 마치 폭탄을 맞은 것처럼 둥그렇게 벼가 말라죽고 풀썩 내려 앉아버린다.

벼멸구의 대표적인 천적은 늑대거미다. 논바닥에 사는 늑대거미는 물 위에서도 자유자재로 이동하며 벼 밑동에 서식하는 벼멸구를 잡아먹는다. 벼멸구에겐 저승사자와 같다. 늑대거미가 있는 한 벼멸구가 편안하게 번식하는 것은 어림도 없다. 물론 친환경 논이라고 해서 벼멸구가 없는 것은 아니지만 피해를 줄 정도는 아니다. 관행농사를 여전히 고집하는 사람은 벼멸구를 제거하기 위해 화학 살충제를 듬뿍 뿌렸다. 그러나 화학농약은 천적까지 무차별로 죽였다. 오히려 천적까지 사라진 관행논은 되레 벼멸구에겐 천국이나 마찬가지였다. 기대와는 달리 관행논이 벼멸구 피해가 집중적으로 많은 이유였다.

봉하들판의 생태농업단지 내에도 화학비료를 쳐서 농사를 지으면 수확량이 더 많고, 화학농약을 치면 병충해를 막을 수 있다고 관행농사를 고집하는 이들이 몇 있었다. 봉하들판만 그런 것이 아니라 퇴래, 장방마을 들판도 같았다. 그들의 코가 이번 일로 보기 좋게 납작해졌다. 거짓말 같지만 관행농사를 고집한 논에만 벼멸구가 마치 융단폭격을 당한 것처럼 피해를 입었다. 친환경 생태농업의 진짜 강점을 보여주었다. 친환경 농사 하자고 그렇게 권해도 고집부리던 관행농가들이 벼멸구 피해를 입은 건 자업자득이었다. 친환경 생태농업에 효과에 의구심을 갖고 있던 많은 작목반 회원들도 벼멸구 사태를 겪으면서 영농법인과 생태농업을 더욱 신뢰하게 되었다.

생태농업에 대한 농부들의 잘못된 상식과 통념, 과학적이지 못한 경험주의가 깨져나가고 있다. 그동안 농정당국은 생산량을 늘리는 데만 몰두해 화학비료, 화학농약 위주의 관행농업을 앞장서 보급해왔다. 그러나 이제는 과학기술영농에 대한 잘못된 인식과 발상을 바꾸어야 한다. 수량은 약간 줄더라도 품질을 높이고 온갖 생명과 환경을 살리는 생태농업이야말로 첨단 생명과학이고 진정한 과학기술영농이다. 효율성만을 추구하여 생명을 죽이고 생태계를 파괴하는 화학농약과 화학비료부터 포기해야 한다. 이제부터라도 땅심을 돋우고 작물의 면역력을 높여주는 데 역점을 두어야 한다.

대통령은 처음부터 논을 습지로 바라보고 벼 작물뿐 아니라 다양한 생명이 공존하는 생태농업을 추구해왔다. 땅과 물을 되살리고 다양한 생물들이 서로 먹고 먹히는 먹이사슬이 선순환하는 자연생태계가 유지되길 바랐다. 그 속에 사람도 자연의 일부로 함께 살아가길 바랐다. 농사의 기본에 충실한 대통령의 유업(遺業)은 계속되었다.

5부

부활 復活
– 내 마음속 대통령

25

들판에 새긴 논 그림, '내 마음속 대통령'

2009년 여름이었다. 태산 같았던 대통령을 떠나보내고 너 나 할 것 없이 황망해할 때, 우리를 흔들어 일깨운 바보 농부가 있었다. 전남 장성의 구재상 씨였다. 그는 대통령 서거 후 1천200평의 논에 논글씨를 새겼다.

'사랑합니다. 바보 대통령'
'그립습니다. 바보 농부'

그는 혼자서 20일 동안, 바보 대통령을 지켜주지 못한 슬픔과 미안함으로 한 땀 한 땀 수를 놓듯 자주색 벼를 심었다. 그렇게라도 슬픔을 이겨내려는 바보 농부의 강한 의지에 나는 큰 감동을 받았다. 그가 고마웠다. 나도 그 마음을 배웠다.

2010년, 봉하들판에 처음으로 논글씨를 새겼다. 대통령 1주기 추도식을 마치고 2천700평 논에 신영복 선생의 서체로 '사람사는세상'을 새기기로 했다. 그런데 하필이면 그 시기에 내가 20일 동안 봉하를 비우게 되었다. 브라질에 이민 간 형님이 아들 결혼식에 초청을 했는데 내가 가족대표로 참여하게 되었다. 내 대신 자원봉사센터 호미든 간사가 책임을 맡아 애를 썼다. 처음 시도한 논글씨라 요령이 부족한 데다 자원봉사자들 대부분이 농사 초보였던 탓에 시행착오가 많았고, 고생도 이만저만이 아니었다. 매주마다 청주에서 달려와서 논글씨를 수정하고 빈자리에 모를 심고 오뉴월 땡볕에 피사리를 해주신 서위 님을 비롯해서 현지 님, 노랑경 님 등 자원봉사자들의 헌신적인 노력, 열정과 의지가 없었다면 불가능한 일이었다.

2011년에는 1천800평의 논에 밀짚모자를 쓴 노무현 대통령 얼굴을 그려 넣고, 연각재 선생의 서체로 '내마음속 대통령'을 논글씨로 새겼다. 이번에는 논글씨와 논그림 시안은 물론 자색벼 손모심기도 내가 직접 챙겼다. 캐릭터를 그려 넣을 논은 부엉이바위에서 가장 잘 보이고 방문객들이 접근하기도 쉬운 생태연못 아래쪽으로 옮겼다. 글씨와 그림에 쓸 자색벼 품종은 미리 구해서 따로 키웠다. 자색벼를 논그림에 사용하는 것은 벼잎의 색깔이 처음부터 짙은 자주색을 띠어서 논그림과 논글씨를 표현하기에 알맞기 때문이었다.

논그림 디자인과 스케치는 노무현 대통령과 오랜 인연이 있었고 봉하에 애정도 많은 김은곤 화가가 맡아주었다. 그는 봉하마을에 1년째 머물면서 작품활동을 하고 있었다. 주로 화포천과 봉하들판의 풀을 그렸다. 봉하마을 회관에서 전시회도 열었다. 그는 환하게 웃는 대통령 얼굴 사진에다 원본에는 없던 밀짚모자를 합성해 새로운 모습으로 논그림을 형상화했다.

캐릭터논의 바탕색은 일반벼를 이앙기로 1차 모심기를 했다. 이때를 전후해서 논그림 디자인 작업도 병행했다. 먼저 논의 규격을 실측한 뒤 컴퓨터에서 논과 똑같은 비율로 바둑판 모양의 바탕을 만들었다. 여기에 캐릭터 그림과 글씨를 배치해서 도면을 완성했다. 먼저 심은 모가 뿌리를 내리는 5일쯤 뒤부터 논에 밑그림을 그렸다. 완성된 도면과 같은 비율로 논에도 4미터 간격의 가로세로 줄을 쳤다.

논에 밑그림을 그리고 손모심기를 위해 먼저 논에 물을 뺀 다음, 논과 도면의 좌표를 비교 확인하면서 논그림과 논글씨의 윤곽선을 스케치했다. 우리는 윤곽선이 눈에 잘 보이도록 손으로 논흙을 조금 돋우고 밀가루를 뿌렸다. 그리고 밀가루가 뿌려진 곳의 일반벼를 뽑고 자색벼를 밑선 따라 심었다. 여기까지가 스케치 작업이었다. 마무리는 일종의 색칠 작업인데 많은 일손이 필요했다. 봉하마을 부녀회 회원들이 도와주었다. 윤곽선 안에 심어져 있던 일반벼를 모두 뽑고, 그 자리에 자색벼를 심어 그림과 글씨의 색을 채웠다.

이후 두 달여 동안은 김은곤 화백과 내가 원본 그림과 다른 부분을 찾아 정확한 위치로 옮겨 심는 수정작업을 했다. 이렇게 하고도 모가 빠진 자리에는 다시 모를 채우거나 옮겨 심었다. 피사리는 기본적으로 해야 할 일상적인 벼농사였다. 캐릭터논은 결과만 보면 단순하고 쉬워 보이지만, 실제로는 매우 복잡하고 섬세한 과정을 거쳤다. 논이라는 거대한 자연의 도화지에 색깔이 다른 벼를 이용해 스케치를 하고 색칠을 하는 작업이었다. 또 벼가 자라면서 포기가 번식하고 논이 계속 변화하기 때문에 관리를 꾸준히 해주어야 했다. 벼농사 지식과 경험은 물론 벼 품종, 햇볕과 물, 바람 그리고 작업자의 미술적 감각과 팀워크까지… 이 모든 것이 서로 조화를 이뤄야만 아름다운 작품을 만들어낼 수 있었다.

벼가 자랄수록 봉하들판에 밀짚모자 쓰고 환히 웃는 대통령의 모습이 또렷해졌다. 봉화산 정상 사자바위나 부엉이바위에서 내려다보면 대통령의 캐릭터가 한눈에 들어왔다. 연각재 님의 '내마음속 대통령' 서체와 어울려 노무현 대통령이 마치 논에서 되살아난 것 같았다. 방문객들에게 큰 감동을 주었다.

2012년에는 1천800평 논에 '밀짚모자를 들고 인사하는 대통령 전신 모습'에 명계남 선배의 서체로 '그대 잘 계시나요?'를 새겼다. 디자인은 내가 했다. 전년에 비해 입체감이 없고 내용이 단순해서 그랬는지 감동도 적었다.

2013년에는 3천600평 논에 이철수 판화가의 작품 '촛불'과 대통령이 생전에 방명록에 자주 쓰셨던 '강물은 바다를 포기하지 않습니다'를

2010년

2011년

2012년

2013년

2014년

2015년

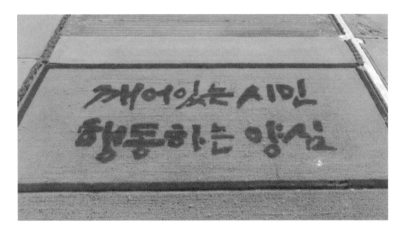

2016년 봉하와 전남 장성에 새긴 논그림.
2010년 '사람사는세상'을 시작으로 총 일곱 가지의 논그림을 새겼다.

이철수 선생의 판각서체로 새겼다. 제주도 우도에서 봉하장터 건축디
자인을 도와주기 위해 와 있었던 강길원 선배가 스케치를 했다. 캐릭
터 논의 면적은 최대였고 그만큼 품도 많이 들었다. 우리는 해가 거듭

될수록 난이도와 예술성을 높이려고 애를 썼다. 그러나 촛불의 세부 묘사가 부적절했는지 한눈에 들어오지 않았다. 작가의 작품성을 충분히 살리지 못한 것 같아 미안했다. 자원봉사자들의 노력에 비해 감동이 크지 않아 아쉬웠다.

2014년 논그림은 1천800평의 논에 '밀짚모자 쓴 대통령의 옆모습'을 그렸고 대통령 친필로 다시 '사람사는세상'을 새겼다. 다섯 번째부터는 서울에서 자원봉사를 오는 동물원 님과 한 조를 이뤄 디자인과 스케치를 함께 작업했다.

2015년에는 1천500여 평의 논에 '대통령 웃는 얼굴'을 정밀묘사에 가깝게 표현했고, 참여정부의 대표 캐치프레이즈였던 '국민이 대통령입니다'를 논글씨로 새겼다. 가장 난이도가 높았고 작업여건도 좋지 않았다. 이 논은 미꾸라지를 자연양식했던 곳이다. 그때 미꾸라지 월동용 웅덩이를 논 안에 열한 개나 팠었다. 논으로 원상복구하면서 웅덩이를 메우고 평탄작업을 했다. 그러나 웅덩이를 메운 자리는 마치 늪처럼 빠져들었다. 깊은 곳은 허리까지 빠졌다. 트랙터는 물론 이앙기마저 빠져 손모심기를 할 수밖에 없었다. 모심기 이후 주말마다 동물원 님과 함께 수정작업과 피사리를 했다. 평일 아침 일찍, 내가 혼자서 수정작업을 하다 그만 늪에 빠졌다. 다리를 무리하게 비틀어 빼다 무릎인대가 파열되고 연골판이 손상되었다. 그런 줄도 모르고 연거푸 작업을 하다 더 크게 탈이 났다. 무릎관절에 물을 빼고 관절주사를 맞고 약을 먹었으나 조금 무리하면 재발하기를 반복했다. 내가 논일을 할 수 없게 되자 함께 작업하던 동물원 님이 졸지에 캐릭터논 전담이 되었다. 그는 마치 영농후계자 수업을 받는 귀농청년마냥 고된 논일을 즐겁게 했다.

2016년도 논글씨는 김대중·노무현 대통령의 어록 중에 두 분의 삶과 정신을 상징하는 말씀을 선택했다. 노무현 대통령 서거 7주기 표어이기도 했다. 신동욱 캘리그라퍼의 서체로 논글씨를 새겼다.

'깨어있는 시민'
'행동하는 양심'

이번에는 특별히 2009년에 '바보 대통령'을 논에 새겼던 바보 농부, 전남 장성의 구재상 씨에게 봉하마을과 같이 논글씨를 새기자고 했다. 광주지역 노무현재단 회원들이 손모심기에 자원봉사자로 나섰다. 벼 수확을 한 뒤에는 노무현재단 광주·전남지역위원회 주최로 〈논두렁음악회〉도 열었다. 아름다운 광경이었다. 매년 지역마다 제각각 대통령을 다시 생각해볼 수 있는 논그림과 논글씨를 함께 새겼으면 좋겠다. 대통령의 뜻이 전국 들판에서 하얀 벼꽃으로, 자주색 이삭으로 부활한다면 어떨까? 우리의 밥상에서 구수한 쌀밥으로 다시 만날 수 있었으면 더 좋겠다.

26

소나무와 장군차將軍茶, 마을숲 그 이후

10년 전 대통령과 함께했던 순간들이 어제 일처럼 생생하다. 대통령 귀향 초기의 봉하마을은 볼품도 없고 햇볕을 피할 그늘 하나 없었다. 대통령은 마을 경관도 아름답게 하고, 방문객들의 심신을 쉬게 할 수 있는 방안들을 고심했다. 마을 뒤편에 버려진 단감나무를 뽑아내고 장군차나무와 매실나무를 심었다. 생태연못을 파고, 야생화와 조경수를 채웠다. 봉화산 숲 가꾸기도 시작했다. 대통령 생전에 시작했던 마을숲 가꾸기 사업이 모두 마무리되었고, 화포천 생태공원도 완공되었다. 대통령 묘역 주변과 생태연못은 새롭게 생태문화공원으로 세련되게 탈바꿈되었다. 생태문화공원에서는 계절마다 노무현재단 봉하사업본부가 주최하는 다양한 체험 프로그램이 열리고 있다. 아이들의 해맑은 웃음소리로 더욱 활기찼다. 대통령이 떠난 봉화산에 대통령이 거닐던 길을 따라 '대통령의 숲길'이 조성되었다. 주말이면 노무현을 그리는 수많은 사람들이 화포천 습지길과 연결된 '대통령의 둘레길'을 걷는다. 대통령의 길은 산으로, 들로, 습지로 열려 있다.

이 모든 변화의 시작이었던 2008년 어느 늦은 봄날의 일이다. 마을숲 가꾸기가 한창 진행 중이었다. 생태연못 주변에 정자를 짓느라 구슬땀을 흘리고 있는데 이호철 선배가 급하게 나를 찾았다.

"큰일 났다. 정호야. 니 때문에 대통령님하고 여사님이 다퉈가 일주일째 두 분이 말씀을 안 하시고 식사도 같이 안 하신단다."
"아니, 형님. 내 때문이라니? 무슨 말입니까?"
"아무래도 사저 뒤편의 소나무 때문인 것 같은데, 대통령도 별 말씀이 없으시고 심기가 불편해 계신단다. 아무튼, 여사님 찾아뵙고 잘못했다 캐라. 사무실에 있는 우리가 눈치 보여서 못살겠다. 니가 무조건 잘못했다고 빌어라."

이호철 선배와 다른 비서관들은 영문도 모른 채, 여사님께 이미 혼이 난 모양이었다. 그 당시 나는 바깥일이 분주해서 특별히 대통령이 나를 찾거나 회의 때가 아니면 사저의 사무실에 잘 들어가지 않았기에 사저 내 분위기를 통 모르고 지냈다. 무슨 연고인지 정확히 알 수 없었지만 소나무 간벌 때문에 무슨 오해가 있는 것 같았다. 여사님을 만나뵙겠다고 했다. 여사님 말씀을 들어보고 잘못이 있으면 꾸지람을 듣고, 사과도 하겠다고 했다. 여사님은 서재에 나와 계셨다. 인사를 드리고 조용히 마주 앉았다. 여사님이 먼저 말문을 열었다.

"김 비서관, 나는요, 봉하마을에 내려와 외롭다 싶을 때마다 사저 뒤편의 소나무들을 쳐다보면서 위안을 삼아왔어요. 나랑 같이 살자 하며 날마다 눈길을 주고 정붙이며 지내왔단 말입니다. 그런데 어찌 그런 소나무들을 무참히 베어냈습니까?"

감정을 절제하며 힘겹게 말씀을 이어가던 여사님은 잠시 말을 멈추고 한참 고개를 숙이고 있었다. 울고 있었다. 차마 나도 고개를 들 수가 없었다. 그렇다고 그냥 있을 수도 없었다. 내가 먼저 침묵을 깨고 비감한 독백을 읊조리듯 나지막하게 경위를 설명했다. 사과도 드렸다.

"그러신 줄 몰랐습니다. 사저 뒤에도 하부식생을 위해 간벌율을 높이라는 대통령 지시에 따라 김해산림조합 감독관에게 그대로 전달했습니다. 여사님께서 좋아하셨던 소나무가 포함된 줄 알았으면 거기는 베지 말라 했을 텐데, 제 불찰입니다. 제가 잘못했습니다. 노여움을 푸십시오."
"그 나무는 어디에 쓰려고 베어냈나요?"
"어디에 쓰려고 베어낸 것은 아니구요, 대통령께서 토막 내지 말고 어디 정자 지을 때 사용하게 간수해두라고 해서…."

여사님의 차가운 물음에 행여 말대꾸로 비칠까 봐 주저하면서 말을 조심스레 이어가는데, 눈물 섞인 힐난이 먼저 돌아왔다.

"내가 김 비서관이 소나무를 실어내는 것을 보았는데도 대통령 평계를 댄단 말입니까? 정자 지으려고 소나무를 베어간 것 아닌가요?"

내 해명이 오히려 대통령 탓으로 핑계를 대고 책임을 떠넘기는 것으로 비친 것이다. 난감했다. 소나무는 이미 베어졌다. 엎질러진 물이었다. 구차한 변명이 될 뿐이었다. 그러나 여사님의 마음에 상처가 너무나 컸다. 다시 한번 죄송하다고 말씀드리고 물러나왔다. 등짝에 진땀이 베어났다. 동석했던 차재성 씨에게 좀 거들지 않고 가만히 있었냐고 괜히 짜증을 내었다. 아마 대통령도 나와 똑같이 말했을 것이다. 그러다 여사님과 다투었을 거란 생각이 들었다. 나를 두둔하기 위해서가 아니라 사실이 그랬기 때문이었다.

숙소로 돌아와 곰곰이 낮의 사건을 돌이켜 보았다. 대통령이 새삼 고마웠다. 소나무 간벌 때문에 여사님과 일주일째 냉전을 했지만, 나한테는 물론 다른 비서들에게도 내색도 하지 않고 혼자 감당했던 것이다. 당신은 늘 그랬다. 부하를 위해 기꺼이 싸워주고 방패막이가 되어주는 장수였다.

지금 봉화산은 생태숲 가꾸기 이후 전체적으로 건강한 숲이 되었다. 그중에서도 사저 뒤편의 소나무들은 참 보기가 좋다. 그새 많이 컸다. 빽빽한 소나무 군락이었을 때는 드러나지 않았던 소나무의 모양새가 솎아낸 뒤에 잘 드러났다. 곡선미가 있으면서 늘씬한 키에 낙락장송의 자태를 뽐낸다. 알맞은 간격의 소나무 사이 밑바닥에는 장군차를 비롯해서 맹감나무, 산딸기같이 키 낮은 나무도 풍부해져서 참새, 뱁새, 직박구리 등 온갖 텃새들의 보금자리가 되었다. 사저 뒤편은 봉하마을에서도 숲 가꾸기의 모범구역이 되었다. 얼마 전 새로 지은 사택에서 여사님을 뵙고, 사저 주위의 소나무가 참 좋아졌다고 하면서 그때 소나무 간벌 때문에 혼났던 얘기를 꺼냈더니 그냥 웃으셨다.

나에게는 또 하나 잊지 못할 소나무가 있다. 봉하마을에서 유일하게 '대통령의 나무'로 이름 지어진 소나무다. 뱀산 끝에서 구불구불한 황토포장길이 철길제방까지 이어진다. 그 황토길 3분의 2 지점 언덕 모서리에 서 있던 소나무였다.

귀향 초기에 자전거로 화포천을 둘러보고 돌아오던 길에 대통령의 시선이 길가에 있는 소나무 한 그루에 꽂혔다. 자전거를 세웠다.

"그놈 한번 잘 생겼다. 손을 좀 봐주면 모양새가 살아나겠는걸."

얼핏 봐서는 관리가 된 적이 없어 부시시한 형색이었다. 주변 바닥에는 찔레나 맹감나무, 칡덩굴이 에워싸고 있었다. 소나무는 밑둥치에서 두 개로 나누어져 있었다. 내 눈에는 소나무가 그리 크지도 않았고 잔가지가 많을 뿐 수형(樹形)도 그다지 볼품 있어 보이지 않았다.

대통령의 생각은 좀 달랐다. 쇠뿔도 단김에 빼라고, 그 자리에서 톱이 달려 있는 전지가위를 가져오라고 했다. 대통령은 5미터나 되는 전지

톱을 직접 잡았다. 구슬땀을 흘리면서 '작품 활동'에 몰입하는 대통령에게 그 누구도 대신하겠다고 선뜻 나서지 못했다. 다들 그냥 지켜볼 뿐이었다. 바닥 정리를 하고 쓸모없는 잔가지들까지 하나씩 체거해나가자 나무의 모습이 조금씩 달라졌다. 대통령은 나무의 자태를 한눈에 알아보고 작품을 만들어내었다. 새삼 그 안목에 감탄하지 않을 수 없었다. 이후 우리는 이 소나무를 '대통령 소나무'라고 불렀다.

한동안 이 길목을 지날 때면 대통령이 그랬던 것처럼 나도 관심과 애정을 갖고 살피게 되었다. 그러나 대통령 서거 후 얼마 지나지 않아 소나무가 조금씩 말라 들어가기 시작했다. 안타까운 마음에 어떻게든 살려보려 했지만 바람처럼 되지 않았다. 얼마 뒤 대통령 소나무도 생명을 다했다. 대통령을 가장 오래 보좌했던 최영 부장이 말라죽은 소나무를 베어내면서 쓸쓸하게 말했다.

"이 소나무도 대통령을 따라간 것 같아…."

나는 '대통령의 소나무'가 있던 이 길을 좋아한다. 봉하마을에서 유일한 곡선길이기도 하고 시골길의 포근함과 정감을 듬뿍 안겨주기 때문이다. 나는 진영이나 설창 쪽에서 봉하마을로 드나들 때마다 일부러 이 길을 이용한다. 삭막한 공단길이 싫기도 하지만 대통령이 손수 다듬었던 소나무, 그 쓸쓸한 그루터기라도 보기 위해서다. 나는 양지마을을 지나 뱀산 끝자락에서 봉하들판이 시작하는 지점에 이르면 이내 차창의 유리를 내린다. 맑은 공기를 마시려고 숨을 깊이 들이마신다.

대통령 소나무

흙냄새가 좋다. 벼가 익을 때면 구수한 향기가 그윽하다. 나는 이 흙에서, 벼에서 나는 이 냄새가 마치 그때 땀을 훔치며 전지작업을 하던 대통령의 체취 같다. 오늘도 다시 한 번 가슴 깊숙이 들이마신다.

대통령은 장군차(將軍茶)를 각별히 사랑했다. 김수로왕의 왕비, 허황옥이 시집올 때 가져왔다는 차 씨앗이 김해지역에 전파된 지 어언 2천년. 그 아득한 우연이 퇴임 대통령의 소박한 꿈과 만나 비로소 '김해장군차'란 이름으로 세상에 빛을 발하게 되었다. 귀향 초기, 대통령이 장군차에 큰 관심을 보이고 봉하마을에도 차밭을 조성하면서 지역 언론에서 '김해장군차'를 다루는 일이 잦아졌다. 대통령 덕분에 장군차가 많이 알려지게 되었다. 김해에서 장군차밭을 일궈온 농민들과 차를 아끼는 사람들이 기뻐했다. 대통령의 장군차 사랑을 고마워했다.

"전 국토를 정원으로 다듬어놓으면 대한민국 자체가 문화재가 된다는 생각을 했습니다. 다양하고 아름다운 새와 풀벌레들, 풍성한 숲, 물이 흐르고 물고기가 살아 숨 쉬는 생태계를 만드는 것이 그어느 나라의 오래된 성(城)보다 더 아름답고 자랑스러운 문화재가될 것이라고 생각합니다."

— 2008년 8월 27일, 봉화산 숲 가꾸기 체험행사 격려사 중에서

대통령이 귀향하여 제일 먼저 하신 일은 마을 청소와 봉화산 숲 가꾸기였다. 마을 뒤편에 버려진 감나무를 제거하고 장군차나무를 심었다. 장번, 김영근, 강병호 선생이 내 일처럼 성심으로 도왔다. 장군차로 인

연을 맺은 사람들에게 대통령의 급작스러운 서거는 큰 절망이었다. 장군차가 2천 년의 어둠에서 이제야 빛이 나기 시작했는데 다시 먹구름 속으로 잦아들고 말았다며 비탄에 빠졌다. 봉하마을 장군차밭 조성이 차질을 빚지 않을까 우려했다. 추도기간 동안 대통령을 지켜주지 못해 미안해하고 자책했던 수많은 노사모들이 대통령의 빈자리를 채워주기 위해 전국에서 모여들었다. 그들은 유업을 포기할 수 없었다. 나도 봄이면 주말도 휴일도 없었다. 우리는 함께 삽과 곡괭이, 호미를 들고 장군차밭을 일구었다. 대통령의 꿈이고 우리의 바람이었다.

대통령 서거 1주기 추도식을 앞두고 김영근 김해장군차영농조합장이 대통령 영전에 헌다의례를 올리자고 제안해왔다. 장번 선생이 팔을 걷어붙였다. 영농법인의 방앗간 한 켠에 임시로 제다(製茶)기계를 설치하고 체험용 제다실(製茶室)을 꾸몄다. 4월이 되어 날이 풀리고 봄비가 내렸다. 대통령과 함께 심었던 장군차 나무에도 물이 오르고 새순이 힘차게 돋아나고 있었다. 곡우(穀雨)가 지나고 주말부터 장번 선생과 자원봉사자들이 한 잎 한 잎 찻잎을 따 모았다. 전기가마솥에서 장군차 새순을 정성스레 덖고 멍석에 비볐다. 여러 차례 되풀이하여 마침내 봉하장군차를 만들어냈다. 5월이 되어 대통령의 묘역 공사도 마무리 단계에 들어섰다. 김해시장군차영농조합과 불로다회, 영농법인 (주)봉하마을이 함께 묘역 헌화대 앞에서 헌다식을 올렸다. 헌다의례 초헌관은 당시 노무현재단 이사장이었던 문재인 실장이 맡아주었다. 대통령은 2천 년의 기다림 끝에 섬광처럼 나타났다. 김해 차인(茶人)들에게 큰 아쉬움과 긴 여운을 남겼다.

2010년 여름, 다음카페 노사모, 한명숙 지키기 카페, 노삼모, 봉하가는길 등 여러 동호회 회원들이 장군차 밭에 자원봉사활동을 하러 왔다. 나이도, 지역도, 하는 일도 저마다 다른 사람들이 대통령의 유업을 이어가기 위해 봉하마을을 찾았다. 마을 뒤편의 장군차밭에서 잡초를 뽑고, 죽은 장군차를 뽑아내고 새로 묘목을 심었다. 자원봉사자들이 새로 심은 장군차가 2천500주나 되었다. 나도 자원봉사자들이 심어놓은 장군차나무 상태를 하나하나 점검하면서 잎을 따주고 잔가지를 쳐냈다. 전지가위를 쥔 오른손에 쥐가 날 지경이었다.

모든 농사가 그렇지만 나무농사도 매년 되풀이해서 씨앗과 묘목을 심고 거름을 준다. 가뭄이 심하면 어린 묘목이 말라죽지 않도록 물을 주고, 칡이나 환삼덩굴, 새완두, 박주가리, 새삼 등 덩굴류가 나무를 뒤덮지 못하게 부지런히 잡초를 제거해줘야 한다. 차나무는 키가 너무 크면 잎 따기가 어렵고 새잎도 많이 나지 않는다. 나는 나무 높이가 알맞게 유지될 수 있도록 주기적으로 줄기를 자르고 잔가지도 다듬어주었다. 그러나 장군차밭을 관리하는 전문가도 없고, 자원봉사자의 일손에 의존하다 보니 때를 놓치기도 했다. 어떤 묘목은 가뭄에 말라 죽고, 추위에 얼어 죽었다. 자원봉사자들의 열정과 의욕은 앞섰으나 농사경험이 없다 보니 실수도 적지 않았다. 어린 차나무가 겨우 살아남았지만 풀에 뒤덮여 제대로 크지 못한 것도 많았다. 예초기로 풀을 베다가 장군차 밑둥치까지 잘라버리는 일이 허다했다. 오죽했으면 나무젓가락을 노랗게 칠해서 묘목을 심은 자리에 꽂아 표시를 해두었을까. 그렇게 해서 줄어들기는 했으나 풀에 덮인 예초기의 칼날을 모두 피해가지는 못했다. 우리의 노력에 비해 기대한 만큼 차밭이 제대로 이뤄지지 않았다.

봉하에 내려와 3년여 동안 생태마을 가꾸기, 화포천 생태하천 살리기, 봉화산 숲 가꾸기 등 공익적인 활동은 영농법인과 내가 맡아왔다. 2010년 말 이후부터는 노무현재단 봉하사업본부에서 그 일을 맡기로 했다. 나와 영농법인은 친환경 생태농업과 가공, 판매에 주력했다. 자원봉사센터도 봉하사업본부 소속으로 이전하고 센터장도 이한인 팀장에게 물려주었다. 2011년부터 장군차밭 가꾸기도 자원봉사센터가 맡았다. 그러나 안타깝게도 해가 갈수록 자원봉사자들이 줄어들었고 생태문화공원 조성과 운영 때문에 장군차밭을 체계적으로 관리하는 일이 점점 소홀하게 되었다.

2014년에는 장군차 관리를 영농법인과 노무현재단 봉하사업본부가 역할을 분담, 협업을 모색했다. 봉하사업본부는 자원봉사자들과 함께 주로 장군차 묘목을 심거나 차밭의 제초작업을 맡고, 영농법인은 밑거름과 웃거름 주기, 찻잎을 따서 제다를 하고 직접 판매하는 것으로 역할을 나누었다. 자원봉사활동과 영리활동을 구분하여 서로 협력하는 방안을 1년간 시험적으로 운영했다. 결과를 점검해보니 장군차 생산량과 판매수입은 미미했다. 장군차밭 경관이 어우러지는 것은 물론 장군차에서 수익이 발생되려면 장군차밭에 몇 년은 더 시간과 노력을 들여야 가능하다는 판단이었다. 그동안 장군차밭에 기울인 많은 자원봉사자들의 땀과 노력에 비해 아직도 제자리를 잡지 못해 안타

2008년 3월 29일. 대통령과 함께 장군차나무를 심던 날. 봉하에 심은 대통령의 꿈과 바람이 미완의 숙제로 남았다.

까웠다. 대통령께는 유업을 제대로 이행하지 못해 죄송했다. 대통령의 바람대로 장군차밭이 어우러지려면 노무현재단이 장군차밭 조성과 관리에 실질적인 투자와 적극적인 노력을 더 기울여야 하는데 아쉬웠다.

매년 3월이면, 마을뒤편의 장군차 밭에는 매화꽃이 먼저 봄을 알린다. 봄을 재촉하는 봄비가 내리면 대통령이 귀향 첫해부터 심었던 차나무에서 새순이 나온다. 기대만큼은 아니지만 찻잎도 어느 정도 수확하게 되었다. 장군차나무는 10월이면 하얗게 꽃도 피고 까맣게 씨앗도 맺었다. 대통령이 귀향했을 때 마을을 둘러싸고 있던 단감과수원이 이제는 장군차밭으로 바뀌었다. 아직은 멀었지만 대통령의 바람대로 장군차밭이 어우러지고 있고 마을 풍경도 조금씩 좋아지고 있다.

귀향 첫해 봄, 대통령과 함께 차나무를 심었고, 대통령이 안 계시지만 장군차밭에서 땀을 흘렸던 자원봉사자들이 생각난다. 어느 봄날, 그들이 다시 아이들과 함께 봉하마을을 찾아와 대바구니에 장군차 새순을 따고 찻잎을 덖는 체험도 할 수 있었으면 좋겠다. 봉하들판이 내려다보이는 장군차밭 어디쯤에 다실(茶室)을 세워, 차 한잔 우려 마실 수 있었으면 좋겠다. 가을이 깊어지면 하얀 차꽃의 은근한 향기를 맡으며 장군차밭을 산책하고, 그 선선한 바람결에 대통령의 체취를 흠뻑 느껴볼 수 있었으면 좋겠다. 대통령의 소박한 바람이었다.

27

봉하 사람들, "누가 오라캤나!"

2016년 말부터 박근혜·최순실 국정농단 사태로 봉하마을을 찾는 사람들이 부쩍 늘었다. 세월호 참사 때도 그렇고, 나라에 어처구니없는 일들이 발생할 때마다 봉하를 찾는 방문객은 더 늘었다. 대통령 생전에는 물론 서거한 이후 지금까지 많은 사람들이 봉하를 다녀갔다. 대통령을 지지하고 응원하고 추모하러 오신 분들이 대부분이었지만 단지 아방궁과 노무현 타운을 구경삼아 스치고 지나가는 사람도 있었다. 삶이 고단하고 팍팍해서 위안을 받으러 머물고 가는 사람도 있었다. 그러나 여전히 봉하를 마다하는 사람도 많다. 아직도 노무현 대통령을 무슨 죄인 취급하거나 "봉하마을이 성지라도 되냐"며 한사코 거부하는 사람도 있다.

날이 따뜻해지면 관광버스로 봉하를 찾는 노인 분들이 늘어난다. 어디 관광지로 나들이 가다 잠시 경유하는 모양이다. 주말이면 노부모님을 모시고 가족 나들이 오는 방문객도 늘어난다. 이런 방문객 중에는 묘역까지 가지 않고 '봉하장날'(친환경 로컬푸드 직매장) 앞에 있는 쌈지공원의 나무의자나 묘역 입구 돌계단에 앉아 일행을 기다리는 할아버지, 할머니가 간혹 있다. 다리가 불편해서 쉬어가기도 하지만 대통령 묘역에 참배하는 행위 자체가 싫어서 거기서 걸음을 멈춘 경우도 없지 않았다. 평생 '1번'만 찍어왔고 그동안 욕만 했던 대통령에게 머리를 숙이는 것이 마음이 불편하고 내키지 않아서 일 게다. 그래도 이분들이 봉하마을까지 와주는 것만 해도 고맙고, 대통령과 봉하에 적대감이나 반감을 가진 분들이 점점 줄어들고 있다는 것이 다행이다.

귀향 초기 봉하마을을 찾는 이들 대부분은 '서민 대통령', '자전거 탄 대통령'의 얼굴이라도 한 번 보려는 시민들이었지만, 점차 각 지역의 노사모, 시민광장 회원들처럼 크고 작은 인연이 있는 분들이 단체로 봉하마을을 찾아왔다. 노사모는 아예 둥지를 틀었다. 마을창고를 개조해서 대통령기록관으로 탈바꿈시키고 노사모 사무국이 옮겨 왔다. 사람들은 이곳을 '노사모 회관'이라 부르기도 했다. 노사모 회원들의 안내소 겸 일반 시민들에게 대통령을 알리는 홍보관이었다. 그 당시 두리 님, 날밤 님과 달바라기 님, 무적 님, 필승 님, 드라카 님, 대한다솜 님, 가야 님, 가인불루 님과 난설헌 님, 마음읽기 님, 하하 님, 뽀띠 님, 이노래 님 등 수많은 노사모 회원들이 대통령을 지켜주었다.

단체로 봉하마을을 찾는 그들은 대통령과의 특별한 만남을 원했다.

대통령은 회원, 시민들이 단순히 봉하를 방문하는 것이 아닌, 함께 땀 흘리며 참여하는 기쁨을
나누고자 했다.

하지만 단체손님들을 위해 마련된 것이 딱히 없었다. 그냥 대통령의
얼굴을 보고 인사말 듣고 인증샷을 찍는 게 고작이었다. 대통령에겐
참 밋밋하고 어설픈 만남이었다. 대통령은 좀 더 생산적인 만남을 위
해 마을 가꾸기를 같이 하자고 했다. 대통령과 함께 화포천 청소를 하
고, 봉화산 숲과 장군차도 가꾸고, 생태연못에 야생화도 심으면서 땀
의 온정을 교감했다. 새참으로 막걸리에 파전, 세상 사는 이야기가 거
기에 곁들여졌다. 노사모, 시민광장 회원들도 좋아했다. 뭔가 봉하마
을에 필요한 일들을, 그것도 대통령과 함께 이뤄간다는 데에 커다란
보람도 느꼈다. 대통령과의 만남은 점차 함께 일하고 땀 흘리는 것으
로 자리 잡아갔다.

노무현 대통령 재임 말기, 네티즌 중에서 누군가 "대통령이 귀향하면 봉하마을에 가서 함께 삼겹살에 소주 한잔 하고 싶다"고 해서 시민들의 공감을 많이 얻었다. 말이 씨앗이 되어 '노무현 대통령과 삼겹살 파티를 준비하는 모임'(노삼모)이라는 동호회가 생겨났다. 얼마 뒤 풍문으로만 듣던 '노삼모'가 대통령과 삼겹살에 소주 한잔 하러 봉하마을에 온다는 소식이 전해졌다. 반갑고 즐거운 일이긴 한데 형평성 때문에 다른 동호회와 단체들의 눈치를 보지 않을 수 없었다. 지금까지는 '대통령과 함께 일하고 땀 흘리는 자원봉사'가 만남의 원칙이었다.

2008년 봄, 자전거를 타고 뱀산 아래 제방 길을 지나치던 대통령이 조팝나무와 수크령이 군데군데 자라는 것을 보았다. 대통령은 제방 비탈에 잡목을 제거하고 조팝나무로 쭉 이어지게 하면 좋겠다고 지나가듯 이야기한 적이 있었다. 노삼모와 함께 이곳에 조팝나무를 심기로 했다. '삼겹살과 소주 한잔'이 계기가 된 이 만남 덕분에 봉하마을에 조팝나무 산책로가 만들어졌다. 8년이 지난 지금도 노삼모는 잡초를 제거하고 조팝나무 산책로를 가꾸기 위해 이따금 봉하마을을 찾는다. 이른 봄 조팝나무 꽃이 피기 시작하면 뱀산쪽 제방이 하얗게 뒤덮인다. 우리의 목표는 금봉마을 쪽 제방까지 조팝나무 길을 늘려가는 것이었다. 그러나 대통령은 돌아올 수 없는 길을 떠났다. 조팝나무 꽃은 여전히 해마다 봄을 알리지만 그 길은 더 이상 앞으로 나아가지 못했다. 그때 대통령 보러 찾아오던 노삼모 회원들은 안녕하신지? 그들의 소식이 궁금하다.

귀향 초기 봉화산 숲 가꾸기 사업이 한창 추진될 때였다. 사저 뒤편에는 모양새가 좋고 꽤 큰 소나무들이 많이 우거져 있었다. 현장을 둘러보던 대통령이 바닥 식물들이 함께 자랄 수 있도록 나무들을 더 솎아내자고 했다. 베어낸 소나무 중에서 기둥이나 대들보가 될 만한 것은 버리지 말고 정자를 짓는 데 쓰게 모아두라고도 했다. '떡 본 김에 제사 지낸다'고 정자를 하나 더 짓기로 했다. 정자터는 사저에서 비껴나 있어 인적은 드물지만 웅덩이가 있고 전망이 좋은 곳으로 잡았다. 기둥과 대들보 깜은 곧은 나무보다 곡선미가 좋은 것을 골랐다. 소나무 껍질을 낫으로 벗기는 일이 생각보다 쉽지 않았다.

자원봉사자들 가운데는 봉하마을에 주저앉은 이들도 몇 있었다. 그중 한 사람이 반딧불이, 줄여서 '반디' 님이었다. 그는 전직이 건축현장의 외장목수였다. 손재주가 좋아 봉하마을 주민들도 도움을 청하곤 했다. 그는 대가 없이 막걸리 한 잔에 마을 주민들 집도 고쳐주고 소소한 영농법인 일도 거들었다. 자원봉사자들도 새로운 일거리에 신이 났다. 위암으로 작고하셨지만 열정적이셨던 꼬맹이 님과 승구봉 씨, 진영지기 님 부부, 노랑경 님, 은산 님과 여정 님, 그리고 부산싸나이 님 부부까지 내 일처럼 달려들었다.

한쪽 기둥은 바위 위에 걸쳐 놓고 마루를 높게 깔았다. 대들보를 들어 올리고 지붕도 얹었다. 정자 이름은 '사람사는세상'으로 지었다. 드디어 대통령을 모시고 현판식을 했다. 조촐한 고사상을 차리고, 대통령이 인사말을 했다. 마을의 후미지고 볼품없던 곳에 자연미 넘치는 멋진 정자가 세워지고 그 아래에는 생태웅덩이도 만들었다. 대통령은 고사상에 둘러앉아 수육안주에 막걸리도 한잔 쭉 들이켰다. 대통령이 그렇게 흡족해하는 모습을 그 뒤로 보지 못했다. 그때가 그립다. 그 사람들이 그립다. 지금도 '사람사는세상' 정자 곁을 지나가게 되면 저절로 눈길이 간다. 여러 회원들이 물심양면으로 함께했던 기억들이 주마등처럼 스쳐간다. 문득 먹먹해지면서 눈앞이 흐려지고 대통령의 모습이 어른거린다. 다정(多情)도 병이다.

2008년 여름이었다. 어렵게 생태연못을 만들고 산책로에 데크를 깔고 정자도 세웠다. 여러 자원봉사자들과 함께 생태연못과 산책로 주변에 수련과 백련, 남개연뿐만 아니라 다양하고 희귀한 꽃과 풀을 심었다. 얼마 되지 않아 여러 색상의 수련꽃이며 홍련이 큰 꽃봉오리를 열었다. 부처꽃, 원추리, 노랑꽃창포가 하나둘 피어나는가 싶더니, 연못과 산책로 주변에 형형색색 다채로운 야생화가 만발했다. 사람의 손이 참 무서웠다. 불과 두어 달 만에 일어난 변화였다. 황량했던 봉하마을에 소박하지만 자연미 넘치는 생태연못이 탄생했다.

'사랑나누미' 동호회에서 방긋 님과 아들 준수, 무동 님, 도레미줌마 님, 영이 님, 답답 님, 개혁 님 등이 자원봉사 하겠다고 봉하마을을 찾았다. 어떻게 알았는지 대통령의 생신이라고 호박떡케이크도 만들어 왔다. 방긋 님이 생태연못가에 새로 지은 정자에서 대통령을 모시고 생일파티를 해드리고 싶다고 했다. 갑작스러운 요청이라 대통령을 나오게 할 자신이 없었지만 가능한지 여쭈어는 보겠다고 했다. 일단 문용욱 비서관에게 연락을 했다. 그런데 뜻밖에 대통령이 생태연못으로 발걸음을 했다.

생태연못을 배경으로 조촐하지만 정겨운 생일잔치가 멋지게 펼쳐졌다. 노란 호박떡케이크에 촛불을 켜고 다 같이 생일축하 노래를 불렀다. 준비된 생일잔치가 아닌 터라 나눠먹을 음식이 있는 것도 아니었다. 케이크 자를 칼도 없었다. 대통령은 주저하지 않고 손으로 떡 케이크를 뚝뚝 떼어서는 함께 온 아이들과 회원들에게 나누어주었다. 할아버지가 손주들과 자식들에게 골고루 사랑을 베푸는 아름다운 광경이었다. 나는 따로 선물을 챙기지는 못했다. 대신에 마음속으로 대통

2008년 8월 31일. 귀향 후 처음 맞이한 대통령의 생신. 자원봉사자들이 직접 만든 떡케이크로 조촐한 생일상이 차려졌다.

령에게 '생태연못'을 바쳤다. 수많은 자원봉사자들의 땀과 노력과 사랑이 들어간, 그리고 대통령이 간절히 꿈꿔왔던 미래가 담긴 천연 선물이었다.

> "자원봉사는 공동체를 공동체답게 만드는 사랑의 끈입니다. 나눔의 실천을 통해서 법과 제도의 공백을 메우며, 우리 사회를 더 밝고 더 따뜻하게 만드는 힘입니다."
>
> — 2004년 12월 3일 전국자원봉사대회 대통령 축하메시지

대통령 귀향부터 지금까지 봉하를 채우고 지켜왔던 사람들의 주축은 사람사는세상 회원들, 노사모, 시민광장, 노삼모, 봉하가는 길, 노무현과 영원한 동행, 노랑개비, 김경수와 미소천사, 봉하 국화분재동호회 등이었다. 생태연못을 가꾸고, 봉화산 기슭에 장군차를 심으며 잡초를 뽑았다. 봉하들판 캐릭터 논에 손모심기를 하고 피사리도 했다. 화포천의 쓰레기를 치우고 마을을 청소하는 일에도 그들은 늘 함께였다. 매년 신년 참배식, 추도식, 봉하음악회 등 대통령 관련 행사가 있을 때마다 궂은일 마다하지 않고 달려와주었다. 고마운 분들, 봉하마을을 지탱해준 풀뿌리 자원봉사자들이다.

보미니&성우 님, 무소유 님과 간이역 님, 감초 님과 최용기 님, 권성술 님과 내사랑 님, 행복한 꿈쟁이 님, 현지 님, 노랑경 님, 새날 님과 소화 님, 현우 님, 봉길 님, 원더 님, 야단법석 님, 파란노을 님, 마음바라기 님, 노공人山 님, 구름이 님, 다우 님, 송로하심 님, 쪽상 님 부부, 미피

님, 엘살 님, 신시아 님, 홍차서점 님, 레몬림이 님, 은재 님, 산사랑 님, 한걸음씩 님, 도토리 님, 기억의편린 님, 희망 님, 배야 님과 행복한고양이집사 님, 여행우체통 님, 공정사회 님, 비피 님, 봉하사계프로젝트 팀, 화원 님, 해를꿈꾸는별 님, 아재 님과 삭삭 님, 영원한지지자 님, 우천 님, 초록소리샘 님, 백상만 님, 마터 님, 한나무 님, 알앤오즈 님, 하늘이와 하늘이엄마 님…. 초등학교 2학년부터 엄마를 따라 왔던 하늘이는 벌써 고등학생이 되었다. 특별한 자원봉사자가 또 있다. 화백 김준권 님은 봉하마을에 행사가 있을 때마다 대통령 판화를 직접 찍어서 방문객들에게 아낌없이 재능을 기부하고 있다. 대통령 재직 중 유일하게 민중미술, 그것도 판화를 청와대 본관에 전시했던 각별한 인연이 그를 봉하마을로 이끌었다. 이 밖에도 산따라, 강물처럼, 역사를 기록하는 사람들, 함께 가는 길, 사람사는세상 지킴이 등 동호회와 수많은 자원봉사자들도 봉하마을을 지켜왔다. 대통령의 빈자리를 그들의 몸과 마음이 메워주었다. 너무 많아 미처 다 적지 못한 이름들까지, 모두에게 정말 고맙고 미안한 마음뿐이다.

봉하노삼모 '봉삼이'는 빈들 님을 비롯해서 고메 님과 깜순 님, 고물버스 님과 차장 님, 영원히노짱 님, 희성 님, 순수나라 님, 건너가자 님, 거창떼기 님, 동발이 님, 명선 님 등이 단짝을 이뤄 대통령 서거 이후 생태연못과 장군차밭 가꾸기 등 궂은일을 도맡아 했다. 요리 솜씨가 좋은 데비트 님도 야외 바비큐로 자원봉사자들의 허기를 채워주었다. 봉하마을에서 자원봉사활동을 하면서 거친 음식에 길들어가던 우리의 입맛이 호사를 누렸다. 대통령이 떠난 봉하들판을 지키고자 애썼던 분들 중에 서위 님, 가연엄니 님, 나모버드 님, 구름72 님, 차루 님, 미르 님, 하늘이네 님, 봉하입학생 님, 미소 님, 네잎크로바 님, 토르 님, 싸우라비 님도 기억에 남는다. 감사드린다.

'사랑나누미'는 지역봉사활동을 꾸준히 하면서 봉하에 행사가 있을 때는 자원봉사를 하러 온다. 무동 님과 방긋 님이 앞장서고 낚돌 님, 나무숲산 님, 박춘발 님, 거을래 님, 공주 님, 얼음공주 님, 정의를 꿈꾸는 자 님, 푸른지팡이 님, 포터 님과 물안개 님, 동동 님과 귀남이 님, 의령 님과 하늘처럼 님, 정도행보 님 등 많은 분들이 적극적으로 참여하고 있다. 자랑스러운 대통령의 사람들이다.

대통령의 빈자리는 자원봉사자들의 땀과 애정이 채워주었다.

멀리 프랑스에 사시는 염화시중 님과 캐나다에 사는 꼭지 님은 매년 여름휴가 때면 고국을 방문했다. 그때마다 일부러 봉하마을에 들러 '봉하가는길'과 함께 땡볕에 장군차밭을 누비면서 땀 흘렸던 분들이다. 중국에 사는 죽장망혜 님, 미국의 워싱턴불나방 님, 하와이 누님, 프랑스에 사셨던 지금/여기 님도 있다. 그들의 대통령과 봉하에 대한 각별한 사랑을 잊을 수 없다. 고마운 분들이다.

봉하에서 지금까지 가슴 찡하게 고맙고 살가운 자원봉사자들을 많이 만났다. 특히 대통령 귀향 초기와 서거 전후로 만난 이들은 몸과 마음이 가장 고될 때 함께했던 탓인지 시간이 한참 지나고도 여전히 마음에 깊이 남아 있다. 그중에서도 몇 사람은 각별하다.

'빈들' 님이 봉하에 나타난 것이 언제부터인지 정확하게 기억이 나지 않는다. 대통령 서거 이후에 수많은 사람들이 왔었고, 그래서 누군가를 처음부터 또렷이 기억하기가 불가능하다. 자주 오거나 지속적으로 오는 사람들은 자연스레 기억의 창고에 남아 있다. 빈들 님을 처음 보게 된 것은 아마도 대통령 서거 직후부터였던 것 같다.

대통령이 돌아가시자 전국에서 수많은 사람들이 봉하마을로 왔다. 49재 기간까지 봉하를 찾은 추도객은 200만 명이 훌쩍 넘었다. 지금은 없어졌지만, 봉하마을에는 샌드위치 판넬로 지은 가건물이 하나 있었다. 작은 시골마을이라 마땅히 머물 곳이 없었기에 자연스레 이 창고가 자원봉사자들의 숙소가 되었다. 스티로폼을 깔아 냉기를 차단하고 텐트를 쳐서 궁색한 잠자리를 마련했다. 누추했지만 그들에겐 힐링캠 프였다. 그렇게 노숙자처럼 '봉하지킴이'가 되어갔다. 이때만 해도 빈 들 님은 그다지 존재감이 없었다.

49재 이후에도 봉하마을은 추도객들의 발길이 끊이지 않았다. 대통령 을 지켜주지 못해 미안해하는 사람들이 대통령의 유업이라도 꼭 지켜 야 한다며 봉하로 왔다. 대통령이 안 계셨지만 주말이면 나는 여전히 바빴다. 매주 새로운 일이 생겼고 많은 일들이 끊임없이 진행되었다. 새로운 자원봉사자들이 수시로 왔고 다양한 사람들을 만났다. 제일 힘 들었던 것은 나도 처음 하는 일, 잘 모르는 일을 그것도 처음 본 자원 봉사자들에게 시키는 것이었다. 귀향 초기 나에게 농사는 대부분 난생 처음 해보는 일이었다. 왕초보인 내가 처음 하는 일을, 처음 보는 사람 들에게 작업을 지시하고 관리를 했다. 난감했지만 어쩔 수 없었다.

나도 그들과 함께 땀 흘리고 일을 하면서 익혔다. 새참 때 두부김치, 파전에 막걸리를 한잔하면서 조금씩 마음의 문을 열었다. 용케 시간 이 되는 사람들에게 저녁식사를 대접하게 되면 조금 더 친해졌다. 고 단한 노력봉사에 김치찌개, 멸치회무침에 소주 한잔이 곁들어지면 자 연스레 서로의 사연을 털어놓았다. 대화 마지막에는 계획과 준비가 부실하고 요령이 부족했던 막노동 봉사활동에 대한 평가와 제안을 쏟 아내었다. 봉하 사정을 알 만한 고참 자원봉사자가 신참 자원봉사자 의 불평불만에 거들기라도하면 내가 끼어들었다. 미안한 마음을 뒤집 어서 우스갯소리 삼아 쏘아붙였다.

"누가 오라겠나? 나도 처음 하는 일인데 우짜라고? 나도 잘 모른다. 시키는 내가 더 답답타. 나도 배워가며 하는 일인데 쫌 봐주라!"

"누가 하라겠나? 자원봉사는 스스로 원해서 일을 찾아서 하는 기다. 원하지 않으면 하지 마라! 내 손가락 보지 말고, 대통령의 뜻을 보고 하자. 나머지는 안아서, 찾아서 해라!"

같이 땀을 흘리고 막걸리를 마시면서 우리는 하나가 되었다. 무엇보다 대통령의 유업이 흔들리지 않도록 해야 한다는 마음이 통했다.

빈들 님은 말수도 적은 데다 매사에 묵묵히 따라주었기 때문에 눈에 더 띄지 않았던 것 같다. 그가 두드러지기 시작한 것은 대통령의 49재가 지나고 자원봉사자들이 점점 줄어들면서였다. 일이 바쁘거나 집안일이라도 생기면 한두 주는 거를 만도 한데, 그는 꾸준히 봉하에 왔다. 혼자였다. 누가 시키지 않아도 스스로 필요한 일을 찾아서 했다. 방문객 숫자만큼 쓰레기가 버려졌다. 마을 청소부가 있었지만 끝이 없었다. 아침 일찍 자원봉사자들이 마을 주차장과 도로가에 널브러져 있는 담배꽁초를 줍고 쓰레기를 치웠다.

그는 뭐 잘하는 것 없지만 못하는 것 없는, 아니 한번도 '노(no)'라고 말한 적이 없는 열정 엔터테이너였다. '그냥 하자!'였다. 무엇보다도 다른 자원봉사자들을 편하게 이끌어주었다. 주말이면 늘 오는 자원봉사자들의 형님으로 자연스레 자리 잡아갔다.

2012년 추석 전이었다. 빈들 님이 나타났다. 다들 명절이라고 고향에 가는데 그는 봉하로 왔다. 조용히 연휴를 보내고 싶다고 했다. 나 역시 명절이나 꼭 챙겨야할 경조사가 있을 때만 봉하를 비웠다. 지금도 명절 때면 전날 부산 처가에 가서 명절 아침 차례를 지내고 성묘를 한 뒤에 오후에는 봉하로 곧장 들어오곤 한다. 봉하마을은 주말과 명절연휴에 방문객이 유독 많다. 고향방문이나 성묘하러 나선 길에 평소 오기 어려운 봉하마을을 들렀다. 이런 날은 주차할 공간이 부족해서 방앗간 마당을 주차장으로 개방하고도 농로까지 승용차들이 줄지어 주차를 할 수밖에 없다. 주차안내와 관리가 필수였다. 대부분 직원들은 명절연휴라 쉬고, 친환경 농산물을 파는 '봉하장날' 매장만 문을 열기 때문에 한 명이 당직근무를 한다. 당직자 혼자서는 벅차고 보조가 필요했다. 나도 특별한 일이 없는 한 가급적 일찍 봉하로 돌아와서 도왔다. 빈들 님도 말로는 쉬러 왔다고 했지만, 추석연휴인데 혼자 봉하로 온 이유는 이런 사정을 잘 알기에 뭐라도 거들어주려고 한 것이었다.

추석 당일. 나는 차례를 지내고 오후 늦게 봉하로 돌아왔다. 그런데 빈들 님이 전날 밤새 복통이 심해서 진영병원 응급실에 실려 갔다고 했다. 당장은 진통제로 버티고 연휴 지나면 큰 병원에 가서 정밀검사를 받아봐야겠다고 했다. 추석연휴가 지나고 한 달이 지나도 그가 보이지 않았다. 궁금해서 전화를 했더니 "갈비뼈가 골절이 되어 잘 붙지 않는다"면서 집에서 요양 중이니 걱정하지 말라고 했다. 큰 병이 아니라서 그나마 다행이다 싶었다. 그런데 또 한 달이 지나도 소식이 없더니 고메 님이 나쁜 소식을 전해주었다. 통증이 계속되고 차도가 없어 재검사를 했는데 날벼락 같은 췌장암 말기 진단이 나왔다고 했다. 3개월을 넘기기 힘들다는 말과 함께. 빈들 님은 시한부 인생이었다. 눈앞이 캄캄했다. 그리 큰 병을 어찌 이리 늦도록 몰랐단 말인가? 한숨이 절로 나왔다. 너무 늦어 수술도 불가능하다 했다. 고메 님이 의논할 게 있다며 나를 찾아왔다. '빈들 님이 생의 마지막 시간을 봉하에서 지내고 싶어 한다'고 했다. 대통령이 계신 봉하마을이 그에게도 고향 같았나 보다. 그러자고 했다. 내 숙소라도 같이 쓸 생각이었다.

그때까지만 해도 나는 빈들 님이 가족 없이 혼자 사는 줄 알았다. 주말이면 늘 봉하에 들어왔기 때문이었다. 나중에 문병을 가보니 가족이 병간호를 하고 있었다. 포기하지 말고 최선을 다해 치료를 해보자고 했다. 해운대 백병원에서 항암치료를 했으나 꺼져가는 그의 생명을 돌이켜 세우기에는 이미 늦었다. 그해 12월 2일, 대통령을 사랑했기에 그분의 뜻을 좇아 그의 유업을 지키려 했던 바보, 빈들 님이 그렇게 세상을 떠났다. 많은 자원봉사자들이 그의 가는 길을 배웅했다. 빈들 님의 유가족이 봉하와 자원봉사자들을 위해 써달라며 장례 때 들어온 조의금을 기부하고 싶다고 했다. 대통령과 봉하에 대한 빈들 님의 깊은 애정이 그대로 담긴 봉투였다. 자원봉사자들과 상의 끝에 서로 조금씩 돈을 보태 작은 트럭을 한 대 샀다. '빈들의 수레'라고 이름 붙였다. 이제 빈들 님 대신에 '빈들의 수레'가 봉하를 돕고 있다. 나는 요즘도 텅 빈 들판을 보면 그가 떠오른다. 누구보다도 대통령의 정신과 가치를 묵묵히 지켜내고자 했던 그 사람, 빈들.

故 '빈들' 님은 봉하에 대한 사랑이 지극한 열정 엔터테이너였다.

봉하를 떠나지 못해 그냥 살고 있는 사람도 있다. 문고리 님은 노사모 초기부터 대통령 사진을 찍어왔다. 별명이 봉하찍사 7, 줄여서 '봉칠' 이라고도 부른다. 그는 화포천 사진작가로 이미 이름이 많이 알려졌다. 대구가 고향인 그는 원래 금형전문가였다. 바보 노무현을 알고 나서는 노사모 초창기부터 대통령의 사진을 찍었다. 대통령 귀향 때도 그는 봉하로 내려왔다. 대통령 서거 이후에도 봉하에서 일어나는 일들은 그의 사진에 다 담겼다. 그는 작품사진을 찍기 보다는 대통령과 봉하에 관한 '기록'을 담고 있다. 노무현재단의 행사 때마다 그의 사진은 영상자료의 원천이 되고 있다. 영농법인의 사진영농일기도 그의 작품이다. 최근에 드론을 구했다. 봉하마을을 새로운 각도에서 내려다보는 작품이 가능하게 되었다. 그동안 접근하기 어려웠던 화포천 풍경을 드론으로 담아내는 일에 푹 빠져 있다. 동틀 무렵, 안개 낀 화포천을 날아오르는 백조들이나 겨울철새들의 사진은 참 좋다. 저녁노을을 배경으로 잠자리로 돌아가는 기러기가 떼를 지어 날아가는 모습도 마음을 평안하게 해준다.

문고리 님이 한쪽 바퀴에 바람이 빠진 골프카트를 몰고 이른 새벽부터 화포천에 나가는 것은 한가로운 자연풍광을 담기 위해서만은 아니다. 그는 대통령이 살려낸 화포천 생태계 동정을 살피고 환경감시도 함께하고 있다. 어디에 새들이 많더라, 요즈음은 새들이 안 보인다, 어디에 쓰레기 더미가 버려져 있더라, 낚시꾼들이 또 오기 시작하더라…. 지극정성으로 발품을 팔지 않으면 속속들이 알 수 없는 화포천 상태를 그는 날마다 모니터링 하고 있다. 그는 화포천의 새로운 파수꾼이다. 세월을 낚고 있는 그가 화포천의 사진작가로 우뚝 서길 손꼽아 기다린다.

"사람이 사는 '사람 생태계'도 복원이 됐으면 좋겠습니다. 단순 복원이 아닌, 서로 돕고 의지하고 협력하며 살아가는 '공동체 생태계' 말입니다. 그런데 지금은 이것이 많이 해제돼버린 것 같습니다. 저는 이를 해결하는 첫 번째 단계가 자원봉사라고 생각합니다."

– 2007년 10월 27일 제10차 람사르 총회 자원봉사자 발대식 대통령 축사

봉하마을 친환경쌀 방앗간 공장장을 맡고 있는 박성민 씨는 대통령 귀향 초기부터 봉하에 왔다. 대통령 귀향 이후 일요일 아침마다 부부가 봉하마을로 산책을 왔다. 혹시 지나가는 대통령의 모습이라도 볼 수 있을까 싶어 그랬단다. 그때마다 그는 내가 생태연못에 수생식물을 심고 있거나 잡초를 뽑고 있는 것을 보았다. 혼자서 일하는 모습이 안됐다 싶어 거들어주다 알게 되었다. 그는 진영이 고향인, 이곳 토박이였다. 그래서 닉네임도 '진영지기'다. 합천에 있는 사료공장을 다니다 허리디스크에 탈이 나서 6개월 휴직을 하고 요양 차 쉬던 중에 매주 자원봉사를 하러 왔다. 일머리가 좋고 믿음직스러워서 급한 일이 생기면 나는 그를 불렀다. 얼마 지나지 않아서 그는 평일에도 봉하에 오게 되었다.

그는 성격 좋고 서글서글한 전형적인 경상도 사내다. 화끈한 행동파다. 무슨 일이든 말이 떨어지기 무섭게 거침없이 해치웠다. 처음 만났을 당시에는 마을 청소며 쓰레기 치우는 일만 해도 하루가 짧았다. 일손이 부족해 혼자서 애를 먹고 있던 터라 거들어주는 게 마냥 고마웠다.

문고리 님은 노무현과 봉하 그리고 사람사는세상의 수많은 이야기들을 사진으로 담고 있다.

2009년 대통령이 떠나고 난 뒤, 진영지기의 휴직기간도 끝이 났다. 그
는 복직하지 않고 아예 회사를 그만두었다. 대통령도 없는데 나와 함
께 대통령의 유업을 지키겠다고 했다. 이번 기회에 공익을 위해 자원
봉사를 해보지 않으면 평생 후회할 것 같다면서 운명처럼 봉하마을로
'풍덩' 뛰어들었다. 마침 친환경쌀 방앗간 건립을 추진하고 있었다. 나
는 진영지기가 사료공장에서 일했던 경험과 기술을 살릴 수 있도록
방앗간 운영책임자로 뽑았다. 그는 성실하고 책임감이 강해서 무슨
일이든 맡기면 어떻게든 끝장을 내었다. 지금까지 내가 봉하마을에서
영농법인을 지켜낼 수 있었던 것도 그가 든든하게 밑받침을 해주었기
때문이었다. 지금도 그렇지만, 그는 노무현 대통령 한 사람만 보고 모

든 것을 봉하에 걸었다. 방앗간 가공센터의 살림을 맡고 있는 그의 안지기 신미자 씨까지 영농법인에 없어서는 안 될 소중한 일꾼이 되었다. 이들 부부와 함께 봉하를 지켜온 지 10년이 되었다. 나와 함께 말도 많고 탈도 많은 봉하 생활을 감당해준 그들이 그저 고맙다. 큰 신세를 졌다.

자봉 님은 현재 영농법인 바이오센터장이다. 그는 사랑나누미 회원으로 대통령이 돌아가신 그해 초가을부터 '지켜주지 못해 미안해서' 봉하에 자원봉사를 하러 왔다. 수매철에 부족한 일손을 잠시 거들어주다 2011년 4월부터 정직원이 되었다. 마을기업 사업으로 국화분재를 담당하고 배추, 마늘, 양파 등 밭작물을 맡았다. 점차 영역을 넓혀 바이오센터 운영책임자가 되었다. 2017년부터는 전체 영농지원업무와 작목반 관리까지 맡게 되었다. 하늘처럼 님과 의령 님도 사랑나누미 회원으로 봉하에서 자원봉사활동을 하다 만났고 결혼까지 했다. 하늘처럼 님은 아예 영농법인의 회계책임자로 직장을 옮기고 신혼살림집도 진영으로 이사를 왔다. 이렇게 자봉 님과 하늘처럼 님도 봉하 사람들에 합류하게 되었다. 대통령 대신에 봉하마을을 지켜가는 노무현의 사람들이다.

릴라 님은 김해 장유에 산다. 인도에서 요가테라피 공부를 하고 돌아와 창원에서 직장생활을 하고 있었다. 2012년 국회의원선거 때 대통령의 마지막 비서관인 김경수 후보 선거캠프에서 자원봉사를 했다. 총선패배 후 '김경수와 미소천사' 회원들과 만나고 '봉하가는길' 동호회를 통해 봉하 자원봉사활동을 시작했다. 대통령에 대한 애정, 사람들과의 친화력이 남달랐던 그녀는 2012년 늦여름, 영농법인 봉하마을의 판매팀장으로 공개채용 되었다. 지금은 관리업무까지 맡고 있다. 벌써 4년이 훌쩍 넘었다. 2015년부터 경남지역 친환경 농어민생산자와 가공업체 상품을 발굴해서 쇼핑몰 '봉하장터'에 소개하고 직매장에서 위탁판매도 해주고 있다. 이제는 봉하에 없어서는 안 될 봉하 사람이 되었다.

릴라 님은 봉하들판에 농업진흥지역 해제 문제로 다툼이 발생하기 전에는 한동안 마을부녀회원들을 대상으로 요가를 가르쳤다. 영농법인

바이오센터 2층 교육관에서 주중에는 마을 주민들과 함께, 주말에는 자원봉사자와 함께, 또 노무현재단의 청소년캠프가 있을 때도 요가수업을 했다. 모두 재능기부였다. 그녀의 꿈이기도 했다. 릴라 님은 재래 된장 담그는 법을 제대로 배우기 위해 된장학교를 다니고, 막걸리 제조법을 배우러 서울에 있는 막걸리 학교도 다녔다. 천연발효 빵 만드는 법도 배웠다. 영농법인에 필요한 일이라면 열정적으로 배우러 다닌다.

봉하마을엔 그때나 지금이나 잠시 쉬어갈 그늘이 없다. 참배 온 사람들은 그저 길을 지나다 친환경 매장을 구경도 할 겸 잠시 쉬어가기 위해 영농법인에서 직접 운영하는 '봉하장날'에 들어오신다. 그녀는 그런 방문객과 눈을 맞추며 교감한다.

"내가 너무너무 오고 싶었는데 이 다리가 고장이 나서 못 왔어. 마침 우리 손주가 창원에 출장이 생겨 나를 데리고 왔어. 내 죽기 전에 꼭 와 보고 싶었거든. 참 아까운 사람…."

다리를 절룩거리는 할머니는 눈물을 훔쳤다. 눈물 많은 릴라 님도 눈시울이 빨갛게 함께 울었다. 봉하장날을 찾은 어떤 젊은 부부는 '봉하장군차'를 발견하고 진짜로 봉하마을에서 만든 장군차냐고 물었다.

"대통령님이 다음에 오면 장군차 덖어서 차 한잔 대접 하겠다 하셨는데…."

대통령 생전에 함께 장군차를 심으며 자원봉사자에게 하신 약속을 떠올리며 눈물을 글썽였다. 그러면 그녀는 아무리 바빠도 대통령 대신이라면서 따뜻한 장군차 한 잔을 우려내어 차를 대접하곤 했다. 사람을 향한 따뜻한 정이 방문객들에게 닿을 때면 저절로 미소가 번진다. 서로의 마음을 나누고 위로하며 그녀는 어느새 대통령의 뜻을 전파하는 봉하메신저가 되었다.

그의 닉네임은 '동물원'이다. 내가 그의 첫 봉하방문을 기억하는 것은 젊은 아빠인데도 어린아이 셋에 만삭인 아내까지 데리고 자원봉사를 왔기 때문이다. 꼬마들이 요즘 도시아이들 답지 않게 순박하고 깜찍했다. 봉하마을과 잘 어울렸다. 그가 주말마다 멀리 서울에서 봉하마을을 오가기 시작한 것은 대통령이 돌아가신 그해 가을부터. 노삼모 권양숙밴드에서 활동하던 그는 처음에는 한 달에 한 번 정도 봉하마을에 왔다. 그러다가 두 번, 세 번 횟수가 늘어나는가 싶더니 어느새 매주 오는 것이 자연스런 일상이 되었다.

동물원 님은 지금 노무현재단 직원이기도 하다. 자원봉사 활동을 하던 중에 2010년 가을 공채 1기로 뽑혀 본격적으로 노무현의 사람이되었다. 노무현재단의 행사기획과 운영, 회원과 시민단체를 맡고 있다. 최근에는 자원봉사자를 돕는 일까지 한다. 가난하지만 낙천적이고 마음이 넉넉하다. 무엇보다 '아이 부자'다. 첫 방문 당시 엄마 배 속에 있던 아이는 올해 초등학교에 입학을 했고, 얼마 전 다섯째도 태어났다.

그는 집안에 중요한 경조사가 있거나 앓아누울 정도로 몸이 아프지만 않으면 한 주도 빼놓지 않고 봉하에 온다. 매주 금요일 오후, 재단에서 퇴근하면 바로 봉하행 무궁화 열차를 탄다. 벌써 8년째다. 봉하마을에서 이루어지는 거의 모든 자원봉사활동에 참여해왔다. 필요한 일은 스스로 찾아서, 없으면 만들어서 했다. 전에는 농사와 시골생활을 해본 적이 없는 전형적인 서울내기였지만 봉하에 다니기 시작하면서 달라졌다. 장군차 밭일, 논일, 마을 청소, 간벌과 가지치기, 예초기 작업, 생태연못 가꾸기 등 험한 농사일을 꽤 했다. 그러곤 지친 몸을 쉬지도 못한 채 일요일 마지막 밤기차를 타고 서울로 갔다. 최근 몇 년간은 1년에 100일 정도는 봉하에서 지냈다. 대통령이 떠났지만 봉하를 아름답게 가꾸기 위해 그는 주말마다 나타나는 우렁각시다.

평일에는 서울의 노무현재단 사무실에서, 주말에는 봉하들판에서 일을 하니 동물원 님은 1년 365일을 노무현 속에 묻혀 사는 셈이다. 나는 그가 고마우면서도 한편으로는 걱정도 되었다.

"너, 그러다 봉하폐인 된다. 친노로 찍힌다."
"매주 이렇게 봉하에 내려오면 윤서 엄마가 뭐라 안 하나?"
"몸도 고단한데 한 주씩 걸러오고 애들과도 놀아주고 그래라."
"무책임한 가장이란 소리 들을라."

그러면 돌아오는 그의 답변이 가관이고, 한편으로는 부럽다.

"집사람도 저 못지않은 대통령님 지지자입니다. 봉하 가는 걸 두고 한 번도 뭐라 한 적이 없어요. 오히려 제가 아이들이나 집사람한테 미안해서 같이 맡겨 주지하는 낌이면, 제 마음 편하라고 등을 떠밀어주는데요. 아이들은 흠, 요즘은 자기를 빼고 아빠만 봉하 다닌다고, 데려가달라고 성화라 미안하긴 하시만…"

동물원 님은 오래전부터 노무현의 열렬한 지지자였다. 하지만 먼 발치에서조차 직접 만나 본 적은 없다고 했다. 운명이란 때론 간절함을 더 짓궂게 피해 다니곤 한다. 대통령이 봉하마을로 귀향한 뒤에는 그토록 바라던 만남을 이루는가 싶었다. 그러나 몇 번은 일 때문에 미뤄지고, 또 몇 번은 아쉽게 기회를 놓쳤다. 그리고 끝내 영영 이별이 되었다. 그에게 깊은 회한으로 남았다. 그의 봉하 자원봉사는, 어쩌면 늦게나마 대통령과 재회하며 그 뜻을 실현해나가는 데 무엇과도 바꿀 수 없는 도전이고 보람이었을 것이다.

내가 동물원 님과 허물없이 지내게 된 것은 캐릭터 논그림을 함께하면서다. 고락을 나누다 보니 어느새 형제처럼 가까워졌다. 내가 다리를 다쳐서 논에 들어가지 못할 때 그는 기꺼이 내 다리가 되어주었다. 뜨거운 땡볕에도 혼자서 자색벼를 옮겨 심고 피를 뽑았다. 그는 결과만 누리는 것이 아니라 과정의 어려움을 몸으로 감당하는 청년이다. 노동과 실천을 통해 진정한 노무현의 사람이 되었다.

노무현의 사람들은 참여정부에서 대통령과 함께 일했던 사람들만이 아니다. 귀향 후 봉하마을에서 화포천과 봉화산을 살리고 친환경 농사를 같이 짓는 데 봉사활동을 했던 사람들만도 아니다. 친노(親盧)는 누구라도 노무현의 가치와 정신을 사랑하는 사람들이다. 지역주의와 권위주의에서 맞서 반칙과 특권에 타협하지 않았던 노무현의 원칙과 상식을 사랑하는 사람들이다. 그들은 2002년 변방의 비주류, 노무현의 도전과 가능성에 열광했던, 민주당의 국민경선에 자발적으로 참했던 시민들이다. 12월 대선에서 노무현 후보를 선택했던 1천170만 명의 국민이다. 2004년 노무현 대통령의 탄핵을 반대했던 광화문광장의 촛불시민들이다. 2009년 5월 23일. 전국 332개 지역분향소에서 길게 줄을 서서 바보농부 노무현의 죽음에 가슴 아파하고 지켜주지 못해 미안해하고 자책감에 통곡했던 500만 명의 조문객들이다.

이제 노사모, 친노세력은 단지 정치인 노무현(盧武鉉)과 그를 지지하는 사람들, 정치세력만이 아니다. '바보 노무현'의 원칙과 가치와 정신을 사랑했던 사람들은 모두 노사모다. 모두 친노다. 더 이상 노사모, 친노는 불명예스러운 주홍글씨가 아니라 가슴 당당하게 내걸어야 할 노란 리본이다. 대통령은 생전에 말했다.

> "노사모는 노무현의 팬클럽으로서 생명을 다했다. 그러나 노사모는 이제 보통명사가 아니라 참여민주주의를 상징하는 일반명사가 되어야 한다."

28

황새 '봉순이'와 드렁허리

2013년 3월 19일, 아침이었다. 노무현재단 봉하사업본부에서 생태해설과 체험을 지도하는 임점향 선생으로부터 전화가 왔다. 금방 숨이라도 넘어갈 것 같은 목소리였다.

"대표님! 화포천 습지에서 황새가 왔어요. 우리나라에선 멸종된 황새가!"

뜻밖의 소식에 나 또한 놀라고 들뜨지 않을 수 없었다. 사진으로만 보았던 황새의 실물을 보기 위해 봉하들판으로 내달렸다. 전날 화포천 생태학습관 곽승국 관장이 화포천 습지를 살펴보다 우연히 발견했다고 했다. 황새의 기다란 발목에 빨간색, 검은색, 노란색 세 개의 고리가 채워져 있었다. 확인해보니 일본의 도요오카 시(市)에서 방사한 3년

된 암컷 황새라고 했다.

김해시는 천연기념물 황새가 화포천에 나타났다고, 화포천 습지생태계가 성공적으로 복원된 결과라고 발빠르게 보도자료를 뿌렸다. 방송국 카메라가 오고 철새를 주로 찍는 아마추어 사진작가들이 600밀리미터 망원렌즈가 부착된 카메라를 메고 봉하마을로 몰려왔다. 다들 야단법석이었지만 나는 냉정을 되찾았다. 날개 있는 짐승이 언제 날아갈지 모르는데 지나친 호들갑이라 여겼다. 둥지를 짓고 새끼라도 키우면 모를까, 지나가다 잠시 쉬러 들른 것일 수도 있으니 좀 지켜볼 일이다 싶었다.

그런데 황새는 화포천 습지와 봉하들판을 왔다 갔다 하면서 계속 머물렀다. 머무는 시간이 늘어나고 먹이활동도 제법 활발하게 했다. 마침 봄을 재촉하는 봄비가 와서 봉하들판 가장 낮은 논에는 물이 고였다. 나와 임 선생은 탐조용 망원경을 설치하고 멀찍이서 조심스럽게 황새를 지켜보았다. 내색을 하지 않을 뿐 황새가 오래 머물수록 나의 관심과 애정도 점점 커졌다. 황새를 찾아보러 자주 들판으로 나갔다. 황새는 기다란 다리로 성큼성큼 서두르지 않고 의젓하게 걸으면서 고개를 숙이고 부리를 저어가며 연신 무언가를 잡아 꿀꺽 삼켰다. 먼발치에서 황새를 우두커니 지켜보았다.

나도 모르게 가슴이 먹먹해지면서 눈앞이 흐려졌다. 대통령이 떠난후 대통령을 떠올리는 무슨 얘기를 듣거나 뭐라도 보게 되면 갑자기

2013년 3월 19일 황새 봉순이가 봉하마을에 나타났다. 봉하 친환경 생태농사로 황새의 서식 환경과 먹이 여건이 좋아졌다는 방증이었다.

주체할 수 없는 슬픔에 빠져 들었다. 이런 기쁜 소식을 누구보다도 기다리던 사람이 정작 봉하마을에 없었다. 황새가 대통령과 겹쳐 보였다. 황새의 출현이 뜻밖에 대통령의 부재를 더욱 실감나게 했다. 사랑하는 연인도 아닌데, 대통령이 미치도록 보고 싶어졌다. 더 이상 볼 수 없다는 게 이리도 사무친 그리움이고 절절한 슬픔이라는 걸 미처 몰랐다. 들판에 서서 혼자 흐느꼈다.

'대통령님이 불러들이고 싶어 했던 새, 첫 번째로 꼽던 황새가 봉하마을에 왔습니다. 그것도 하필 대통령님 생전에 진학을 가보고자 했던 일본의 토요오카에서 방사한 황새랍니다. 대통령님이 이

황새의 길잡이가 되어 봉하로 데려오신 건 아닌지요? 화포천과 봉
하들판이 친환경이라 먹이도 많고 살기 좋다고 보내주신 게 아닌
지요? 당신은 잘 계시나요?'

2008년 가을이었다. 대통령과 함께 순천만 갈대밭에 견학을 다녀왔
다. 대통령이 화포천 생태계 복원계획을 의논하다가 해외 생태계 견
학 얘기를 꺼냈다.

"다음에 외국의 철새도래지도 견학을 한번 가보자."
"선진국들은 생태계를 어떻게 복원하고 관리하는지 공부해보자."
"정호 씨, 어디가 좋은지 알아보고 견학 계획을 세우고 사진 답사
도 가봐라."

창원 람사르환경재단의 이찬우 박사에게 외국의 철새도래지를 몇 군
데를 추천받았다. 그중에서 황새 복원으로 유명한 도요오카 시와 재
두루미 도래지로 유명한 이즈미 시에 가보기로 했다. 그러나 사전답
사도, 대통령의 견학도 무산되고 말았다. 대통령이 칩거에 들어갔고,
끝내 돌아올 수 없는 먼 길로 떠나버렸기 때문이었다.

철원에 계신 도연스님이 황새 도래 소식을 듣고 봉하마을로 달려왔
다. 황새 전문 사진작가이기도 했다. 황새 보호에 부담스러울 만큼 적
극적이었고 열성적이었다. 황새 이름도 지어주었다. 봉하마을에 찾아
온 암컷 황새라고 '봉순이'라고 불렀다. 나도 마치 우리가 키우는 황

새인 양 자연스레 봉순이라 따라 불렀다. 봉순이가 봉하들판에 머무는 시간이 많아지자 황새를 자세히 관찰할 기회도 늘었다. 지금까지 백로나 왜가리는 수없이 봐와서 피차에 소가 닭 보듯 하지만 황새는 처음이었다. 황새는 크기부터 압도적이었다. 행동거지는 느릿느릿 의연했다. 봉순이에 비하면 왜가리나 백로는 마치 새끼 같았다. 봉순이가 백로나 왜가리 등과 같이 있으면 단연 돋보였다. 봉순이가 날아올라 상승기류를 타면서 양 날개를 쫙 펴면 2미터는 족히 넘어 보였다. 왜가리는 잿빛 몸통에 날개 끝의 깃털이 조금 검은색이지만 봉순이는 하얀 몸통에 꼬리와 날개에 검은 깃털이 꽤 길고 선명했다. 눈은 빨갰다. 백로는 부리가 검을 뿐 몸통은 그냥 하얗다. 황로는 백로보다 작으면서 머리가 누르스름할 뿐 백로와 비슷하다.

매일 아침 일찍부터 임점향 선생은 망원경과 스코프를 들고 멀찍이서 봉순이의 움직임을 관찰하고 사진을 찍었다. 문고리 님도 봉순이의 일거수 일투족을 살폈다. 봉순이는 며칠째 봉하들판의 물이 있는 논두렁 주변을 돌면서 무언가 열심히 잡아먹었다. 미꾸라지도 있지만 주로 꽤 큰 드렁허리였다. 임점향 선생이 30분 동안 봉순이가 열세 마리의 드렁허리와 미꾸라지를 잡아먹는 것을 관찰했다. 마치 자신이 맛난 음식을 먹은 것처럼 봉순이 먹이사냥을 흉내까지 내면서 자랑을 했다. 봉순이가 봉하들판을 떠나지 않는 이유는 물이 얕은 논에 맛있는 먹이가 풍부하고 잡아먹기도 한결 쉬웠기 때문이었다.

드렁허리는 화학농약을 치지 않는 친환경 논에서만 주로 볼 수 있다.

미끈미끈한 물뱀 같기도 하고 누르스름한 민물장어같이 생겼다. 해묵은 드렁허리는 이른 봄 논에 물이 들어오기 시작할 때부터 보이기 시작한다. 아마 새끼를 낳으러 얕은 논으로 일찍 들어오는 것 같다. 모심기할 무렵이면 벌써 미꾸라지 새끼들과 실뱀장어 같은 드렁허리 새끼들이 따뜻한 모판 밑에 웅크리고 있었다. 드렁허리가 점점 크면 논두렁에 구멍을 뚫어 이 논 저 논을 드나든다. 농부들은 드렁허리를 싫어한다. 논물을 가둬놓으면 이 드렁허리가 논두렁에 구멍을 내어 논물이 다 빠져버리기 때문이다. 드렁허리가 낸 물구멍을 찾아 흙으로 막고 다시 논물을 대주어야 하는 일이 자주 발생하니 농부들에게는 이놈이 번거롭고 귀찮은 존재였다. 화학농약을 치면 드렁허리 씨를 말릴 수 있는데 친환경 생태농업이라 그리 하지도 못하고 농부들이 짜증내지 않을 수 없었다. 드렁허리야 말로 친환경 생태농업의 어려움이자 대통령이 주창한 생태농업의 확실한 성과물이었다.

황새는 천연기념물이기 때문에 문화재청에서 관리한다. 텃새로서 황새는 74년도 충북 괴산에서 마지막 수컷황새가 사냥꾼에 의해 죽임을 당한 이후 남은 암컷 한 마리를 서울대공원에서 사육했다. 그러나 끝내 새끼 번식에 실패하고 1994년에 자연사 한 것을 끝으로 한반도에서는 멸종되고 말았다. 황새가 자취를 감추게 된 것은 논의 환경이 변해 더 이상 살 수 없었기 때문이었다. 1960년대 이후 도시화, 산업화의 등쌀에 논경지가 줄어들고, 수확량을 늘리려고 화학농약을 많이 쓰면서 논처럼 얕은 물에서 먹이활동을 하는 황새의 서식 환경과 먹이여건이 크게 파괴되었다.

황새는 덩치가 커서 하루에 500그램 정도 먹이를 섭취해야 생명을 유지할 수 있다. 체구가 큰 만큼 행동이 느려서 빠른 물고기는 잡아먹지 못한다. 논처럼 얕은 물에서 느리게 움직이는 드렁허리나 미꾸라지, 개구리 같은 것을 주로 잡아먹을 수밖에 없다. 경지정리와 관개수로를 정비하면서 수로와 논도랑이 콘크리트로 바뀌고 수문으로 막혀 드렁허리나 미꾸라지가 논으로 점점 회유하기 어렵게 되었다. 가뜩이나 화학농약을 치면서 논 생물의 먹이사슬이 교란되고 논생태계의 파괴가 가속화 되었다. 드렁허리, 미꾸라지가 살 수 없는 논에 황새도 살 수 없게 된 것이다. 황새는 논에 먹이가 부족하니 결국 먹이경쟁에서 뒤쳐져 멸종될 수밖에 없었다. 안타깝고 슬픈 논 농업, 논 생태계의 현 주소였다.

우리나라에서도 교원대학교에 황새복원센터가 있다. 이미 인공부화와 번식에 성공해서 자연에 방사시키는 수준에 와 있다. 충남 예산군에서는 황새공원을 조성하고 황새를 사육하면서 야생 적응훈련을 거쳐 2015년에 일곱 마리를 야생에 방사했다. 창녕 우포늪에는 따오기 복원센터가 있다. 이미 개체수가 많이 늘어서 2017년부터 자연방사를 할 계획이다. 창녕군이나 예산군은 다들 고민에 빠져 있다. 방사한 황새나 따오기가 야생생활에 적응하는 과정에서 주변에 화학농약을 치는 논에서 먹이활동을 하다 폐사할 수 있다는 우려 때문이다. 자연방사지 주변에 친환경 생태농업을 하는 넓은 논과 배후습지가 있어 황새나 따오기들의 먹이가 충분히 있어야 하는데, 사실 그런 환경과 여건이 미흡하고 턱없이 부족하다. 다행히 봉하마을은 봉화산과 화포천 주변에 친환경 생태논농사가 집단적으로 이뤄지고 있어 황새와 따오기 등이 살아갈 수 있는 환경과 여건이 어느 정도 갖춰진 곳이다. 친환경 생태논 습지에 자연스레 물길이 이어져 있어 어류들의 회유가 원활하고 개체수가 많다. 이미 황새 봉순이가 화포천과 봉하들판에 매년 찾아오는 것으로 서식 환경과 먹이여건이 좋다는 것은 입증되었다. 아직도 많은 숫자의 황새가 둥지를 틀기에는 미흡하고 부족하지만 봉하들판만 한 곳도 많지 않은 게 엄연한 현실이기도 하다.

나는 지금까지 대통령이 내게 남긴 숙제들을 해결하기 위해 앞만 보고 달려왔다. 어느 정도 봉하들판의 땅과 물을 살려 작물을 튼실하게 키우면서 화포천과 봉화산 환경을 되살려냈다. 적지 않은 안팎의 위기가 있었지만 헤쳐 나왔다. 미래에도 예기치 못한 시련과 역경이 닥쳐올 것이다. 대통령의 뜻과 바람대로 비록 실패가 있을지언정 도전을 멈추지 않을 것이다. 앞으로도 황새와 따오기를 비롯해서 다양한 생물들이 되돌아오고, 여기에 보금자리를 틀고 마을 주민들과 함께 살아갈 수 있기를 간절히 바란다.

29

봉하쌀막걸리와 바보주막

귀향 후 노무현 대통령을 떠올릴 때면 생각나는 사진들이 있다. 장군 차밭이나 생태연못가에서 땀 흘린 자원봉사자들과 두부김치와 파전에 막걸리 한잔 하는 모습도 그중 하나이다. 지금이야 봉하마을 방문객이면 누구나 봉하막걸리를 맛볼 수 있고 봉하마을에 굳이 오지 않아도 전국 어디서나 전화주문해서 택배로 받을 수 있지만 대통령 생전에는 그저 시중에 파는 일반 막걸리밖에 없었다.

대통령이 돌아가신 뒤, 봉하마을을 찾아 온 방문객들에게서 한결같은 얘기가 들려왔다.

"봉하마을에 오니 대통령 생각에 막걸리라도 한잔 하고 싶은데, 이왕이면 친환경 봉하쌀로 만든 막걸리였으면 좋겠다."

찾아주는 것만으로도 고마운 방문객들이 목이라도 축이고 가시라는 소박한 심정에서 봉하막걸리를 만들게 되었다. 2009년, '사람사는세상' 회원 두 분이 나를 찾아왔다. 담양에서 양조장을 하고 있던 권재헌 사장과 순천에서 대대포쌀막걸리를 개발, 공급하는 빨간몸빼 님이었다. 친환경 봉하쌀로 제대로 된 쌀막걸리를 만들어보고 싶다고 했다. 우선 시제품부터 만들어보기로 했다.

직원들과 자원봉사자들에게 새참 겸 시음용으로 한동안 현장테스트를 했다. 반응이 좋았다. 기존 막걸리들은 대부분 원가를 낮추기 위해 쌀은 조금 넣고 밀가루나 옥수수전분을 주원료로 고온 발효시켜 속성으로 만든다. 봉하쌀막걸리는 100퍼센트 친환경 봉하쌀만 쓰고 천천히 저온 발효시켜 만들었기 때문에 일반 막걸리보다 부드러우면서도 청량감이 훨씬 뛰어났다. 술맛도 좋았지만 봉하의 친환경 쌀과 담양의 깨끗한 물로 빚은 막걸리라고, 지역주의의 벽을 넘어 동서화합과 국민통합을 정치목표로 삼았던 대통령의 정신과 가치에도 딱 맞다고 더 좋아했다.

시제품인 봉하쌀막걸리를 맛본 회원들은 빨리 상품화해서 전국적으로 판매해달라고 귀찮을 정도로 졸라대었다. 시험판매를 결정하고 친환경 봉하쌀을 담양 죽향도가로 보냈다. 막걸리 병을 자체적으로 개발할 때까지 죽향도가의 것을 당분간 그대로 사용하기로 했다. 포장은 대대포막걸리 병에다 내용물만 봉하쌀막걸리를 담았다. 그러나 오래가지 못해 회원들과 지역주민들의 문제제기가 많이 들어왔다.

"혹시 가짜 막걸리가 아니냐?"

"가까운 김해나 창원지역에도 양조장이 있는데 굳이 멀리 담양에서 막걸리를 만들어 올 필요가 있나?"

"직접 만들든지, 위탁해야 한다면 지역경제를 살리기 위해서도 인근지역에 있는 양조장에다 위탁해야 하는 것이 아니가?"

타당한 지적이었다. 나는 장기적으로 봉하에 직접 양조를 하되 그때까지는 술맛이 좋은 곳에 위탁생산을 하기로 방침을 정했다. 위탁생산을 한다면 주변지역에서 막걸리를 제조하는 것이 바람직하다는 문제제기도 받아들였다. 아예 원점에서 봉하쌀막걸리를 개발하는 차원에서 양조장 선정을 위한 기준과 방법을 정하고 절차를 새로 진행했다. 기존의 죽향도가를 포함해서 김해시 한 곳, 창원시 한 곳 등 두 곳의 양조장을 추가로 추천받았다. 6개월 동안 봉하쌀을 원료로 쓰고 그들 나름의 제조기술을 적용해 막걸리를 양조하도록 공평하게 기회를 주었다. 당연히 시설은 물론 작업환경과 위생 상태를 점검하고 주조법과 주질도 꼼꼼하게 살폈다. 살아 있는 생균 쌀 막걸리를 제조하는 양조장을 선정하는 과정은 더욱 까다로울 수밖에 없다. 똑같은 재료, 봉하쌀을 100퍼센트 공급하고 각자의 제조기법으로 소량의 쌀 막걸리를 만들도록 하여 제조공정을 살펴보고 시음도 하고 고객들의 반응과 평가에 따라 제일 나은 곳을 선정하기로 했다.

이미 담양의 '죽향도가'가 만든 봉하쌀막걸리는 시장평가를 받았기 때문에 김해 '상동탁주'와 창원의 북면 '천주산쌀막걸리' 양조장에게 순서대로 봉하쌀막걸리를 만들어 고객평가를 받도록 기회를 부여했다. 이렇게 제품개발과 선정 과정을 공개적으로 고객평가에 맡기는 방식은 어느 정도 혼란과 잡음이 불가피했다. 시험생산 중이었고 더구나 그 당시에는 주류제조나 판매허가를 얻지 않았기 때문에 봉하쌀막걸리 상표와 용기를 따로 제작할 수 없었다. 그래서 내용물은 봉하쌀막걸리지만 외양은 각각 상동탁주, 북면천주산 막걸리 용기와 상표를 부착하여 시험판매를 했다. 막걸리 병에 붙이는 스티커 하단에 양해를 구하는 문구를 넣었다.

"봉하쌀막걸리를 시험생산, 고객평가하는 단계입니다. 허가 전이라 부득이 기존 제품의 상표와 병을 사용함을 이해 바랍니다."

이번에는 더 많은 회원들로부터 가짜 봉하쌀막걸리와 가짜 양조장이 난립했다고 신고와 항의가 많이 들어왔다. 그때마다 해명을 하고 혼란을 초래케 해서 송구하다고 사과까지 한 적이 한두 번이 아니었다.

장시간 시험생산과 시험판매를 통해 공개적인 검증을 했다. 최종적으로 선정된 양조장은 처음에 시작했던 담양의 '죽향도가'였다. 죽향도가의 주조방법은 먼저 주모를 발효시키고 봉하쌀로 고두밥을 쪄서 누룩과 효모를 섞어 발효시키다 다시 한 번 고두밥을 넣어주는 '이단 사입' 방법이었다. 발효방식도 저온에서 장시간 서서히 숙성시켰다. 발효된 밑술을 두 번 여과시켜 알코올도수가 6퍼센트가 되게 물을 타고 아스파탐 미량과 올리고당, 천연벌꿀 등으로 맛을 냈다. 제성탱크에서 하루 동안 어우러지게 하여 이틀째 막걸리를 병에 주입했다. 봉하쌀 막걸리의 술맛은 약간 꿀맛이 느껴지면서 담백하고 깔끔했다. 목 넘김도 부드러웠다. 발효가 잘되어 트림이 안 나고 뒤끝도 깨끗하다는 호평을 받았다.

2012년 4월이었다. 총선 이후부터 부산지역의 노무현재단 후원회원 중에서 중소기업을 경영하거나 전문직에 종사하는 20여 명의 회원들이 소모임을 하고 있었다. '서로모임'은 오랜 친구인 손성수가 이끌고 대학시절 학생운동을 했던 후배들이 주로 참여하고 있었다. 이들은 유망한 아이템이 있으면 창업을 돕거나 자금을 투자하는 일종의 사모펀드도 운영하고 있었다. 이중 일부 회원은 이미 영농법인의 주주로 참여하기도 했다.

학생운동을 같이 했던 손성수는 세무사인데 청와대 인사수석실에서 인사 담당행정관도 했다. 대통령의 학교후배이기도 해서 대통령 귀향 뒤 친환경 생태농업과 마을 가꾸기에도 각별한 관심과 애정을 쏟았다. 봉하마을에 올 때마다 봉하쌀막걸리가 술맛은 좋은데 봉하마을에 와야지 마실 수 있다는 걸 안타까워했다. 대통령이 생각날 때면 어디서든 언제든 마실 수 있었으면 좋겠다며 부산에서부터 시범주막을 하나 열자고 했다. 봉하쌀막걸리를 적극적으로 홍보하고 동네슈퍼에서 판매될 수 있도록 시장유통도 본격적으로 추진하자고 제안했다. 나는 향후에 직접 술을 빚는 양조장은 추진할 계획이지만 막걸리 유통과 술집까지 직접 담당하는 것은 영농법인의 역량과 여건상 감당하기 어렵다고 사양했다. 영농법인은 친환경 벼농사를 관리하고 쌀가공과 판매에 역점을 두어야 했다.

'서로모임' 회원들이 직접 나섰다. 십시일반으로 1억 원 펀드를 조성해 '바보주막'을 개장했다. 점장은 부산과 김해에서 문화운동을 해왔던 강희철 씨가 맡았다. 서면 먹자골목에 바보주막을 열었다. 위치는 뒷골목에 숨어 있었지만 마침 막걸리 열풍도 불어 주막은 대박이 났다. 좌석이 없어 줄을 서고, 돌아가기 일쑤였다. 서면의 바보주막은 대통령을 좋아하는 외지사람들이 부산을 찾게 되면 한번쯤 들렀다 가는

2016년 말 기준 바보주막은 부산지역에 여섯 곳, 전국적으로는 열다섯 곳이 개점하고 있다.

명소가 되었다. 2016년 현재 바보주막은 부산지역에만 서면, 연산, 남구, 해운대, 사상, 충무동까지 여섯 곳으로 확대되었고 전국적으로는 울산, 대구, 광주, 인천, 제주, 수원, 서울 관악 등 열다섯여 곳이 개점하고 있다. 그 외에도 봉하쌀막걸리 전문점은 아니지만 봉하쌀막걸리를 취급하는 술집도 꾸준히 늘고 있다.

서면 바보주막이 잘되자 여기저기서 바보주막을 하겠다는 문의가 왔다. 통합관리가 필요하다는 문제제기와 프랜차이즈화를 추진하자는 제안도 없지 않았다. 나는 여전히 영농법인의 역량과 조건이 막걸리 사업까지 다방면으로 벌이기에는 역부족이고 시기상조라고 판단했다. 이미 바보주막을 하신 분들이나 준비하는 분들도 통합적인 체인본부를 설립하기보다 각 지역별 실정과 조건에 따라 자율적으로 운영하길 바랐다. 다만 무분별하게 난립되거나 노무현 대통령의 이미지를 너무 상업적으로 이용하지 않도록 최소한의 제어장치는 필요하다는 공감대가 이루어졌다. 단순히 개인의 생계용으로 바보주막을 허용하지 않고 지역별로 재단회원들이 중심이 되는 소비자생활협동조합을 결성해서 그 조합이 바보주막을 운영하도록 제한했다. 노무현재단 회원활동의 한계를 극복하는 데 지역별 생활협동조합이 대안이 될 수 있겠다고 내다보고 그 촉매제로 바보주막을 활용하자는 의도도 있었다.

의욕적인 출발에도 불구하고 얼마 지나지 않아 바보주막 운영을 둘러싸고 운영자와 이사진, 조합원 간의 입장과 견해차가 곳곳에서 불거졌다. 잦은 분쟁은 운영진의 교체로 이어졌다. 장사가 잘 안되어 매출과 수익이 떨어지면 그 원인과 책임을 따지다가 분란이 폭발하곤 했다. 그동안 여러 바보주막에서 진통이 반복되는 것을 지켜보았다. 당초 바보주막이 성장해서 지역의 소비자생활협동조합으로 발전해나가길 바랐던 기대와 전망은 주관적인 희망사항에 불과했다.

애당초 '협동조합'이라는 형식과 '주막'이라는 내용이 맞지 않았다. 주막은 개인이 자기자금과 노동력을 투입하여 사익을 추구하는 자영업일 수밖에 없었다. 협동조합은 조합원들의 출자금과 회비로 상부상조와 이용편익을 제공하는 공익적 단체이다. 이 내용과 형식은 필연적으로 모순과 충돌이 발생할 수밖에 없었다. 지역에서 공익적인 생활협동조합을 어렵게 만들어놓고 이익을 추구할 수밖에 없는 바보주막 운영에 매몰되는 것은 바람직하지도 않았다. 지금이라도 생협은 바보주막 운영에 헛힘을 쓸 것이 아니라 바보주막에서 철수하는 것이 바람직하다는 판단이다. 아무리 뜻이 좋은 바보주막이라 하더라도 본질적으로 자영업일 수밖에 없고 소비자생협활동이 바보주막 운영에 몰두하여 지나치게 영리활동에 매몰되면 본래의 목적과 취지가 무색해지기 때문이다. 바보주막의 경영난을 타개하는 현실적인 방법이기도 할 것 같다.

대신에 바보주막의 개점과 운영을 자영업 경험이 있는 우리 회원 중에서 원하는 사람이라면 누구나 할 수 있도록 제한조건을 푸는 것이 좋겠다. 물론 지역 내에서 장사구역이 겹치지 않도록 어느 정도의 거리제한은 여전히 필요할 것이다. 누구나 내가 사는 지역에도 좋은 사람 만나서 부담 없이 갈 수 있는, 멋있고 맛있는 바보주막을 원할 것이다. 손맛 좋은 부부가 애정과 성의를 다해 운영하는 '바보주막'에서 대통령의 숨결이 느껴지는 봉하쌀막걸리 한잔할 수 있다면 얼마나 좋을까? 편한 사랑방으로서 '사람 맛, 술 맛, 안주 맛'이 좋은 바보주막이야말로 회원들의 소박한 바람이 아닐까 싶다.

현재 영농법인은 봉하마을에서 봉하쌀막걸리를 직접 제조하기 위해 몇 년 전부터 양조장 건립을 추진해오고 있다. 직접 재배한 유기농 봉하쌀과 토종밀로 누룩을 만들고 쌀술을 빚고 싶다. 막걸리 생산 원가도 낮출 수 있을 것이고 술 종류도 다양화해 쌀 막걸리는 물론 청주, 증류주까지 만들려고 한다. 봉하만의 독특한 주향(酒香)과 색깔, 맛을 내는 제조법도 개발하고 있다. 그러려면 자체 양조장이 필수다. 본격적인 마케팅도 강화하고 총판, 대리점 등 유통체계도 점차 갖추어야 할 것이다. 아직 역량과 여건이 미숙해서 일단은 2~3년 뒤로 미루었다. 지금의 봉하쌀막걸리가 대통령을 닮아 소탈하면서도 품격 있는 노동주로 거듭날 수 있길 바란다. 한국을 대표하는 쌀술로 우뚝 설 수 있는 그날이 어서 오길 바란다. 햇볕 좋은 봄날, 대통령이 살아계셨더라면 자원봉사자들과 장군차 잎을 따고 차밭에 앉아 새참으로 봉하쌀막걸리 한잔 들이켜며 '캬, 술맛 좋다!' 하실, 그런 봉하쌀 술로 새롭게 태어나길 꿈꾸어본다.

30

봉하들판의 절대농지 해제解除,
그리고 농지개혁農地改革

2016년 6월, 노무현재단 봉하사업본부 이원애 팀장한테 전화가 왔다. 평소 차분한 성격과는 달리 다급한 목소리였다.

"대표님, 경남도민일보, 김해뉴스 보셨습니까?"
"아니, 안 봤는데, 봉하에 대한 무슨 소식이라도 실렸나?"
"예, 봉하들판이 농업진흥지역 해제대상에 포함되었다고 지역신문에 다 났습니다."
"뭐, 그럴 리가? 잘못 본 것 아니야?"

정작 보도내용을 확인하고도 내 눈을 의심하지 않을 수 없었다. 김해시농업기술센터에 확인전화를 했다.

"보았습니까? 이미 공람절차도 끝났습니다."

"불허조건이 어떻게 포함되었습니까? 왜, 저에게는 통보를 해주지 않았습니까? 도대체 해제사유와 기준이 무엇입니까? 누가, 어디에서 결정한 것입니까?"

"우리 시는 농식품부에서 지시한 대로 해제사유와 절차에 따라 절차대로 해제승인 신청을 했을 뿐입니다. 저도 결정권은 농식품부 장관이 있습니다."

농식품부 담당부서에도 따져 물었지만 사무적인 답변만 되풀이했다. 맥이 풀리고 눈앞이 캄캄해졌다. 나는 현실을 있는 그대로 받아들이지 않을 수 없었다. 먼저 정확한 현황파악부터 했다. 농업진흥지역 해제와 관련한 정부발표와 언론보도 등을 찾아보고 농업진흥지역 지정과 해제에 관한 법령도 살펴보았다. '어디서부터, 무엇이 잘못되었는지' 되짚어보았다.

당초 농식품부에서 쌀값 안정화 대책으로 검토되었던 농업진흥지역의 단계적 축소, 해제 방안이 박근혜 대통령이 주재하는 경제장관회의에서 부동산 규제 완화정책으로 변질되었다. 2015년 말, 경기활성화와 규제개혁을 명분으로 10만 헥타르의 절대농지를 일거에 해제하는 정치적 결정을 내렸다. 출발부터 이미 농업과 농민을 보호하기 위한 농지정책이 아니었다. 지주들을 위한 부동산정책이었다. 농식품부는 단지 허울뿐인 실무집행부처였다. 지자체 또한 농식품부의 지시에 따라 일괄적으로 해제승인 신청절차를 집행한 하수인에 불과했다.

봉하들판에 불똥이 튀기 전에는 나도 농업진흥지역 해제가 그저 농지로서 이용가치가 낮은 쓸모없는 농지들, 특히 도로나 철로, 공단 등으로 잘린 자투리 농지들이 대상인줄 알았다. 그런 농지야 늦었지만 해제시키는 것이 필요하다고 긍정적으로 받아들였다. 봉하들판은 대규모 집단화된 친환경 생태농업단지로서 전국적으로 알려져 있으니 해당사항이 없고 걱정도 하지 않았다.

해제대상은 10만 헥타르, 3억 평이나 되었는데 전국 농업진흥지역의 12퍼센트에 해당하고 여의도 300배가 넘는 엄청난 면적이었다. 농식품부는 자투리 농지만으로 할당목표를 채울 수가 없어 해제기준으로 '도시지역 미경지정리구역'을 새롭게 포함시켰다. 이것이 불씨였다. 박근혜 정부는 해제방침을 발표하기 무섭게 군사작전 수행하듯 밀어붙였다. 이미 농식품부는 비밀리에 농어촌공사를 통해 지적도와 항공도면을 토대로 대상 선정을 마쳤고, 시·도에 통보한 상태였다. 지자체는 농식품부의 지시에 따라 절대보안을 지키며 요식행위에 불과한 행정절차를 착착 밟아오고 있었다.

나는 농업진흥지역 해제기준과 그 적용부터 도저히 납득이 안 되었다. 봉하들판이 해제대상으로 포함된 기준이 '도시지역 내 미(未)경지정리 구역'이고 그것도 '토지공부상 미(未)등재'였다. 그러나 봉하들판은 누가 봐도 경지정리가 실제로 되어 있었다. 봉하들판은 일제시대 간척사업을 할 때부터 구획정리가 어느 정도 되었다. 더구나 대통령 귀향 후 친환경 생태농업을 위해 농업용수 공급과 농로 신설 공사를 하면서 지주들의 별도 부담 없이 실질적으로 경지정리가 추가로 이루어졌다. 뿐만 아니라 농어촌공사가 2001년부터 20011년까지 두 차례에 걸쳐 배수장, 배수로 공사와 양수장, 용수로, 농로 포장 공사를 했다. 국가예산을 155억 원이나 투입하여 수리안전답으로서 손색이 없는 농업생산기반시설이 완료된 상태였다.

농어촌공사에 확인을 해보니 경지정리사업을 직접 관급공사로 시공한 곳만 토지공부에 등재를 한다고 했다. 봉하들판은 그들이 직접 경지정리사업을 하지 않았기 때문에 토지공부에 등재하지 않았다는 것이다. 토지공부에 등재되지 않은 것은 농어촌공사의 행정적 착오나 기재를 누락한 것으로 보였다. 농식품부가 봉하들판을 해제대상에 포함시킨 것은 서류만 보고 현장확인도 하지 않은 잘못된 판단이었다.

농지법을 검토해본 결과, 농업진흥지역 해제절차와 방법은 더욱 심각한 하자가 있었다. 농지법과 시행령에는 농업진흥지역 지정과 해제절차를 매우 까다롭게 규정하고 있다. 지방정부는 농업진흥지역 지정이나 해제대상 지주들에게 사전에 문서로 통지하고 지역주민의 의견수렴절차도 반드시 거치도록 명시하고 있다. 그러나 김해시는 농림부의 지침에 따라 개별지주에게 서면통보나 지역주민 의견수렴절차를 생략했고 행정편의에 따라 해제승인 절차를 일방적으로 진행했다. 나는 농식품부의 농지과장에게 농업진흥지역 해제절차의 위법, 부당성을 따지지 않을 수 없었다.

"봉하들판은 친환경 생태농업단지가 15만 평이나 조성되어 9년째, 농업의 6차 산업화의 전국적인 성공사례로 모범적으로 잘 운영되고 있습니다. 경지정리도 실제로 되어 있고 농어촌공사가 국비를 155억 원이나 투입해서 농로와 용·배수로 공사가 완료된 수리안전답입니다. 어찌 이런 곳을 실사도 하지 않고 절차도 생략한 채 일방적으로 해제시킬 수 있습니까? 봉하들판을 농업진흥지역에서 해제하는 것은 부당합니다."

농식품부 이정형 농지과장은 오히려 봉하마을이 비정상이라고 빈정 거렸다. 지자체에서 해제신청을 했기 때문이라고 그 책임도 떠넘겼다.

"전국에서 유일하게 봉하마을만 농업진흥지역 해제를 반대할 뿐 모든 지역은 다 찬성한다. 해제대상에서 빠진 지역들은 왜, 자기들 은 해제시켜주지 않느냐고 오히려 민원이 빗발친다. 봉하마을은 참 이해가 안 된다."
"농식품부에서는 봉하마을의 현지사정을 알 수 없고 김해시와 경 남도가 해제신청을 했기 때문에 그리 된 것이다."

농식품부의 담당과장은 지주들이 대부분 찬성하는 사안이니 다소 적 법절차를 생략할 수도 있고, 정부가 그동안 재산권이 묶여 있던 절대 농지를 풀어주는 것이 싫다면 이의신청하라고 했다. 시혜를 베풀었는 데 무슨 불만이냐는 투였다. 농지보존에 앞장서야 하는 농식품부 공 무원이 문제의식은커녕 오만한 행정편의주의 민낯만 보았다.

봉하들판에는 15만 평의 친환경 생태농업단지가 조성되어 있다. 농업의 6차 산업화의 전국적인 성공사례로 꼽히고 있다.

6월 하순, 서둘러 노무현재단과 상의하여 봉하들판에 대한 농업진흥
지역 해제를 다시 심사해달라고 이의신청을 했다. 농식품부는 우리의
이의신청을 일단 받아들여 2개월 기한으로, 8월 말까지 지자체가 재
심의를 하도록 결정을 내렸다. 김해시는 이번에는 정상적인 절차와 방
법대로 지주들의 의견을 수렴하는 공청회를 했다. 노무현재단과 영농
법인도 해제반대 의견서를 김해시에 제출했다. 강기갑, 김인식 등 경
남지역 농업계 원로는 물론 전국환경농업단체연합회(회장 주형로)에서
도 해제반대 성명서를 발표했다. 주기재, 박중록, 곽승국, 임희자 등 환
경과 습지전문가들도 봉하마을의 논 습지는 보존해야 한다는 의견서
를 제출해주었다. 한국논 습지네트워크, 생물다양성한국시민네트워트

에서도 "봉하들판의 생태농업은 생물다양성을 위해 보존이 필요하다"
는 의견서를 제출하고 적극적으로 지지입장을 밝혀주었다. 심지어 일
본의 람사르 단체와 습지전문가도 해제반대 입장을 표명해주었다.

그동안 친환경 봉하쌀을 꾸준히 이용해준 소비자들도 대통령의 유업
이 무너지지 않도록 봉하들판을 지키기 위해 내 일처럼 나서주었다.
김해, 창원, 부산지역의 아이쿱(i-coop)과 한살림 소비자생활협동조합
회원들은 화포천과 봉하들판에서 친환경 농사를 통해 흙과 물을 살리
고 생태계를 통째로 살리고자 했던 노력과 그 과정을 지켜보았다. 봉
하들판에서 논생물조사를 함께해왔고 다양한 친환경 논농사 체험을

해왔다. 이분들이 앞장서서 전국차원의 소비자단체 대표들의 서명을 받아 봉하들판의 절대농지 해제반대운동에 힘을 실어주었다. 김해와 경남지역의 환경단체와 시민사회단체도 경남도청 기자실에서 두 번이나 자발적인 기자회견을 했다. 홍준표 경남도지사에게 봉하들판을 훼손시키는 농업진흥지역 해제신청을 철회하고 봉하 생태농업의 보호를 요구하고 나섰다. 외롭게 맞서고 있던 내겐 큰 힘이 되었다. 10여 년 동안 대통령의 뜻과 가치를 실현시키고자 했던 우리의 노력이 헛되지 않았다는 소중한 확인이었다. 눈물겹도록 고마웠다.

이런 노력의 결과, 김해시는 이해당사자는 물론 지역주민의 의견청취를 하고 현장확인과 전문가 의견도 제대로 수렴했다. 김해시의 재심사 결과, 봉하들판은 절대농지로서 보존이 필요하다는 판단을 내렸다. 김해시는 종합적인 입장을 담은 재심의 의견서를 경남도에 제출했다. 그런데 경남도의 입장과 태도가 이상했다. 경남도는 당연히 농정심의 회의를 개최하여 김해시의 재(再)의견서를 심의하여야 함에도 회의조차 소집하지 않았다. 경남도는 홍준표 경남지사의 정치적 판단에 따라 김해시의 재심의 의견서를 묵살했다. 오히려 경남도는 기존 의견대로 '해제승인' 신청서를 농식품부에 다시 제출했다.

그동안 홍준표 지사는 경남교육청이 요청한 의무급식 예산을 거부하여 주민소환 투표청원운동과 성완종 뇌물수수 혐의로 정치적 위기에 몰려 있었다. 홍 지사가 주민소환운동의 배후로 봉하와 친노세력을 의심하고, 봉하들판의 농업진흥지역 해제문제를 정치보복 차원에서 해코지한 것으로 볼 수밖에 없었다. 연간 80만 명 이상 방문객이 찾아오는 대통령의 묘역과 사저가 '손톱 밑의 가시'였던 모양이었다. 홍 지사에겐 봉하마을은 여전히 '노무현 아방궁'이고 '노무현 타운'이었다. 이번 기회에 봉하들판의 농업진흥지역을 해제시켜 지주들과 노무현재단 간의 갈등을 촉발시키고자 하는 의도를 감추지 않았다. 친환경 생태농업은 물론 노무현 대통령의 묘역과 생가, 생태문화공원 등을 망가뜨려버리겠다는 비열한 꼼수가 아닐 수 없었다.

공은 다시 농식품부로 넘어갔다. 재심의 결과, 김해시와 경남도의 의견이 서로 반대되는 상황이었다. 노무현재단 이해찬 이사장, 정상문 대외협력위원장과 긴밀히 협의하고 민홍철, 김경수 의원도 적극적으로 나섰다. 한목소리로 농식품부가 직접 현장실사를 해주도록 요구했다. 농식품부는 마지못해 현장실사를 한 후에 최종결정을 하겠다고 했다. 그러나 현장실사마저 군색한 핑계를 대며 차일피일 미루었다.

"장관 인사청문회 끝나고 오겠다."
"국정감사를 마치고 가겠다."
"벼 수확이 끝나고 들판이 잘 보이면 실사를 나가겠다."

지난 11월 하순, 그동안 미루어왔던 농식품부의 현장실사단이 봉하마을에 왔다. 농어촌공사가 투입한 국비사업을 확인하고 봉하들판의 경지정리 상태와 수리안전답 등 농업생산기반시설 등에 대한 현장조사를 실시했다. 실사결과, 토지공부에 경지정리가 안 된 곳이라서 형식적으로는 해제기준에 부합하지만 내용적으로는 경지정리가 대부분된 곳이라 보존이 필요한 곳이어서 결론은 "아리까리 하다"는 의견이었다. 오히려 지자체간 의견이 다른 것이 문제이고 절차상 경남도 의견(해제신청)이 김해시 의견(보존)보다 우선할 수밖에 없다는 입장이었다. 현장실사에도 불구하고 농식품부는 지자체의 의견 합치를 요구했다. 결국 농식품부는 다시 경남도에게 책임을 떠넘겼다. 최종적으로 농식품부 장관의 결정이 남은 상황에서 12월 말까지 결정을 한다고 했다. 그러나 박근혜 대통령 탄핵사태가 발생하자 또다시 2017년 3월까지 발표를 연기했다.

그동안 내가 겪은 농식품부와 경남도의 공무원들은 농사짓는 농민의 입장과 사뭇 동떨어져 있었다. 여전히 그들은 국민 위에 군림하고 있었고 농민은 통치, 통제의 대상에 불과했다. 농업진흥지역 해제가 실제 농사짓는 농민들에게 초래할 악영향은 고려하고 있지 않았다. 그들이 농민 입장에서 소신 있게 농업진흥지역 해제정책을 거부하기를 기대하지도 않았지만 농식품부와 지자체는 서로 책임을 떠넘기고 상부의 정무직공무원의 눈치만 보는 태도가 꼴불견이었다.

농업진흥지역의 해제대상에 포함되고 그 최종결정이 지연되는 동안, 봉하의 생태농업은 크게 몸살을 앓았다. 땅값이 오르길 바라는 일부 마을지주와 투기꾼들은 악랄하고 집요했다.

"해제 이의신청을 포기해라!"

"돈도 안 되는 친환경 농사는 걷어치워라!"
"영농법인이 친환경 농사 때문에 농업진흥지역 해제반대를 한다면 아예 친환경 농사를 짓지 않겠다!"

봉하들판에 땅을 가진 부재지주들은 마을 주민들을 부추겨 실력행사에 돌입했다. 마을 입구와 영농법인 주변의 논두렁에 40여 개의 현수막을 세웠다. 나와 영농법인을 근거 없이 비방하고 허위사실을 유포했다. 심지어 트랙터 10여 대로 방앗간 입구를 며칠 동안 막아 영농법인의 업무까지 방해했다. 일부 마을 주민들은 보라는 듯이 논두렁에 제초제까지 쳤다. 부재지주들은 친환경 인증신청을 스스로 포기하지 않으면 경작권을 뺏겠다고 마을농민들까지 압박했다. 작목반 회원 중에서 열다섯 명이 친환경 인증포기서에 도장을 찍었다. 마치 자해소동으로 공갈과 협박을 하고 선량한 농민들에게 행패를 일삼는 동네깡패와 다를 바 없었다. 그러나 나는 그들에게 굴복하지 않았다. 나는 희망의 끈을 놓을 수가 없었다. 그들의 압력과 횡포에도 굴하지 않고 친환경 농사를 포기하지 않는 진짜 농민들이 남아 있었기 때문이었다. 오히려 다른 마을 작목반은 더욱 결속이 되고 더욱 확대되었다. 비록 내가 망가져도 대통령의 유업만은 반드시 지켜내야 했다.

2017년 들어와서 그동안 몇몇 부재지주들의 이간질과 부추김에 놀아나던 마을 주민들이 다시 친환경 생태농업으로 돌아서고 있다. 지난해에는 친환경 농사를 하지 않는다고 제초제를 치고 친환경 인증을 포기했던 농민들은 손해가 컸다. 쌀값이 폭락한 상황에서 친환경 쌀로 비싸게 판매하지 못했을 뿐 아니라 직접 건조해서 농협 RPC까지 운송해야 하는 번거로움이 늘었다. 농사를 많이 지은 대농일수록 손실이 컸다. 부재지주들은 물론 땅을 많이 가진 대농들이야 땅값이 오르면 목돈을 쥘 수 있어 감수한다고 하지만 땅이 적거나 없는 소작농민들은 당장의 수입만 줄어들 뿐 땅값이 올라봐야 아무 이득도 없다는 것을 이제야 깨달았다.

현재 봉하들판의 부재지주들은 굴착기와 덤프트럭을 동원해 멀쩡한 논에 흙을 높게 돋우고 있다. 농민을 대변해야 할 봉하마을 출신 전직, 현직 진영농협 조합장이 앞장서서 부재지주들과 함께 농업진흥지역 해제를 요구하고 이를 관철시켜 어떻게든 땅값을 올릴 욕심에 무작정

2016년 8월 25일. 경남도 농정심의위원회 개최를 요구하는 기자회견을 열었다. 경남도는 홍준표 경남지사의 정치적 판단에 따라 김해시의 재심의 의견서를 묵살했다.

논을 망가뜨리고 있다. 농업진흥지역 해제가 최종적으로 결정되면 그 결과에 따라 땅값이 오르거나 떨어질 것이다. 농민들의 입장에서 보면 성토(盛土)한 논은 생땅이라 향후 2~3년간 농사를 제대로 지을 수 없다. 결과적으로 농사를 짓는 농민들에겐 경작할 논만 줄어든 셈이다. 게다가 부재지주들은 소작하는 농민이 친환경 농사를 계속 지으면 아예 경작권을 뺏겠다고 했다. 소작농민들은 속이 부글부글 끓지만 벙어리 냉가슴만 앓고 있다. 땅값 상승과 관계없이 농사를 계속 지어야 하는 농민들은 이제야 외부의 부재지주들과 일부 대농에게 이용만 당했다고 후회하지만 이미 2016년 농사는 망치고 말았다.

초기 농업진흥지역 해제 문제가 발생했을 때는 영농법인과 봉하마을 농민 사이에 대립과 갈등의 골이 깊었다. 그러나 지금은 부재지주들과 일부 대농을 제외하고 농사를 직접 짓는 농민들은 친환경 농사를 포기한 것을 후회하고 다시 친환경 농사를 짓겠다고 돌아오고 있다. 지주들이 땅이 있고 힘이 있다고 해서 농사짓는 농민들을 위하지는 않는다는 사실이 드러났다. 누가 진정으로 농민의 이익을 위해서 힘쓰는지 비로소 가려졌다.

'거짓은 참을 이길 수 없다. 어둠은 빛을 이길 수 없다.'

나는 대통령의 유지에 따라 진짜로 친환경 농사를 짓겠다는 농민들과 함께 봉하들판을 지켜내고 생태농업을 또 시작할 뿐이다. 해마다 봄이 오면 농부는 또 논을 갈고 모를 심는다.

지난해 6월 이후, 봉하들판의 논값, 땅값이 출렁거리고 있다. 그동안 봉하의 논들은 농업진흥지역으로 묶여 있었기 때문에 농사목적 외에 다른 용도로 이용할 수 없었다. 그래서 주변 공단에 비해서 땅값이 낮았다. 2008년, 대통령 귀향 당시는 논 한 평당 20만 원을 넘지 않았다. 2002년, 경남도가 봉하들판을 택지로 개발하려고 추진했을 때는 평당 30만 원을 훌쩍 넘었다고 한다. 그러나 대통령 재임 중, 택지 개발계획은 무산되었다. 대통령이 허락을 하지 않았기 때문이었다.

"봉화산과 화포천과 인접한 봉하들판은 김해지역에서 보존되어야 할 마지막 생태의 섬이다. 더 이상 무분별한 난개발은 안 된다."
"그렇지 않아도 김해시는 난개발이 심한데 거기라도 보존이 필요하다."

대통령은 단호했다. 고향마을 주민들의 개발욕구와 기대심리를 잘 알고 있었지만 비난을 무릅쓴 결정이었다. 택지개발계획이 수포로 돌아가자 부풀어 올랐던 땅 투기 바람이 빠지면서 봉하들판의 논 값이 다시 20만 원대로 하락했다. 엎친 데 덮친 격으로 대통령이 퇴임 후 귀향해서 봉하들판에 친환경 생태농업을 추진하면서 논 값이 더 떨어지기 시작했다. 농업진흥지역 소동이 있기 전까지 논값은 평당 15만선까지 내려가도 거래가 힘들었다. 개발기회가 사라진 논 값으로 농사짓기에는 15만 원도 비쌌고 농사 수입으로는 이자도 내기 어려웠다.

부재지주들이 친환경 생태농업을 한사코 반대하고 방해한 이유가 개발가능성이 사라지고 논값이 하락하기 때문이었다. 대통령이 고향 진영에서마저 50퍼센트 지지율을 넘지 못한 밑바닥 이유가 지역토호 행세를 하는 부재지주들의 투기이익을 옹호해주지 않았기 때문이었다. 뿌리 깊은 반감과 저항이 있었지만 대통령은 그들의 반칙과 특권을 용인하지 않았다. 타협하지 않았다. 차라리 원칙을 지키는 패배를 선택했다. 늘 그랬다. 사소한 사적 이익에는 결코 원칙과 소신을 포기하지 않았다.

박근혜 정부가 지난해, 도시지역 내 농업진흥지역의 전면해제로 방향을 바꾸면서 봉하들판의 땅값은 또 흐름이 바뀌었다. 이미 개발가능성이 없어 자포자기하고 어떻게든 땅을 팔고 빠져나갈 궁리를 하고 있던 부재지주들에겐 절호의 기회였다. 그러나 애써 9년째 친환경 생태농업이 제대로 자리를 잡고 나름의 성과를 내고 있던 영농법인과 나에게는 '마른하늘에 날벼락' 같은 소식이었다. 나에겐 악재였지만 투기꾼들에게는 호재였다. 나에겐 대통령의 유업이 송두리째 무너질 위기였지만 저들은 두 번 다시 놓칠 수 없는 절호의 기회였다.

'대통령이 계셨더라면 이렇게까지 참담하게 밀리지는 않았을 텐데…. 대통령은 어떻게 하셨을까? 친환경 생태농업의 기반을 송두리째 파괴하는 저들의 기도를 어떻게 막아내야 할까?'

다시 봉하들판의 땅값이 들썩이기 시작했다. 농업진흥지역 해제가 될 것이라는 정보를 일찍 입수한 투기꾼들이 은밀히 매물을 사들였다. 순조롭게 해제절차가 이행되고 있던 2016년 6월 하순까지는 평당 20만 원을 훌쩍 뛰어넘고 30만 원에 육박했다. 농업진흥지역이 해제되면 땅값이 두세 배 더 오를 거라는 기대심리가 더욱 땅값 상승을 부채질했다. 노무현재단과 영농법인이 이의신청을 하고 8월 말까지 해제 승인이 보류되고 농식품부의 최종 결정이 2017년 3월로 연기되었다. 현재 봉하들판의 땅값은 40만 원까지 치솟다가 30만 원 중반 대에서 거래가 주춤한 상태다.

봉하들판이 농업진흥지역 해제대상에 포함되면서 내가 새삼스럽게 주목한 것은 농사를 짓지 않으면서 농지를 소유하고 있는 이른바 부재지주들의 존재와 횡포였다. 이번에 봉하들판의 해제대상은 95.6헥타르(약 28만 9천 평)였다. 김해시가 발표한 토지소유자현황에 따르면 봉하들판에 농지를 소유하고 있는 전체 지주는 197명이었고 이중에서 131여 명은 김해시에 거주하고 있었다. 나머지 66명은 부산, 창원, 대구, 심지어 서울까지 타 지역에 사는 사람들이었다. 그런데 내가 등기부등본을 확인해본 결과, 가족명의로 분산되어 있는 것을 제외하면 실제 지주숫자는 180여 명이었다. 이중에서 농사를 직접 짓는 농민지주는 30여 명이 채 안되고 나머지 150여 명은 농사를 직접 짓지 않는 부재지주였다. 전체 지주의 80퍼센트쯤 되는 부재지주들은 농사를 짓지 않으면서 땅값 오르기만 기다리는 사실상 투기꾼이었다.

부재지주들은 농촌에 살지도 않으면서 주소지를 위장전입하여 농지

취득자격을 획득하여 불법, 편법으로 농지를 소유해왔다. 부재지주들은 실제와 달리 8년간 직접 경작한 것처럼 꾸며서 농지를 매도할 때 발생하는 양도소득세도 탈세해왔다. 뿐만 아니라 편법으로 대리경작까지 시키고 있었다. 현행 헌법과 농지법은 소작제(小作制)를 금지하고 있음에도 미꾸라지처럼 빠져나가고 있었다. 실제로 농사를 짓지 않으면서 경작사실 확인서까지 거짓으로 받아 자기 명의로 농업경영체 등록을 하고 있다. 농사를 짓는 농민에게 지급되어야 할 각종 영농자재 보조금은 물론 논농사직불금과 친환경직불금, 경관작물직불금, 생물다양성직불금 등을 가로채고 있다. 농민들에게 돌아가야 할 국민세금이 이들의 부당수령으로 줄줄 새고 있다.

봉하마을은 물론 전국의 대도시, 특히 수도권 주변의 농지 중 90퍼센트 이상은 아마도 농사를 짓지 않은 도시인들이 투기목적으로 농지를 소유하고 있다고 추정된다. 대기업은 물론 중소기업들마저 은행에서 담보 대출을 받아 비업무용 토지를 과다보유하고 있다. 기업체 사장들과 전문직 종사자들은 물론 고위 공직자들 치고 사전에 개발정보를 입수하여 차명으로 부동산, 특히 농지투기를 하지 않는 자들이 얼마나 될까?

단지 도시민들만이 투기를 일삼는 것은 아니다. 봉하마을 농민들도 다르지 않았다. 누가 돈 안 되고, 미래가 없는 농사를 계속 지으려 하겠는가? 지금이라도 땅값을 더 쳐주겠다는 사람이 나서면 늦기 전에 팔아 넘겨야 하는 게 아닌지 저울질 하고 있다. 더 약삭빠른 일부 부농은 벌써 값 오른 농지를 팔고 '대토(代土)'라는 명분으로 또 다른 개발 예상지역에 투기목적으로 더 싼 논을 구입했다. 농사보다는 농지를 사고팔아 돈을 버는, 이미 투기꾼이 된 부농들이 적지 않다.

이들은 진작부터 농사는 뒷전이고 사들인 농지가 개발되기를 바라고 땅값이 뛰기만 기다리고 있다. 심지어 도시의 투기꾼, 기획부동산업자, 건설업체들과 합작해서 농업진흥지역을 해제하여 부동산을 개발할 수 있도록 해달라고 집단민원을 제기하고 있다. 탐욕스런 행태가 패악질의 수준을 넘어선 지 오래되었다. 여기에 공권력을 이용해 사익을 추구하던 '이명박근혜 정부'가 기름을 부었다. 정부가 앞장서서 농업진흥지역 해제와 땅값 상승이라는 먹잇감을 던져주고 이제 농민들에게 돈 안 되는 농사는 대충 포기하고 차라리 이참에 농지를 팔고 농촌을 떠나라고 부추기고 있다.

봉하들판에는 투기목적의 부재지주가 80퍼센트까지 늘어난 가운데 농지가 없는 소작농이 늘어나고 경작지 중에서 소작지가 60퍼센트를 넘고 있다. 지주와 소작인의 관계가 더욱 늘어나고 대농·부농과 영세 소농의 양극화, 빈부격차가 날이 갈수록 커지고 있다. 농사도 짓지 않는 부재지주들의 손아귀에 투기목적의 농지가 점점 집중되고 있다. 농민들은 농지를 잃고 농업에서 쫓겨나고 있다. 농촌현실은 다시금 경자유전(耕者有田), 용자유전(用者有田)의 원칙에 따라 정의구현 차원에서, 농지소유제도에 대한 개혁이 절실히 요구되고 있다.

최근 국회에서 진행되고 있는 헌법개정논의에서 경자유전(耕者有田) 조항을 삭제하자는 움직임이 있다. 부동산 개발을 위해 거추장스러운 토지 공개념(公槪念)과 농민이 농지를 갖고 농사를 짓게 하자는 시대정신을 포기하고 부재지주들의 투기이익을 보호하자는 주장이다. 이런 움직임은 명백한 시대착오이자 시대역행이다. 오히려 경자유전의 헌법정신을 살려서 농지법대로 엄정하게 집행을 하고 부재지주의 농지 투기를 막아야 한다. 농사짓는 농민들이 농지를 소유, 이용할 수 있도록 반드시 제도를 개선하고 투기를 근절하는 장치를 만들어야 한다.

우선 정부는 법대로 기업체의 비업무용 토지, 특히 농지에 대해서 재산세와 종합부동산보유세를 무겁게 부과하는 게 필요하다. 직접 농사를 짓지 않는 농지에 대해서도 현행 농지법에 따라 처분하도록 행정조치를 내려야 한다. 불법, 편법적으로 소유한 농지를 처분하지 않을 시에는 강제이행금을 부과하는 것은 당연한 법적 후속조치이다. 아울러 농지은행이 적극적으로 농지매입에 나서고 진짜로 농사를 짓겠다는 농민들에게 농지를 구입할 수 있는 농지구입자금도 장기 저리로 빌려주는 것도 필요한 대책이다. 부재지주들이 위탁한 농지는 농민들에게 낮은 임차료로 장기간 임차를 보장해주어야 한다.

농민들은 자기 땅이라야, 적어도 장기임차가 보장되어야 비로소 지력을 높이기 위해 투자도 하고 농사를 안정적으로 지을 수 있다. 사회정의 차원에서 농사짓는 농지가 더 이상 투기와 재산증식 수단으로 전락하지 않도록 토지공개념을 엄정하게 확립, 적용해야 한다. 적어도 절대농지만은 투기꾼들의 사냥감이 되지 않도록 정부가 나서서 농지와 농민들을 보호하는 것이 무엇보다 중요하다.

이제라도 농업과 농민을 살리기 위해서는 농사를 직접 짓지 않으면서 투기목적으로 불법, 편법으로 농지를 소유하고 높은 임대료는 물론 농민에게 주어지는 각종 지원마저 가로채고 있는 잘못된 현실을 더 이상 모른 척하거나 내버려두어서는 안 된다. 농업이 송두리째 무너져 내리고 있는 상황에서 부농과 영세소농의 양극화, 사회적 불평등이 더 심해지지 않도록 정부가 나서서 바로 잡아야 한다. 농민들이 농사지을 땅을 안정적으로 소유, 이용할 수 있도록 제2의 농지개혁이 꼭 필요하다.

봉하들판을 절대농지에서 해제시키겠다는 소식은 대통령 귀향 후 10여 년 동안 어렵게 가꾸어온 친환경 생태농업이 뿌리째 뽑혀나갈 거대한 쓰나미나 마찬가지였다. 지금까지 대통령의 뜻에 따라 친환경 생태농업을 우직하게 추진해왔다. 안전하고 품질 좋은 유기농 봉하쌀을 생산하고 가까스로 흙과 물을 살려 생태계를 복원시켰는데 하루아침에 물거품이 될 위기다.

만일 봉하들판이 농업진흥지역에서 해제되어 개발이 허용된다면 어떻게 될까? 머지않아 논은 매립되고 주택과 상가, 공장까지 들어서게 될 것이다. 논이 사라진 봉하들판에서 더 이상 황새 봉순이는 찾아오지 않을 것이다. 고추잠자리와 메뚜기도 날지 않고 제비도 자취를 감추게 될 것이다. 여름이면 찾아오는 수많은 백로와 왜가리는 물론 겨울철 월동하러 온 기러기와 청둥오리 떼는 또 어디서 먹이를 찾고 쉬어 갈 것인가? 친환경 벼농사가 중단되고 반딧불이가 사라진 봉하마을에는 우리 아이들의 해맑은 웃음소리도 같이 사라지고 말 것이다.

실패는 있어도 포기할 수는 없다. 대통령의 유업은 지켜내야 한다. 설령 대통령의 유업이 아니라도 지켜내야 한다. 몇몇 지주들의 투기적 탐욕 때문에 자연생태계가 무참히 파괴되도록 내버려두어서는 안 된다. 우리가 합심해서 기필코 막아내야 한다. 대통령의 소박한 꿈이었던 아이들의 친환경 농사 체험장이자 자연학습장인 봉하마을 논 습지와 화포천 생태하천을 살려내야 한다. 물은 봉하들판의 논에서 화포천과 낙동강을 거쳐 유유하게 남해바다로 흘러갈 것이다. 그 물길을 따라 물고기도 다시 논까지 거슬러 올라 알을 낳고 새끼를 키울 것이다. 화포천과 봉하들판의 논 습지는 황새 봉순이도 겨울철새들도 여전히 먹이터와 쉼터가 될 것이다. 봉하마을에는 젊은 사람도 돌아오고 아이들의 해맑은 웃음소리가 들려올 것이다. 그렇게 대통령의 꿈과 가치가 살아 숨 쉴 것이다. 국토가 살아 숨 쉴 것이다.

새로운 대통령이 노무현 대통령이 못다 이룬 꿈을 대신해서 강력하게 실행해주었으면 좋겠다. 봉하마을만이 아니다. 전국의 농촌과 산촌, 어촌이 아름답고 잘사는 곳으로, 떠날 수밖에 없었던 젊은 사람들이 돌아오는 곳으로 가꾸어졌으면 좋겠다. 퇴임 후에는 시골에 내려가 생태계를 살리고 친환경 농사를 짓는 그런 대통령이 또 나왔으면 좋겠다. 그런 지도자를 또 보고 싶다. 내 바람은 한낱 봄꿈일런가?

바보 농부의 봉하 10년

2017년 2월 25일. 대통령을 따라 왔다가 그대로 주저앉아 봉하에서 벼농사를 시작한 지 10년이 되는 날이다. 대통령처럼 봉하가 고향인 것도 아니고 처음부터 농사를 짓겠다고 찾아온 것도 아니었지만, 어느새 대통령의 밀짚모자와 장화는 내 것이 되었다. 대통령이 떠난 후 봉하 친환경 생태농업을 지켜내는 일은 오롯이 내 몫이 되었다. "농부가 어찌 도회지에서 출퇴근 한단 말이고? 여기서 살지 않을 사람은 다 그만두라" 하던 대통령의 말씀이 여전히 귓전을 때린다.

청와대에서 보낸 5년, 서울이야 언제든 떠날 각오였기에 하숙생 같은 삶이었다. 봉하에서 농부로 사는 동안, 대통령의 빈자리를 메우기에 급급해서 가족을 부르기는커녕 지척에 두고도 자주 가보지 못했다. 아이들은 나를 '가출한 아빠'라고 불렀고, 나는 정색을 하며 '출가한

사람이야'라고 되레 큰소리로 대꾸했다. 서로 뼈 있는 농담으로 원망과 미안함을 감추었다. 가족과 떨어져 지낸 기간이 길어지니 나를 '돌아온 싱글'로 짐작하는 사람마저 있었다. 그나마 명절이라도 챙기려고 집에 갈 때면 부산은 낯선 타향 같았고, 내 자신이 이방인처럼 느껴졌다. 잠시라도 마을을 비우게 되면 마음이 불안했다. 봉하를 지키는 낯익은 얼굴이 하나라도 있어야 한다고 곧장 돌아왔다. 이제 봉하마을은 대통령의 고향만이 아니라 나에게도 편안한 고향이 되었다. 굽은 소나무가 선산을 지킨다더니 내가 그렇게 되었다.

지난해 말부터 박근혜·최순실의 국정농단을 규탄하는 촛불시위가 들불처럼 번졌다. 선출되지 않은 비선실세가 대통령을 꼭두각시처럼 조종하고, 공권력을 이용해 사익을 챙기며 국정을 떡 주무르듯 좌지우

지했다. 비밀이 하나씩 드러날 때마다 국민들은 분노를 넘어 심리적 공황상태에 빠졌다. "이게 나라냐?"며 그 책임을 추궁하고 대통령의 파면을 요구했다. 그런데 세월호 참사 때도 그랬고, 이번에 박근혜·최순실 국정농단 사태와 같이 나라에 어처구니없는 일들이 발생할 때마다 봉하를 찾는 방문객은 더 늘어났다. 권력기관을 국민에게 돌려주고, 낮은 자세로 국민을 섬겼던 대통령. 퇴임 후 고향에 내려와 몸소 친환경 농사를 짓고, 자연생태계를 되살리고자 청소부와 파수꾼을 자처했던 대통령. 화포천과 봉하들판을 아이들에게 생태학습의 산 교육장으로 물려주려 했던 그 순정을 마침내 국민들이 깨닫게 된 것일까? 끝내는 민주주의와 진보의 가치를 지키기 위해 자신의 목숨까지 버렸던 대통령. 마지막 순간까지 혼자였던 그를 지켜주지 못했던 미안함이 더욱 절실해서일까?

책을 써야겠다고 작정한 것은 그리 오래되지는 않았다. 대통령이 귀향하신 지 10년이 되면 대통령께서 염원했던 친환경 생태농업의 경과를 보고드리고 싶었다. 봉하를 함께 지켜왔던 김경수 의원의 권유도 있었다. 그동안 도와주신 분들께 답례를 위해서도 한번은 정리를 해야겠다고 마음에 담아두고 있었다. 나의 농촌마을 가꾸기 경험과 주경야독으로 깨우친 생태농업의 이치와 방법들이 귀농과 귀촌을 꿈꾸는 사람들에게 참고가 되었으면 좋겠다는 바람도 생겼다.

이 책을 농사의 'ㄴ' 자도 모르던 나에게 당신의 가치와 영혼을 불어넣어주었던 바보 농부, 노무현 대통령과 그의 조건 없는 후원자이자 진정한 동반자였던 강금원 회장의 영전에 먼저 바친다. 아울러 대통령과 함께 화포천 청소하기, 봉화산 숲 가꾸기에 참여하고 생태연못 가꾸기, 친환경 벼농사에도 기꺼이 몸과 마음을 내주신 자원봉사자들에게 바친다. 귀향 후 대통령의 모든 봉하 이야기에는 그들의 수고로운 땀과 눈물이 수만 개의 무늬로 아로새겨져 있다. 뿐만 아니라 대통령의 유업인 생태농업의 수호천사로서, 변함없이 봉하쌀을 애용해준 봉하장터 고객들에게 드리는 헌사(獻詞)이기도 하다.

내 자신에게 늘 묻곤 한다. 나는 과연 '봉하쌀'을 지켜준 그들의 깊은 사랑에 제대로 부응하고 있는가? 말로 다 표현 못할 감사한 마음을 이제라도 꼭 전해드리고 싶다. 한결같은 믿음으로 동행해주신 영농법인의 일곱 분의 이사님, 김주성 감사님, 48명 주주들의 희생적인 애정과 지도에 감사드린다. 정직한 땀을 기꺼이 흘려준 160여 명의 작목반 회원 여러분께도 머리 숙인다. 이 분들이 나의 손을 잡아주지 않았더라면 지금까지 오기 어려웠을 것이다. 격무와 박봉에도 나의 까칠한 성격까지 묵묵히 감당해준 영농법인 직원들도 나의 버팀목이었다. 고맙다. 15년간 가장의 자리를 비운 나에게 여전히 신뢰와 사랑을 저버리지 않는 하늬와 한별, 기영 씨에게 누구보다 미안하고 고맙다.

눈을 감고 대통령과 함께했던 날들을 다시 떠올려본다. 지난 10년이 어제 일처럼 생생하다. 많은 분들이 봉하마을을 지키고 대통령님 유업인 친환경 농사를 계속 해주어서 고생한다고, 고맙다고 한다. 오랫동안 나를 봐왔던 사람들은 지금까지 인생과 역사라는 무대에서 내가 맡은 여러 배역 중에 농부가 가장 잘 어울린다고 한다. 칭찬이자 격려인 이 말에 나는 늘 부끄럽다. 내 마음은 헛헛하기만 하다. 대통령의 삶과 죽음이 내 삶에 공존하는 봉하에서의 10년. 대통령만 믿고 깨지며 깨쳐왔던 귀농 10년. 솔직히 몸도 마음도 많이 지쳤다. 농부 대통령의 빈자리를 어떻게든 메워보려 했지만 역부족을 절감했다. 스스로 맡았으니 힘껏 감당하고 있지만 대통령께 누가 되지는 않았는지 걱정이었다.

모두 대통령의 뜻이었다. 우리 아이들에게 깨끗하고 아름다운 자연생태계를 물려주기 위해서였다. 돌아가고 싶은 농촌으로 살려내기 위해서였다. 손주들이 봉하를 찾아오는 날이면 대통령도 여느 시골 할아버지와 다르지 않았다. 자전거 뒷자리에 어린 손녀를 태우고 들판으로 나들이하던 모습은 그 자체로 아름다운 자연풍경이었다. 국민들 마음속에 그립고 그리운 대통령 할아버지가 되었다. 김해시가 대통령이 자전거 타고 다니시던 들판 길에 황토포장을 하여 '자전거 산책로'를 만들었다. 대통령이 그랬던 것처럼, 이제는 아이를 캐리어에 태운 젊은 엄마아빠들이 봉하의 아름다운 풍경을 만들어가고 있다. 그 모습을 볼 때면 나는 자전거 행렬 어디쯤에서 대통령이 손을 흔들며 지나가는 착각에 빠지곤 한다.

2016년 6월, 봉하들판이 뜻밖에 농업진흥지역 해제대상이 되었다. 그동안 어렵게 가꾸어온 친환경 생태농업이 무너져 내릴 수 있는 위기였다. 일부 마을지주와 투기꾼들은 논두렁에 제초제를 치고 친환경

인증을 취소시키고 심지어 친환경 농사를 하면 농민들로부터 경작권을 빼앗았다. 이제는 개발을 기정사실로 만들기 위해 굴착기와 덤프 트럭을 동원해 봉하들판을 무참히 망가뜨리고 있다. 10년간의 공든 탑이 무너지고 물거품이 되는 것은 시간문제다. 그러나 대통령의 꿈과 희망을 지켜내기 위한 싸움에서 우리는 포기하거나 결코 굴복할수 없다.

박근혜 대통령을 탄핵하는 헌법재판소의 결정에 따라 조기대선이 현실로 다가왔다. 그동안 봉하마을, 농촌현장에서 부닥쳤던 잘못된 농업정책과 제도, 관행을 더 이상은 두고 볼 수만은 없었다. 봉하마을만의 문제가 아니었다. 전국의 모든 농촌이, 농업이, 농민이 다 위기였다. '세월호 7시간'처럼 무능한 컨트롤타워 때문에 봉하를 비롯해서 전국의 농촌과 농업을 살릴 수 있는 골든타임을 놓치지 않았으면 좋겠다. 250만 농민들에게 스스로 포기하지 말자고, 희망의 줄을 놓지 말자고 호소드린다. 5천만 국민에게도 농업에 관심과 애정을 가져주기를 바란다. 밥이 곧 하늘이며 생태농업이야말로 대지(大地)이다. 위기상황에서 절박한 심정으로 책을 서둘렀다.

이 책을 내기까지 여러 분들의 도움을 받았다. 방향과 내용에 대해 많은 조언을 주신 존경하는 이상석 선생님, 이호철 선배님께 감사드린다. 바쁜 와중에도 꼼꼼하게 읽고 조언과 교정까지 봐준 주영훈 본부장님, 친구 정재성 변호사, 노건호 씨, 김몽필, 박근태 선배, 김준권 판화가도 고맙다. 출판사 '생각의길' 서인찬 주간과 노무현재단 조진광

팀장의 예리한 조언과 치밀한 교정도 큰 도움이 되었다. 봉하사진을 흔쾌히 내준 노무현재단과 '문고리' 김영호 사진작가에게도 고맙다. 한 분 한 분 열거는 안했지만 그 외에도 많은 분들이 이 책을 내는 데 도움을 주었다. 신세를 졌다.

그동안 아프다, 바쁘다는 핑계로 대통령의 봉화산 숲길과 화포천 습지길을 호젓하게 걸어보지 못했다. 다리가 조금 괜찮아지면 볕 좋은 봄날, 산자고를 보러 혼자라도 걸어보아야겠다.

2017년,

새봄을 기다리며 봉하마을에서

김정호

노무현 대통령 귀향 및
봉하마을 친환경 생태농업 일지

02.25.	노무현 대통령 퇴임, 봉하마을에 귀향하다.
03.06.	김해시장, 지역주민들과 화포천, 봉하마을 청소하다.
03.08.	부산 민주공원을 참배하고, 방명록에 "돌아왔습니다. 계속 하겠습니다. 거듭 감사드립니다"라고 남기다.
03.12.	봉하마을 복지관 개관식에 참석하고, 마을 주민들과 함께 뒷산 청소하다.
03.14.	정상문 총무비서관, 이명박 청와대 총무비서관 만나서 기록물 사본 경위 설명하다.
03.18.	산 가꾸기 모범 사례를 찾아 진주 대흥농장 방문하다.
03.19.	마을 쓰레기 청소에 나서다.
03.20.	낙동강 수질개선을 위한 지역 환경 단체 '맑은물 사랑 사람들' 회원과 오찬 및 단체 고문 수락하다.
03.23.	노사모 회원들과 봉화산에 오르다.
	김해 문화의 전당에서 BBC 필하모닉 오케스트라 공연 관람하다.
03.24.	김해시 생림면에 있는 장군차밭 돌아보다.
03.25.	마을 뒷산에 장군차를 심은 뒤 마을 청소하다.
03.27.	마을 뒷산에 장군차 심다. 이후 5월 말까지 주말이면 자원봉사자들과 함께 마을 뒷산에 장군차 심다.
04.05.~06.	식목일을 맞아 자원봉사자들과 함께 마을 뒷산에 장군차나무 심다.
04.13.	자원봉사자들과 화포천 청소를 하고 억새 태우다.
04.14.~18.	휴가를 떠나다. 가는 길에 우포늪 방문하다.
04.19.	화포천 청소하는 자원봉사자를 격려하다.
04.20.	광주 5·18 묘역에 참배하고 방명록에 "강물처럼"이라고 남기다.
04.21.	전남 함평을 방문해 '세계 나비·곤충 엑스포' 관람하다.
04.24.	마을 회관에서 열린 '친환경 농사를 위한 봉하마을 워크숍'에 참석해 오리 농법에 대한 강의 듣다.
	인근 한림초등학교 학생들이 화포천 지킴이 활동을 하고 있는 현장 방문해 격

려하다.

04.25.	봉하마을 입구 노란 건물에서 열린 '노사모 자원봉사 지원 센터' 개소식에 참석하다. 방명록에 "강물은 바다를 포기하지 않습니다. 강물처럼"이라고 남기다.
04.26.	화포천 환경지킴이 봉하마을 감시단 발대식에 참석하다.
05.02.	모교인 진영 대창초등학교 운동회에 참석해 축사하다.
05.03.~04.	자원봉사자들과 함께 마을 뒷산에 장군차나무 심다.
05.06.	김해시 일반 시민들로 구성된 '가야 팝 오케스트라' 공연 관람하다.
05.08.	어버이날을 맞아 마을회관에서 열린 경로잔치에 참석하다.
05.09.	사저에서 〈민주주의 2.0〉 사이트 개발을 위한 첫 화상 회의 열다.
05.10.~12.	자원봉사자들과 함께 마을 뒷산에 장군차나무 심다.
05.14.	진영 읍내에 있는 김해시 청소년 수련원을 방문, 방과 후 학교에 참석하고 있는 저소득층 학생들 격려하고 구내식당에서 함께 식사하다.
05.15.	김해시 생림면에 있는 장군차 제다시설을 방문해 직접 제다(製茶) 체험하다.
05.22.	김해 클레이아크 미술관을 관람한 뒤 도자기를 직접 만드는 운당도요와 정호요 방문하다.
05.24.	자원봉사자들과 함께 화포천에 참게 치어 방류하다.
05.29.	진주에 있는 경남수목원 방문하다.
06.02.	김해 문화의 전당에서 첼리스트 장영주 공연 관람하다.
06.05.	하동을 방문해 녹차 체험장을 돌아본 뒤, 광양의 청매실 농원을 방문하다. 매실 따기와 매실장아찌 만들기 체험하다.
06.06.	봉하들판에서 열린 모내기 체험 행사에 참석하다.
06.07.	양산에서 열린 노사모 총회에 참석해 축사하다.
06.12.	이명박 청와대, 노 대통령에게 '대통령기록물' 반환하라고 요구하다.
06.14.	봉하들판 논에 처음으로 오리를 풀어 넣는 '오리 입식 행사'에 참석하다. 노 대통령, 이명박 대통령에게 전화하여 기록물 문제에 대해 설명하다.
06.15.	비서진, 경호관들과 함께 마을 논둑에 무성하게 자란 풀 베다.
07.03.	전남 함평에 두 번째 방문, 봉하마을과 자매 결연식을 하고 엑스포 공원과 마을 가꾸기 모범 사례 지역 찾아가다.

07.10.	양산 통도사와 서운암 방문하고 생태연못 둘러보다.
07.12.	자원봉사자들과 함께 화포천에 메기 치어 방류하다.
07.13.	경남 스킨스쿠버 동호회 회원들과 함께 직접 배를 타고 화포천 청소하다.
	국가기록원에서 사저 방문하다.
07.14.	김해시장과 함께 화포천 일대를 돌아보며 화포천 살리기에 대한 의견을 나누다.
07.16.	대통령, '이명박 대통령에게 드리는 편지' 보내다.
07.18.	이지원(e智院)시스템과 대통령기록물 일체를 대통령 기록관에 반환하다.
07.21.~26.	여름휴가 가다. 강원도 방문해 '바람마을 의야지'에서 풀 썰매 직접 타 보고 마을 가꾸기가 잘 되어 있는 지역 차례로 방문하다.
07.24.	뉴라이트전국연합과 국가기록원이 노 대통령과 참모진을 '대통령기록물 관리법' 위반 혐의로 검찰에 고발하다.
07.28.	검찰, 기록물 유출사건에 대한 본격적인 수사에 들어가다.
07.30.	밀양에서 열린 여름 연극축제에 참석해 연극 〈팽〉 관람하다.
07.31.	국세청, 박연차 회장의 태광실업 세무조사 시작하다.
08.07.	마을 뒷산에 심은 장군차밭에서 풀 베다.
08.24.	본산리청년연합회 가족체육대회에 참석해 축사하다.
08.25.	충북 영동에 있는 포도 농장 방문해 포도 따기 체험하고, 국산 와인 제조 회사인 와인코리아 돌아보다.
08.27.	봉화산 숲 가꾸기 체험 행사에 참석하다.
08.31.	봉하마을 주민들을 사저로 초청해 '집들이' 하고 함께 저녁 식사하다.
09.02.	진영 공설운동장에서 열린 경남여성농업인대회에 참석해 축사하다.
09.04.	비서진들과 함께 마을 청소하다.
09.18.	노 대통령, 인터넷 토론 싸이트인 '민주주의 2.0' 오픈하다.
10.02.	서울에서 열린 '10·4 남북정상선언 1주년 기념 학술대회'에서 강연하다.
10.09.	봉하오리쌀 포장 디자인 심사하는 회의 직접 주관하다.
10.10.	농업회사법인(주)봉하마을 창립하다.
10.12.	진영 공설운동장에서 열린 노사모 운동회에 참석해 축사하다.
10.20.	봉하들판에서 열린 가을걷이 행사에 참석해 직접 콤바인 운전하다.

10.25.	봉하오리쌀 판매 현장에 나와 격려하고 도리깨 비롯한 옛날 농기구 직접 사용 해보다.
	자원봉사자들이 직접 만든 '사람사는세상' 정자 준공식에 참석하다.
10.29.	김해 진례면에서 열린 도자기 축제 관람하다.
	마을 주민들의 하천 살리기 운동으로 1급수가 된 대포천(김해 상동면) 돌아보고, 인근에 있는 산딸기 와인 제조공장 방문하다.
10.31.	진주에 있는 신지식 생명순환농법 전시장 방문하고, 그 농법으로 농사짓고 있 는 단감 농장 방문하다.
11.01.	진영 단감 축제에 참석해 축사하다.
11.10.	마을 회관에서 열린 숲 가꾸기 교육에 참석한 뒤 봉화산에서 가진 숲 가꾸기 체험 행사에 참석하다.
11.13.	경남 함양에 있는 노 씨 집성촌 방문한 뒤 '상림숲'과 생태연못 돌아보다.
11.14.	모교인 진영중학교 학생들의 축제 개막식에 참석해 축사하다.
	김해시에서 열린 한국유기농업인대회 전시관 방문하다.
11.25.~26.	충청남도 강경 젓갈 상가와 논산 딸기 농장, 금산 인삼종합전시관과 인삼 가공 업체, 서천 어메니티 복지마을, 전원마을인 등고리마을 방문하다.
11.25.	국세청이 태광실업 박연차 회장을 탈세혐의로 검찰에 고발하자 대검 중수부 가 수사에 본격 착수하다.
11.30.	봉하마을을 찾아온 경남지역 외국인 노동자 대표들과 환담하다.
12.04.	노건평 씨, 농협의 세종증권 인수 로비 관련 알선수재 혐의로 구속되다.
12.05.	마지막 방문객 인사하다.
12.12.	박연차 회장, 조세포탈 및 뇌물공여 혐의로 구속되다.
12.22.	대검 중수부, 세종증권 비리의혹 수사결과 발표하다.

• 2008년 친환경 오리농법, 면적 24,600평, 13농가 참여하다.

2009년

01.13.	이인규 대검 중앙수사부장 임명되다.

01.22.	대검 홍만표 수사기획관, 우병우 중앙수사1과장 임명되다.
02.13.	강금원 회장, 정치자금법 위반혐의 수사가 시작되다.
02.15.	영농법인(2명), 자연농업연구원 연수가다.
03.03.	생태연못과 웅덩이 조성하다.(800평 → 2,000평)
03.04.	대통령, '정치하지 마라' 글 올리다.
03.05.	조한규 원장, 자연농업 특강하다.
	대통령, '연속극 끝났는데…' 글 올리다.
03.10.	대통령, 생태연못 야간산책하다.
03.14.	검찰, 박연차 회장의 정·관계 로비의혹에 대한 본격 수사 돌입하다.
03.15.	작목반 회원(12명), 자연농업연구원에 연수하다.
03.16.	이광재 의원, 뇌물수수 혐의로 체포되다.
03.23.	박정규 전 청와대 민정수석 체포, 추부길 전 청와대 홍보기획비서관 구속되다.
03.25.	후루노 다까오, 오리농법 특강하다.
	박정규 전 청와대 민정수석 구속되다.
03.26.	이광재 의원 구속되다.
03.28.	서갑원 의원 소환되다.
04.03.	대통령, '사과 드립니다' 글 올리다.
04.04.	대통령, '부탁 드립니다' 글 올리다.
04.05.	고성군 이규준 연구사, 생명환경농법 특강하다.
04.07.	검찰, 박연차 회장으로부터 수억 원 수수한 혐의로 정상문 전 총무비서관 체포하다.
	대통령, '사과문' 글 올리다.
04.09.	김원기 전 국회의장 소환조사하다. 정상문 전 총무비서관 구속영장이 기각되다.
04.10.	강금원 회장, 횡령 및 조세포탈 혐의로 구속되다.
04.11.	권양숙 여사, 부산지검에 출석하여 비공개 조사받다.
04.12.	노건호 씨, 검찰 소환 참고인 조사받다.
	이후 다섯 차례 추가 조사받다.
04.15.	미생물센터 개장, 자연농업 강의 및 생물액비 제조실습하다.

04.17.	대통령, '강금원이라는 사람' 글 올리다.
04.19.	대통령, '이명박 대통령께 청원 드립니다' 작성.
	정상문 전 총무비서관, 다시 검찰에 긴급 체포되다.
04.20.	노건호 씨, 여섯 번째 소환조사 받다.
04.21.	정상문 전 총무비서관, 구속되다.
	대통령, '저희 집 안뜰을 돌려주세요' 글 올리다.
04.22.	대통령, '여러분은 저를 버리셔야 합니다' 마지막 글 올리다.
	대검 중수부, 노 대통령에게 '서면질의서' 발송하다.
04.23.	종자소독 시작하다.
04.25.	검찰에 '답변서' 제출하다.
04.26.	검찰, 노 대통령에게 4월 30일 소환조사 통보하다.
04.30.	대통령, 대검 중수부에 출석하다.
	봉하마을 파종하기 시작하다.
05.01.	대통령, 검찰조사 후 새벽에 귀가하다.
05.05.	광역방제기, 시연회하다.
05.08.	보온못자리 설치하다.
05.11.	노정연 씨 부부, 검찰 소환 조사받다.
05.19.	본답준비, 논 갈고 써레질하다.
05.20.	대통령, '성공과 좌절' 마지막 글 쓰다.
05.23.	서거하다.
	대통령, 마지막으로 '운명이다' 글 남기다.
05.24.	대검 중수부, '공소권 없음' 기소중지 결정하다.
05.29.	장례식 하다.
	(봉하마을 발인식-경복궁 앞 영결식-시청광장 노제-수원 연화장 화장-정토원에 봉안)
05.31.	자연농업연구원 조한규 원장, 현장 점검하다.
06.01.	모심기 시작하다.
06.03.	포트이앙기 도입하다.
06.04.	49재, 첫 재 올리다.

06.12.	대검 중수부 수사결과 발표, 박연차 태광실업 회장 뇌물공여는 인정되나 '내사 종결' 결정하다.
06.10.	농군오리 입식하다.
06.26.	49재, 마지막 재 올리다.
07.10.	안장식 하다.
09.02.	(재)아름다운 봉하마을 창립하다.
09.23.	봉하마을 친환경쌀 방앗간 착공하다.
	사람사는세상 노무현재단 창립하다.
09.24.	생가복원식 하다.
10.31.	봉하마을 친환경쌀 방앗간 준공, 가동하다.
	봉하쌀 헌정식 하다.

• 2009년 친환 경인증(무농약) 봉하마을, 면적 24만 평, 50농가 참여하다.

2010년

02.28.	정월대보름 달집태우기 행사하다.
05.01.	장군차 헌다의례 올리다.
05.19.	임시 추모의 집 개장하다.
05.23.	1주기 추도식, 묘역 완공하다.
06.10.	오리 입식행사 하다.
08.28.	제1회 봉하마을 작은 음악회 열다.
10.19.	봉하마을 친환경쌀 방앗간, 생산이력추적제 실시하다.
10.26.	봉하마을 친환경쌀 방앗간, GAP인증 획득하다.
11.31.	가을걷이 한마당 행사하다.

• 2010년 친환 경인증(무농약) 봉하, 시례, 장평, 진영 등 4개 마을 면적 32만 평, 94농가 참여.

2011년

01.01.　　　신년참배하다.

05.01.　　　장군차 헌다의례 올리다.

05.14.　　　대통령의 길, 화포천길 개장식하다.

05.16.　　　추도 시화전(부산문인협회) 열다.

05.21.　　　김제동 토크콘서트하다.

05.23.　　　2주기 추도식 올리다.

06.12.　　　풍년기원제 및 오리입식 행사하다.

08.27.　　　제2회 봉하음악회(작은 음악회) 열다.

10.29.　　　가을걷이 한마당 행사하다.

11.07.~15.　제1회 국화분재 전시회 열다.

11.27.　　　나눔밥상 행사하다.

　　　　　　• 2011년 친환경인증(유기전환기) 봉하 11만 평, 28농가/(무농약) 봉하, 퇴래,
　　　　　　장방, 신전 등 4개 마을 면적 24만 평, 66농가 참여하다.

2012년

01.01.　　　신년참배하다.

02.06.　　　정월대보름 달집 태우기 행사하다.

05.01.　　　장군차 헌다의례 올리다.

05.05.　　　어린이날 행사하다.

05.20.　　　토크콘서트 하다.

05.23.　　　3주기 추도식 올리다.

06.10.　　　풍년기원제 및 오리입식 행사하다.

09.01.　　　제3회 봉하음악회 열다.

　　　　　　친환경 농산물 판매장 봉하장터 개장하다.

11.03.~11.　제2회 국화분재 전시회 열다.

| 11.10. | 가을걷이 한마당 행사하다. |
| 12.09. | 나눔밥상 행사하다. |

• 2012년 친환경인증 48만 평, 191농가(유기화학기 : 봉하 11만 평, 28농가/무농약 :
봉하, 퇴래, 장발, 신전, 가술 등 5개 마을 37만 평, 163농가) 참여하다.

2013년

01.01.	신년참배하다.
02.24.	정월대보름 달집 태우기 행사하다.
05.05.	어린이날 행사하다.
05.17.	야생화 전시회 열다.
05.19.	장군차 헌다의례 올리다.
05.23.	4주기 추도식 올리다.
06.08.	친환경농산물복합가공센터 준공하다.
	농기계창고 및 친환경바이오센터 준공하다.
	풍년기원제 및 오리입식 행사하다.
08.31.	제4회 봉하음악회 열다.
11.02.~10.	제3회 국화분재 전시회 열다.
11.20.	생태문화공원 착공하다.
12.08.	나눔밥상 행사하다.

• 2013년 친환경인증 45만 평, 181농가(유기화학기 : 봉하 11만 평, 28농가/무농약 :
봉하, 퇴래, 장발, 신전, 가술 등 5개 마을 34만 평, 153농가) 참여하다.

2014년

01.01.	신년참배하다.
02.14.	정월대보름 달집 태우기 행사하다.
05.01.	추모전시회(세월호 참사로 5월 행사 취소) 열다.

05.23.   5주기 추도식 올리다.

06.08.   캐릭터논 손모심기 및 오리입식 행사하다.

08.30.   제5회 봉하음악회 열다.

11.01.~16.   제4회 국화분재 전시회 열다.

12.07.   나눔밥상 행사하다.

• 2014년 친환경인증 38만 평, 191농가(유기농 : 봉하 7만 평, 23농가/유기전환기 :
봉하 5만 평, 15농가/무농약 : 봉하, 퇴래, 장밭, 신전, 가동 등 5개 마을 26만 평,121농가) 참여
하다.

2015년

01.01.   신년참배하다.

05.01.   특별전시(친필로 만나는 노무현) 열다.

05.05.   어린이날 행사하다.

05.10.   장군차 헌다의례 올리다.

05.23.   6주기 추도식 올리다.

경남지역 친환경 로컬푸드 직매장, '봉하장날' 확대 개장하다.

06.14.   캐릭터논 손모심기 및 오리입식 행사하다.

08.29.   제6회 봉하음악회 열다.

09.20.   생태문화공원 준공하다.

11.07.~22.   제5회 국화분재 전시회 열다.

12.06.   나눔밥상 행사하다.

• 2015년 친환경인증 32만 평, 151농가(유기농 : 봉하 7만 평, 20농가/유기전환기 : 봉하
3만 평, 9농가/무농약 : 봉하, 퇴래, 장밭, 신전, 가동 등 5개 마을 22만 평, 122농가) 참여하다.

2016년

05.01.   특별전시 및 매주 '대통령의 집' 특별개방 행사하다.

05.05.   어린이날 행사하다.

05.10.   장군차 헌다의례 올리다.

05.23.   7주기 추도식 올리다.

06.12.   캐릭터논 손모심기 및 오리입식 행사하다.

06.30.   봉하들판 농업진흥지역 해제대상 포함, 이의신청하다.

08.27.   제7회 봉하음악회 열다.

09.30.   친환경 인증 취소신청(유기농 등 10여만 평)하다.

11.05.~20. 제6회 국화분재 전시회 열다.

12.11.   나눔밥상 행사하다.

> • 2016년 친환경인증 24만 7천 평, 134농가(유기농 : 봉하 6천 평, 6농가/유기전환기 :
> 봉하, 퇴래, 장방, 신천 5만 7천 평, 36농가/무농약 : 봉하, 퇴래, 장방, 신천, 가동 등 5개 마을 18만
> 평, 92농가) 참여하다.

노무현을 진정 사랑한 사람, 김정호!

— 이상석, 〈글과그림〉 동인

김정호는 1979년 부산대학교 경제학과에 입학, 1996년에야 졸업한다. 16년 만에 졸업? 이 사실만으로도 그의 순탄치 않은 대학생활을 짐작한다. 79년에서 96년이라…. 현대사의 굵직한 일들을 모두 학생 신분으로 겪었구나. 79년 부마항쟁, 80년 광주항쟁, 84년 호헌조치, 87년 유월항쟁, 89년 전교조 결성…. 이런 와중에 학생운동의 주역으로 살았으니 그 인생 알 만하다. 1984년 11월 13일 집시법 위반, 방화죄, 주거침입 같은 잡범 수준의 죄명을 쓰고 감옥에 간다.

"아니, 내가 당당히 수입개방을 강요하는 미국에 항의하는 뜻으로 미국은행(Bank of America)에 침입했고, 예속된 집권당이었던 민정당의 처사를 규탄한다 선언하고 이를 징치하기 위해서 당사에 침입, 방화를 시도했지. 그러면 호철이 형처럼 국보법 위반 같은 크고 깔끔한 죄목을 붙여줘야 할 것 아냐. 폭력, 방화, 주거 침입… 이건 뭐 잡범 수준이라."

"저 놈의 집구석, 내가 고마 화악 불을 싸질러버리고 말지. 내 그냥 두나봐라! 이러구 성냥이나 그어댔으니 잡범이지 뭐."

87년 3월 1일 감옥에서 풀려난 뒤로 부민협 조직교육부장, 〈민주부산〉 선전국장 같은 일을 한다. 부산 민주화 운동의 한복판이다. 자연스레 송기인 신부님, 노무현 국회의원, 문재인 변호사, 이호철 선배와 연을 맺는다. 이런 인연과 삶이 오늘날 그가 사는 삶의 거름이 된 것이 당연한 일.

김정호. 그는 제주도, 그중에서도 추자도에서 태어났단다. 그러고는 줄곧 부산에서 살았다. 평생 논바닥에 들어서본 일이 없었다. 그런 그가 봉하에 눌러앉아 농사꾼이 되었다. 이것은 오로지 노 대통령을 사모하는 마음 하나로 이호철과 함께 순장조가 되겠다고 다짐한 때문이며, 농사꾼 노무현이 못다 이룬 꿈을 이루는 데 제 인생을 바치겠다는 의지요 신념 때문이다. 한 사람을 사랑하는 일이 이렇게 깊고 절실한데 어찌 아니 아름답겠는가.

그는 여태껏 글을 거의 안 쓰고 살았다. 그런 그가 이 책을 썼다. 원고지 1300매. 그간 판 자체를 두어 번 엎은 듯하고, 버리고 자르고 고친 것까지 합치면 1만 매는 족히 쓰지 않았을까. 나는 김정호를 통해서

'글쓰기는 스스로 책을 한 권 내어보는 것'이라 생각하고, 달려들어 글을 쓰기 시작하면 다 되게 돼 있다는 것을 볼 수 있었다. 물론 그만한 이야깃거리와 부지런함을 갖추어야지.

대통령의 임기가 끝나던 날,

봉하로 가는 대통령 전용 KTX 열차를 놓치지 않으려고 부리나케 서울역으로 향했다. 나는 집이 부산이라 대통령과 같은 열차에 올랐다. 실은 집보다는 퇴임하는 대통령의 주변이 쓸쓸하지 않을까 노파심에 봉하행(行) 열차에 동승한 것이다.

대통령 귀향 후 봉하마을에서 내 역할이 당장은 없었다. 그냥 부산 집으로 가도 그만이었다. 딱히 붙잡는 사람도 없었다. 그러나 나는 봉하에 남기로 했다. 며칠간 허드렛일이라도 거들며 대통령 곁에서 힘이 되고 싶었다. 그렇게 내 인생 3막 1장의 봉하생활이 시작되었다.

그리고 10년이 지났다. 어느 날 그가 찾아와 말했다.

"형아, 내같이 글 한 번도 안 써본 놈도 글 써서 책을 낼 수 있을까? 나 봉하에서 대통령 님 여의고 지낸 세월이 십 년인데 그동안 할 말 너무 많았어."

평소에는 나에게 높임말을 쓰는데 이렇게 반말을 쓴다는 건 이 말이 아주 진지하거나 중요한 말이기 때문이라는 걸 나는 안다. 기뻐서 박수를 쳤다.

"그래 써라 써. 하고 싶은 말, 그냥 맘 편케 말하듯이 마구 뱉어버려. 우선 뱉어놓고 고치든지 말든지 빼든지 더하든지 그건 나중 일. 마구 써."

정호는 정말 열심히 썼다. 원고가 대강 마무리 되어갈 때쯤에는 하루가 멀다 하고 원고 고침판이 날아왔다. 조진광을 비롯한 몇몇 후배들이 글을 봐주고 있는 모양인데 누구 한사람이 '여기를 고쳐라' 하면 지체 없이 고치고 빼고 보태서 다시 만든 원고뭉치를 날것으로 던지는 것이었다. 나는 정호의 이런 글쓰기 태도를 보며 그가 참으로 마음이 열린 사람이라는 것을 알았다. 스스로 글을 잘 못 쓰는 사람이라 생각하고 남의 말에 귀 기울이는 태도는 삶에서도 그대로 드러난다. 그리고 한번 시작한 일은 끝을 보고 마는 태도까지. 이런 힘이 이루어 놓은 결실 하나, 《바보 농부 바보 노무현》! 김정호, 그의 뚝심 알아줄 만하다.

스칸디나비아라든가 뭐라구 하는 고장에서는 아름다운 석양 대통령이라고 하는 직업을 가진 아저씨가 꽃리본 단 딸아이의 손 이끌고 백화점 거리 칫솔 사러 나오신다더.

휴가여행 떠나는 국무총리 서웅이 삼등대합실 매표구 앞을 머야빌 흠쓰며 줄지어 서 있을 때 그긴 본 서웅역장 기쁘시겠소라는 인사 한마디 남길 뿐 평화스러이 자기 사무실 문 열고 들어가더란다.

하늘로 가는 길가엔 황토빛 노을 물든 석양 대통령이라고 하는 직
함을 가진 신사가 자전거 꽁무니에 막걸리병을 싣고 삼십 리 시골
길 시인의 집을 놀러 가더란다.

– 신동엽 시 〈산문시1〉에서 뽑음

대통령이 딸아이 손을 이끌고 백화점에 칫솔 사러 나오고, 만난 사람
들 조금 놀라며,

"아이구 오늘도 나오셨네요."
"예, 이 녀석이 칫솔을 변기에 떨어뜨렸지 뭡니까."

우리한테도 이런 대통령 있다! 있었다!
아! 그러나 간악한 아귀들에 꺼들려 짓꺼들려 무서운 바위벼랑에서
떨어지고 말았구나.
그 강건하던 우리 대통령 며칠 전만 해도 귀여워 자지러질 손녀 자전
거 뒷자리에 태우고 들판을 달렸다. 올해부터 우리 마을 들녘엔 농약
안 치고 농사짓게 되었지. 초봄의 아침바람이 이마를 간질이는데 꾹
다문 입술에 웃음 머금고 생태농업 세상을 꿈꾸었다.

내가 이 책의 원고를 받고 맨 먼저 펼쳐본 데는 '3부 순명'이다. 말은
안 했지만 늘 대통령을 죽음으로 몰아간 앞뒤 사정들이 도대체 어떠
했는지 궁금했기 때문이다. 결론부터 말하면 대통령을 벼랑으로 몰고
간 것은 자기 뒤를 이어 대통령이 된 이명박의 질투와 두려움이었고,

벼랑에서 민 것은 자기 자신의 성격이었다. 대통령은 스스로 비겁해지는 일을 참아내지 못했다. 그래서 늘 안 될 줄 아는 선거에서도 의연히 제 몫을 다 하고 산화해버렸다. '백척간두진일보(百尺竿頭進一步)'의 전형이다. 백 척이나 되는 까마득한 절벽(장대끝)에 섰을 때 발을 앞으로 내디딜 것인가 다시 한 걸음 뒤로 물러날 것인가를 결정해야 한다. 이때 대통령은 뒤로 물러나는 법이 없었다. 앞으로 내디뎌 허공에 자기를 맡겨버린다는 것.

초선의원 때도 그랬다. 이 글을 쓰다가 덮고 1988년 13대 국회 5공청문회 영상을 다시 본다. 증인으로 나온 전두환의 오만방자한 이야기, 예컨대 이런 식, 12.12는 내가 짝수를 좋아해서 그날을 택해 정승화를 체포했다. 그런 전두환을 비호하는 민정당 의원들. 그리고 몸싸움이 벌어지는 단상. 정회. 이러한 국회를 향해 노무현은 명패를 냅다 집어던져버린다. 이까짓 국회의원이 무슨 소용이냐는 항거다. 이걸 고매하신 민정당 의원들이 그냥 보아 넘길 리 없다. 사과를 요구한다. 그때 사과하는 말이 또한 명연설로 남아 있다.

"(오늘 이 청문회에서)법의 존엄성이 농락당하는 현실을 보고 국회의원으로서 어떠한 애착도 미련도 없습니다. 제가 위세에 있는 의회의 정치수준에 미달하는 사람이어서 이와 같은 사태가 발생한 것으로 저는 믿고 있습니다. 고상한 인격과 자질을 갖춘 여당의원께 새해에도 변함없는 국민의 지지와 성원이 있을 것을 축원하면서 말씀을 마치고자 합니다."

정치를 시작할 때부터 가졌던 국회 또는 정치인들에 대한 불신은 대통령 직을 수행하고 난 뒤에도 그대로 남아 있다. 그래서 대통령은 '전직 대통령'이란 자리마저 버리고, 고향 마을 사람들과 함께 아름다운 생태마을을 꾸리느라 즐거운 일에 빠진 바보 농부가 되었다. 그러나 샷된 마음으로 제 이익만 챙기려는 야비한 분들이 정권을 잡고 보니 그들의 눈에 가장 두려운 이는 '바보 노무현'일 수밖에 없는 노릇이다. 날마다 봉하마을로 사람들이 몰려와 만세를 불러대는 모습이 텔레비전에 비치자 그들 눈에 핏발이 섰다. 꺾어야 한다. 그리고는 처음에 대통령기록물을 가지고 시비를 걸었다.

그러나 노무현은 이 일을 매개로 이명박과 이야기를 나누지 말아야 했다. 이명박처럼 경망스럽고 야비한 인격이 대통령기록물의 가치와 작성자의 심정을 알 리가 없다. '개 발에 편자'란 말이다. 그러나 답답한 나머지 노무현은 절절한 청원서를 쓴다. 그리고 말미에 이런 말을 덧붙인다.

> 제가 대통령을 하려고 한 것이 분수에 넘치는 욕심이었던 것 같습니다. 국가적 지도자, 훌륭한 지도자, 세상을 조금이라도 바꾼 지도자, 역사의 평가를 받는 지도자, 이 모두가 제 분수에 넘치는 일이었던 것 같습니다. 이런 의욕이 저의 역량을 넘어서는 일이라는 사실을 뒤늦게야 알았습니다.

이런 말은 일상생활 중에 쉽게 나올 말이 아니다. 몇 날 밤을 새우며

뼈아픈 성찰을 해야 겨우 할 수 있는 말이다. 그런데 나라살림이야 거덜 나거나 말거나 운하를 판다느니 유람선을 띄운다느니 하는 사기를 쳐서 돈 빼먹으려고 눈이 벌건 사람에게 철학, 문학, 음악 같은 것을 묻는 꼴이다. 물론 이 청원서는 전달하지 않기로 했단다. 둘레 사람들이 모두 반대한 모양이다. 그러더니 무슨 시계 타령을 한참 하더니 드디어 영부인이 받은 돈을 포착한 모양이다. 뒤늦게 이를 안 대통령은 아무 말도 할 수가 없었다. 그는 스스로 백척간두에 올라선 것이다. 늘 해오던 것처럼.

가장 놀랍고 아름다운 일은, 대통령이 청와대를 떠나 고향으로 돌아와 맨 먼저 한 일이 마을 청소란 사실! 진실로 마음 깊이에서 솟아난 고향 사랑이 아니면 흉내 낼 수 없는 행동이다. 오! 하느님 당신은 도대체 이렇게 아름다운 사람을 보았습니까? 고향 마을 구석구석 쌓인 쓰레기를 치우고 마을 앞을 흐르는 화포천 청소는 폐수를 흘려보내는 공장을 찾아내어 근본 문제를 해결했다. 십 년 묵은 하천 바닥에 박힌 쓰레기를 몇 트럭이나 실어내었다. 실로 엄청난 일이다. 이 청소를 비서진들과 자원봉사자들과 함께 한다. 그리고 한 일은 장군차 심기, 생태농사 준비 세 가지다.

마을 주변에서 시작된 대통령의 농산은 날이 갈수록 봉화산, 화포천으로 점점 넓고 길어졌다. 쓰레기 규모가 달라졌고, 한 일도 나날이 늘어갔다. 대통령이 워낙 열심이다 보니 김해시장을 비롯해서 김해시 자원봉사자들도 화포천 대청소에 나서게 되었다. 공무원들 속은 어땠는지 모르지만, 나는 대통령과 함께 하는 청소행진이 그렇게 신이 날 수가 없었다. 국민들은 소탈하게 시민과 함께 하는 '청소하는 대통령', '장화 신은 대통령'에 환호했다.

사람다운 마음을 가진 권력자라면 이렇게 초야에 묻혀 아름다운 삶을 마무리하려는 전직 대통령에게 그렇게 잔인한 칼을 들이대지는 않았을 것이다.

김정호는 대통령이 험한 일을 할수록 행복했을 것이다. 청와대에서는 뵐 수 없는 날이 많았지만 봉하로 내려오니 대통령 바로 곁자리가 자기 자리가 된 것이다. 이렇게 가까워진 두 사람 사이 사랑이 잘 드러난 이야기 세 토막.

하나.
"대통령께서 김 비서관을 찾습니다. 생태연못에 나와 계십니다."

반가운 마음에 급히 자전거를 몰고 생태연못으로 내달렸다. 대통령은 1정자 옆에 돌확과 인공연못을 보고 있었다. 벌써 새로 조성한 연못이며 2정자를 거쳐 길게 연장한 산책로는 다 둘러보았다고 했다. 대통령을 뵙자 눈물이 핑 돌았다. 대통령은 날이 어두워지자 기자들의 시선을 피해 야간산책을 나선 것이다. 대낮에 자유롭게 나다닐 수 없는 당신의 처지가 얼마나 답답했을까. 오늘 낮에 내 얘기를 잠자코 듣고 있었지만 생태연못의 변화가 얼마나 궁금하 싶었을까. 그동안 대통령은 주변의 민망한 일들 때문에 일신 마감줄 웃음 하지 않았는데, 대통령이 이렇게 웃음 내었다. 나의 간신한 부탁에 응답한 것이었다. 내 감정을 주스는 사이도 없이 불쑥 대통령이 내게로 다가왔다. 내 등을 다독거려 주었다.

"고생했다. 정호야. 참, 애썼다."

대통령은 평소 참모들에게도 쉽게 길을 내주지 않았고, 사람들에게 함부로 말을 놓거나 하대를 하지도 않았다. 그런데 그날은 내게 스스럼없이 이름을 불렀다. 길을 내준 대통령이 고마웠다. 덧붙인 말은 아직도 귓가에 쟁쟁하다.

"이 산책로를 화포천까지 쭉 이어나가면 좋겠다."

둘째 토막 이야기는 좀 길다. 그렇지만 여기에 옮기지 않을 수 없다. 대통령과 김정호의 대화가 너무나 아름다울 뿐 아니라 두 사람의 성격이 여실히 드러나 있기 때문이다. 이 책을 읽는 사람은 모두들 여기서 빙그레 웃으며 대통령의 소탈한 모습을 떠올릴 것이다. 지금 글을 쓰는 나도 그리워 눈물이 난다.

마치 어둠 속을 헤엄치듯 개식을 그으며 반딧불이 불빛이 바람결에 떠다녔다. 현실이 아닌 꿈결 같았다. 요즘은 보기 드문 반딧불이를 연거푸 발견한 기쁨에 가슴이 터질 것 같았다. 속으로 개세를 불렀다. 혼자만 좋아하기엔 너무 아까웠다.

'이 기쁨을 누구에게 전하지? 누가 제일 좋아할까? 마누라? 아니
야. 대통령님이 더 좋아하실 것 같다. 그런데 어떻게 전하지? 내일
조례 때 보고를 한다? 아냐. 그건 너무 사무적이고. 내일까지 기다
릴 수 없어. 어쩐다지. 당장 사저로 찾아가 말씀드릴까? 그것도 아
니야. 대통령님 쉬시는데 괜히 방해가 될 텐데….'

생각머리를 핑핑 돌리면서도 걸음은 여전히 반딧불이를 놓치지 않
으려고 분주했다. 몸과 마음이 따로 놀았다. 이미 들떠버린 마음을
어쩌랴. 더 이상 반딧불이가 눈에 들어오지 않았다.

'그동안 생태계를 되살리려고 얼마나 애를 쓰셨는데, 엄청 기뻐하
시겠지? 이 소식을 전해드리면 대통령이 이리로 바로 나오시진 않
을까? 그동안은 항상 대통령님이 나를 불렀는데, 이번에는 내가
대통령님을 불러보자. 그래, 전화를 해보자.'

휴대폰을 들어 사저 번호를 눌렀다. 1004번. 외우기도 좋고 뜻도
좋다. 천사, 우리의 수호천사! 경호 데스크에서 전화를 받았다.

"김정호 비서관입니다. 급한 보고사항이 있습니다. 대통령님 좀 연
결해주십시오."

잠시 기다려달라고 했다. 이내 수화기 너머에서 대통령님 목소리가 흘러나왔다.

"자넨가? 밤중에, 무슨 일이 있는가?"
"네, 대통령님! 봉하에 반딧불이가 있습니다. 반딧불이를 발견했습니다!"
"그래, 자네는 어디서 보았는가?"
"네, 굼마간하고 그 아래 북재방 수로에서 보았습니다."

기쁘고, 흥분되고, 자랑도 하고픈 마음에 거두절미하고 다급한 목소리로 말했다. 그런데 이게 웬일인가? 대통령의 목소리가 기대와는 달리 너무나 차분했다. 어찌나 담담하시던지 순간 괜히 전화를 드렸나 싶었다. 하지만 대화가 길어질수록 그게 아니라는 것이 느껴졌다. 옅게 떨리는 목소리가 분명 대통령도 기쁨을 감추고 있는 걸 역력히 느낄 수 있었다. 대화가 이어지면서 대통령도 말이 빨라졌다.

"자네는 몇 마리나 보았나?"
"네, 일곱 마리 보았습니다. 찾아보면 더 있을 것 같습니다."
"그래, 거기도 있더나. 나는 머진 신부터 자은골하고 지수지 쪽에서 20마리도 넘게 봤다."

오히려 은근히 자랑하는 듯했다. 대통령의 표정이 눈에 선했다.

'니는 뒤늦게, 몇 마리 본 것 갖고 그리 호들갑이고, 내가 먼저 봤는 걸... 내가 훨씬 많이 봤지…'

마치 내기에서 이긴 승자가 어깨를 으쓱하듯 얄궂은 표정과 말투까지 느껴졌다. 거우 용기를 냈는데 대통령의 자랑에 내가 머쓱해졌다.

셋째 토막은 대통령이 봄에 돌아가시고 난 그해 가을 힘겹게 가을걷이한 '봉하쌀'을 대통령께 처음 바치는 장면이다. 배우 명계남 선생이 헌정굿(작가는 헌정식이라 했는데 나는 굿이라 하고 싶다)을 인도한다. 정호는 그랬다. 그때가 "대통령을 독차지한 나만의 영결식이었다"고. 그는 대통령을 여의고도 맘놓고 울지도 못했을 것이다. 장례식 때는 슬퍼할 겨를도 없었을 것이고, 뒤이어 농사철. 그는 대통령의 뜻을 이루고 말겠다는 일념 하나로 그해를 살았을 것이다. 그리고 추수를 했으니.

너럭바위, 대통령의 묘비에 봉하쌀을 기대어 놓았다. 우리는 묘역에서 처음으로 대통령께 큰 절을 올렸다. 나는 무릎을 꿇었다. 대통령께 봉하쌀이 당신의 방앗간에서 마침내 도정되었다고 보고를 했다.

"당신이 없는 봉하가 무슨 의미가 있다고, 우리 더러 어쩌라고 홀로 떠나셨습니까? 당신의 빈자리가 너무도 큽니다. 당신의 빈자리를 메우는 것이 너무 힘듭니다. 그러나 당신의 꿈과 가치를 결코 포기하지 않겠습니다. 저희에게 힘을 주십시오."

차가운 너럭바위를 쓰다듬고 어루만졌다. 차디찬 바위가 마치 대통령 육신 같았다. 흐느낌이 마침내 통곡으로 터져 나왔다. 아직 당신을 떠나보낼 수 없었던 지라 그동안 울지 않았다. 아니 국민품으로 떠나보내기 위해 조문객들에게 차례를 내주어야 했다. 당신의 빈자리를 대신해서 농사를 짓고 망가진 공사하라고 너무 바빠서 울 짬도 없었다. 회한이 물밀듯이 몰려왔다. 대통령을 지키지 못한 나는 죄인이었다. 당신 뜻대로 당신과 함께 살고 있는데 어찌 당신을 떠나보낼 수 있겠는가. 누가 보든 말든 아랑곳 하지 않고 울었다. 대통령의 봉분, 너럭바위를 꼭 부여안았다. 받아들일 수 없던, 받아들이고 싶지 않은 대통령의 부재, 대통령의 죽음이었다. 목 놓아 울었다.

실은 이 책은 생태농업에 대한 이야기가 많이 나온다. 그에 대한 이야기는 내가 뭐라고 할 말이 없었다. 잘 모르기 때문이다. 나의 눈길은 '김정호의 대통령 사랑'에 가 있어 그 이야기가 나올 때마다 안경을 추어올리게 되더라. 그리고 중얼거렸다.

"정호 임마 이거 참말로 대통령님을 사랑했네. 인생을 바까뿠네. 그래 그럴 만한 분이셨제…."

2017년 4월 25일